国家自然科学基金面上项目"面向虚拟实验的
自然多模态虚实交互技术研究"(项目编号:62077041)

教育部产学合作协同育人项目"疫情防控STEM探究教学
虚拟仿真设计"(项目编号:202101078019)
等项目资助

扩展现实探究课程开发与教学实践

陆吉健　张明敏　潘志庚　等著

ZHEJIANG UNIVERSITY PRESS
浙江大学出版社
·杭州·

图书在版编目(CIP)数据

扩展现实探究课程开发与教学实践 / 陆吉健等著
. —杭州:浙江大学出版社,2022.12
ISBN 978-7-308-23752-9

Ⅰ.①扩… Ⅱ.①陆… Ⅲ.①计算机辅助教学－教学
研究 Ⅳ.①G434

中国国家版本馆 CIP 数据核字(2023)第 076574 号

扩展现实探究课程开发与教学实践

陆吉健 张明敏 潘志庚 等著

责任编辑	黄静芬
责任校对	杨诗怡
封面设计	周 灵
出版发行	浙江大学出版社
	(杭州市天目山路 148 号 邮政编码 310007)
	(网址:http://www.zjupress.com)
排 版	浙江时代出版服务有限公司
印 刷	广东虎彩云印刷有限公司绍兴分公司
开 本	710mm×1000mm 1/16
印 张	15.75
字 数	266 千
版 印 次	2022 年 12 月第 1 版 2022 年 12 月第 1 次印刷
书 号	ISBN 978-7-308-23752-9
定 价	85.00 元

前　言

　　近年来,国家越来越重视虚拟现实、人工智能等技术创新辅助下的高质量教育。2019 年 11 月,教育部发布《教育部关于加强和改进中小学实验教学的意见》,强调"对于因受时空限制而在现实世界中无法观察和控制的事物和现象、变化太快或太慢的过程,以及有危险性、破坏性和对环境有危害的实验,可用增强现实、虚拟现实等技术手段呈现"[①]。2021 年 7 月,教育部等六部门发布《教育部等六部门关于推进教育新型基础设施建设构建高质量教育支撑体系的指导意见》(以下简称《意见》),进一步强调"提供虚拟集成实验环境、科研实验数据共享等服务,支撑跨学科、跨学校、跨地域的协同创新"[②]。然而,高质量教育既有赖于虚拟现实、人工智能等技术创新的推动,也离不开依托技术创新的课程开发[③]和教学实践探索[④]。

　　虚拟现实、增强现实、混合现实等均属于扩展现实,元宇宙更是扩展现实的升级版本,这些"虚拟＋人工智能技术"的革新与应用,正在推动学习空间、学习场所的重构与融合。而且,"虚拟＋人工智能技术"辅助高质量教育实践,已经从原先较为单一模态的观察与因果分析阶段,进入多感官交互数据的采集、清

① 中华人民共和国教育部.教育部关于加强和改进中小学实验教学的意见[EB/OL].(2019-11-22)[2021-10-10].http://www.moe.gov.cn/srcsite/A06/s3321/201911/t20191128_409958.html.

② 教育部等六部门.教育部等六部门关于推进教育新型基础设施建设构建高质量教育支撑体系的指导意见[EB/OL].(2021-07-08)[2021-10-10].http://www.moe.gov.cn/srcsite/A16/s3342/202107/t20210720_545783.html.

③ 陆吉健,钱雨杨,陈子涵.VR 一体机辅助下的中学数学教学设计模式及其实践[J].教学月刊·中学版(教学参考),2021(6):3-6.

④ 陆吉健,沈晓媛.VR 一体机辅助下的课程资源开发模式及其实践——以小学"数学 VR 探险"课程为例[J].教学月刊·小学版(数学),2021(12):37-40;陆吉健,周美美,张霞,等.基于 MR 实验的"多模态＋人机协同"教学及应用探索[J].远程教育杂志,2021(6):58-66.

洗与分析阶段,借助计算机视觉、传感、深度学习建模的学习分析技术,能够通过学习者的视觉、听觉、触觉、嗅觉等感官系统与学习空间/环境的交互等多重数据,建构起学习者对学习信息的精准、完整的理解。[①]

本书是基于已经结题的科技部国家重点研发计划项目"多模态自然交互的虚实融合开放式实验教学环境"(项目编号:2018YFB1004900),结合国家自然科学基金面上项目"面向虚拟实验的自然多模态虚实交互技术研究"(项目编号:62077041)和教育部产学合作协同育人项目"疫情防控 STEM 探究教学虚拟仿真设计"(项目编号:202101078019)等新探索,综合整理后的成果。本书的宗旨主要是向理科师范生、理科教师、医学生和初高中生等受众,解释虚拟现实、增强现实、混合现实、元宇宙等概念及其探究案例,并提供基于这些虚拟探究的课程开发模式及其课程案例、教学模式和教学实践探索案例,从而提升受众的教学实践、现实感知等能力,从虚拟探究中获得更生动的视觉及多模态感知。

本书由陆吉健总体设计和策划,张明敏和潘志庚给予了虚拟探究及其技术等多方面的指导,在各位作者的通力合作、集体讨论和共同努力下,历时两年多完成。各章具体分工为:第一章由陆吉健、张思杭、何晚晴、李晓慧等执笔,第二章由张明敏、潘志庚、王兢、陈灿、张思杭、李晓慧等执笔,第三章由周美美、张思杭、江碧菡等执笔,第四章由张思杭、陆吉健、沈书凡、江碧菡等执笔,第五章由周美美、袁庆曙、蔡宁、潘志鹏、王紫晗、张明敏、江碧菡等执笔,第六章由陆吉健、王兢、周美美、潘志庚、马晓君等执笔,第七章由陆吉健、张思杭、马晓君等执笔,第八章由陆吉健、张思杭、周美美等执笔,最后由陆吉健、周美美负责统稿。书稿由陆吉健、李晓慧、郑如歆、王忆、卢箫鸣校对。

本书注重从当前虚拟技术的发展现况和探究式教学案例出发,从新视角阐释了虚拟探究式教学的基本原理和基本方法,努力体现新课标的信息技术基本理念,对一线教师和广大研究学者对于虚拟探究基本概念的掌握,以及探究教学水平和教育研究能力的提高有所帮助,并使他们能利用虚拟探究技术开发课程内容,解决实际的教学问题。

在此也要感谢国家自然科学基金面上项目"面向虚拟实验的自然多模态虚实交互技术研究"、科技部国家重点研发计划项目"多模态自然交互的虚实融合

① 王一岩,王杨春晓,郑永和. 多模态学习分析:"多模态"驱动的智能教育研究新趋向[J]. 中国电化教育,2021(3):88-96.

开放式实验教学环境"和教育部产学合作协同育人项目"疫情防控 STEM 探究教学虚拟仿真设计"等项目组的核心成员,他们在前期探索和实践中做出了重要贡献,并为本书的撰写提供了许多帮助和支持。其中,国家自然科学基金面上项目"面向虚拟实验的自然多模态虚实交互技术研究"课题组成员包括张明敏、陆吉健、罗天任、蔡宁、苗晋达等,科技部国家重点研发计划项目"多模态自然交互的虚实融合开放式实验教学环境"课题组成员包括潘志庚、杨旭波、郑伟诗、叶修梓、王映辉、袁庆曙、徐光涛等,教育部产学合作协同育人项目"疫情防控 STEM 探究教学虚拟仿真设计"课题组成员包括陆吉健、任山章、张轶然、李阳杰、徐王熠等。

2022 年 9 月 10 日

目　录

第一章　扩展现实探究概况

将虚拟实验和科学实验结合起来，是保障扩展现实探究课程开发与教学实践的重要基础。本章将从扩展现实探究背景、发展历程与特征分类，以及扩展现实探究的课程及其教学三方面进行论述，以期为扩展现实课程的开发提供一定的参考价值。

第一节　扩展现实探究背景

扩展现实一般包括虚拟现实、增强现实、混合现实等。在实际操作中，不同扩展现实经常结合在一起，形成多重扩展现实。随着扩展现实的发展，元宇宙开始出现并得到了发展。这些都是本书探讨的内容。而在中小学教学中，出于保护学生视力等原因，我们还对非视角虚拟探究进行了论述。

虚拟现实是扩展现实的重要方面和初始阶段。本节将以虚拟现实为例，从虚拟现实和科学实验、虚拟现实的相关标准和政策两方面进行阐述，从而更好地让学习者了解扩展现实探究在当今时代的发展状况。

一、虚拟现实和科学实验

（一）虚拟现实

1. 虚拟现实内涵

关于虚拟现实（virtual reality，简称 VR），我们可以从狭义和广义两个角度来理解。从狭义上说，虚拟现实是用于创建人造世界的计算机系统，是使参与者沉浸在虚拟世界中并漫游其内的技术。该定义针对的主要是虚拟现实的沉浸感。从广义上说,虚拟现实指的是运用计算机技术进行创造的环境。[①] 该环境是人所处的自然真实环境在空间和时间上的一种拓展。因此,普通的计算机世界也是一种广义上的虚拟世界。

2. 虚拟现实发展历程

虚拟现实的基本思想,最早由美国计算机图形学之父伊万·爱德华·萨瑟兰(Ivan Edward Sutherland)提出。回溯虚拟现实的发展历程,经过总结,发现其大致可划分为四个阶段:概念萌芽、技术探索、突破发展和产业应用。[②] 虚拟现实技术在突破发展和产业应用阶段,还进一步发展出了增强现实、混合现实等新技术。目前这些技术统称为扩展现实技术。虚拟现实及之后出现的增强现实、混合现实、多重扩展现实、元宇宙是逐步发展的关系。由于目前业界对这些概念没有明确的定义和清晰的区分,因此本书在后续对以上相关技术的介绍中,会引用不同学者的定义和说法。

狭义上的虚拟现实是一项综合集成技术,涉及传感技术、人工智能、人机交互技术、计算机图形学等领域,它用计算机生成逼真的三维视觉、听觉、嗅觉、味觉等感觉,使参与者通过适当装置自然地体验虚拟世界并进行交互,它具有四个特征:沉浸感、交互性、多感知[③]及自主性。其中,沉浸感是指参与者感觉不到自己身处的外部环境,而是"融入"计算机创造的虚拟世界中。参与者进行位置移动时,电脑会立即进行复杂的运算,精确地将 3D 世界影像传回,从而使参与者产生临场感。交互性是指参与者对虚拟环境中的操作会得到应有的虚拟反馈。多感知是指参与者能感受到计算机生成的逼真的视觉、听觉、嗅觉、味觉等多种感觉。笔者的团队近年来也进行了基于虚拟现实多感知特征的多模态教学研究和实践。[④] 自主性是指虚拟现实中的虚拟物体是根据各自的模型和规则进行自主运动的。虚拟现实集成了计算机图形(computer graphics,简称 CG)技术、计算机仿真技术、人工智能(artificial intelligence,简称 AI)、传感技术、显示技术、网络并行处理技术等的发展成果,是一种由计算机技术辅助生成

---

① 单美贤,李艺. 虚拟实验原理与教学应用[M]. 北京:教育科学出版社,2005:12-13.

② 朱辉. 美国高校图书馆 VR 技术应用管窥——基于宾汉姆顿大学图书馆应用实践的分析[J]. 四川图书馆学报,2022(4):84-87.

③ 张学军,等. 中学化学虚拟实验——理论·设计开发·应用[M]. 北京:化学工业出版社,2013:2.

④ 陆吉健,周美美,张霞,等. 基于 MR 实验的"多模态+人机协同"教学及应用探索[J]. 远程教育杂志,2021(6):58-66.

的高技术模拟系统,是呈现视觉图像以及非视觉图像的多媒体刺激,提供能够进行交互的场景,并让参与者相信自己真实地沉浸于这样的虚拟环境当中的技术。[①]

　　增强现实(augmented reality,简称 AR)是虚拟现实的进一步发展,它能利用计算机实时生成虚拟物体或信息,并将其叠加于现实教学环境中,弥补现实环境的不足,以增强学习者对现实环境及相关知识的体验。[②] VR 技术可将用户完全置于一个合成环境中,使用户看不到他周围的真实世界。相比之下,AR允许用户看到真实世界,但在真实世界之中叠加了虚拟元素。因此,AR 补充了现实,而不是完全取代了它。理想情况下,在用户看来,虚拟物体和真实物体在同一空间中共存,产生了类似于电影《谁陷害了兔子罗杰》(*Who Framed Roger Rabbit*)中的效果。部分研究人员使用头戴式显示器(helmet-mounted display,简称 HMDs)来探索和说明 AR 的定义。为了避免将 AR 限制在特定的技术上,此处将 AR 定义为具有结合真实和虚拟、实时交互、3D 环境这三个特点的系统。

　　混合现实(mixed reality,简称 MR)是指现实与虚拟世界实时交互的结合,以及三维虚拟模型动态停留在真实世界中的指定位置后虚拟三维世界与真实世界的融合。[③] 也就是说,MR 技术允许用户使用与在真实世界中一样的方式,和数字信息或对象进行交互,从而将环境变得更加丰富且更接近现实。佩戴MR 头戴式显示器后,头戴式显示器便能够以特殊的方式呈现信息,具体应用包括在太阳系的行星中漫步、构建产品可视化、提供远程教育培训支持等。

　　扩展现实(extended reality,简称 XR)是指通过计算机将真实与虚拟相结合,打造一个可人机交互的虚拟环境,是 VR、AR、MR 等多种技术的统称,也是实现各种空间维度交互的最终形态。[④] 用户可以综合运用 VR、AR、MR 等技术,并根据具体的需求进行切换。例如,用户可以在 MR 中处理一些公务,然后切换到 VR 世界中尽情享受一段赛车比赛,最后进入 AR 世界享受生活。通

----

① García-Betances R I, Waldmeyer M T A, Fico G, et al. A succinct overview of virtual reality technology use in Alzheimer's disease[J]. *Frontiers in Aging Neuroscience*, 2015(7):1-8.

② 艾兴,李苇. 基于具身认知的沉浸式教学:理论架构、本质特征与应用探索[J]. 远程教育杂志,2021 (5):55-65.

③ 茅洁. 基于 VR、AR、MR 技术融合的大学体育教学应用研究[J]. 武汉体育学院学报,2017(9): 76-80.

④ 孙田琳子,石福新,王子权,等. 教育资源的建设、应用与反思[J]. 中国电化教育,2020(6):130-146.

过融合三者的视觉交互技术,XR 为体验者带来虚拟世界与现实世界之间无缝转换的"沉浸感"。XR 设备综合了 VR、AR、MR 的多模态体验,除了视觉之外,还能在听觉上模拟 3D 音效,使参与者体验到与真实世界无二的触觉、嗅觉、味觉等。

元宇宙(metaverse)这一概念源于 1992 年作家尼尔·斯蒂芬森(Neal Stephenson)的作品《雪崩》(*Snow Crash*)。未来学家卢克·沙布罗(Luke Shabro)认为,元宇宙是具有模糊和数字混合特点的现实,有不可替代且无限的角色和项目,突破了传统物理规则的限制和束缚。在 3D 游戏罗布洛克斯(Roblox)首席执行官戴夫·巴斯祖基(Dave Baszucki)看来,元宇宙是一个关联所有人的虚拟世界,每个人在元宇宙中都拥有自己独特的数字身份,都能在这个世界里进行方便的互动,创造自己想要的任何东西。[①] 此外,大多数人认为,元宇宙是一个庞大而又细致的虚拟世界,能将我们生活的现实世界进行数字化,构建独属于每个人的生产和交流规则,融合现实世界和虚拟世界,在未来将面向所有人开放。

3. 虚拟现实在我国教育中的应用

因其重要性,虚拟现实技术和虚拟环境可与理论分析、科学实验并列,成为人类探索客观世界规律的三大手段之一。[②] 目前,虚拟现实技术在国外已较成熟并大量应用于教育领域。我国虚拟现实技术的正式研究始于 20 世纪 90 年代初,和一些发达国家相比,起步较晚,发展水平上有一定差距,但是发展速度较快。在我国的教育领域,虚拟现实技术已开始应用于虚拟校园、虚拟教学、虚拟探究等方面。

(1)虚拟校园

虚拟校园是虚拟现实技术在教育培训中最早的具体应用,由浅至深可分为三个层面:简单的虚拟校园环境浏览、远程教育基础平台、电子移动教学场所。[③] 已有研究表明,可使用 Google Earth、Photoshop、PTgui 及 Krpano 软

① 转引自:肖方晨. 三谈"元宇宙":Metaverse 译为"仿真情境"更好——从小说《雪崩》原文,《柯林斯英语词典》2021 年收录"Metaverse"词条及尼尔·斯蒂芬森访谈录谈起[J]. 中国信息化,2022(10):32-34.
② 陈运迪. 发展中的虚拟现实技术[J]. 计算机教育,2004(11):33-36.
③ 张学军,等. 中学化学虚拟实验——理论、设计开发、应用[M]. 北京:化学工业出版社,2013:3.

件,通过全景虚拟现实技术来展示虚拟校园全景并将其应用于教学实践。[1] 基于教学、校园生活两个方面,软件开发者用相对完整的三维可视化虚拟校园,以学员为中心,通过交互式远程教育基础平台,向各个终端提供开放性、远距离的持续教育,创造经济效益和社会效益。随着虚拟现实技术的不断发展和完善,以及软硬件设备价格的不断降低,我们相信虚拟现实技术会以自己强大的教学优势和潜力,逐渐受到教育工作者的重视和青睐,最终在教育领域大放异彩。

(2)虚拟教学

个人需要扩大感知能力,才能自主自然地学习。由于低成本计算机图形技术的发展[2],虚拟现实技术作为教学和学习工具具有巨大且独特的能力。从设计和制造的角度来看,虚拟现实缩短了学习时间并降低了学习成本,为能够受到教学成果积极影响的用户提供动态体验,沉浸感、忠诚度和学习者的参与度是虚拟现实教学的主要影响因素。

由于距离、时间、成本和安全等因素,学习者无法始终探索和体验事件。虚拟现实技术教学的好处是,学习者能够将抽象概念可视化。虚拟现实技术通过演示现象帮助学习者理解相关概念的含义和可视化系统中变量之间的动态关系,并向用户呈现多个视点。虚拟现实用户可以查看、移动学习内容并与大众互动,就像在真实世界中一样。因此,虚拟现实背后的主要概念可用于学习环境设计,从而激活学习者的心理运动技能。[3]

虚拟现实系统可以用于多个领域的教学,如历史、地理、生物、医学和汽车驾驶。教学对象包括 K12 级别的儿童、青少年和成人。教育领域的大多数虚拟现实研究集中于学习者的情感和认知能力,这些能力彼此高度相关,并且可能受到界面设计的影响。虚拟现实学习环境(virtual reality learning environment,简称 VRLE)的效果和构建的可用信息以及个人观察学习活动的结果有关。每个 VRLE 都有其独特的设计和开发过程,这是由相关材料的性质决定的。这些详细的教育虚拟现实应用和材料开发过程,我们将在第四章中

---

[1] 张建军. 全景虚拟现实技术在虚拟校园建设中的应用[J]. 北京工业职业技术学院学报,2020(1):21.

[2] Chuah K M, Chen C J, Teh C S. Designing a desktop virtual reality-based learning environment with emotional consideration[J]. *Research & Practice in Technology Enhanced Learning*, 2011, 6(1):25-42.

[3] Osuagwu O E, Ihedigbo C E, Ndigwe C. Integrating virtual reality (VR) into traditional instructional design[J]. *West African Journal of Industrial and Academic Research*, 2015, 15(1): 68-77.

进行解释。①

（3）虚拟探究

虚拟探究是指借助多媒体、仿真和虚拟现实等技术在计算机上营造可辅助、部分替代甚至全部替代传统实验各操作环节的相关软硬件操作环境，实验者可以像在真实的环境中一样完成各种实验项目。虚拟探究在国外高校应用较早，也较为广泛，如美国俄勒冈大学物理系的物理实验网站，麻省理工学院的网络实验室（weblab）、科学空间（science space），美国伊利诺伊理工学院的有机化学虚拟探究室，美国霍华德·休斯医学研究所的完全交互式生物医学虚拟探究室，美国新泽西州立罗格斯大学高级信息处理中心基于 Java 的虚拟探究平台（manifold），加拿大卡尔加里大学生物建模与可视化实验系统的虚拟探究平台，德国波鸿鲁尔大学有关控程的虚拟探究室，新加坡国立大学电子工程系用于工程教育的虚拟探究室。

近年来，虚拟探究在国内高校也有较为快速的普及，如中国科学院上海有机化学研究所的虚拟化学实验室、浙江大学的虚拟化学实验室、清华大学教育软件研究中心的工程力学虚拟探究室、北京大学计算机科学与技术系的3WNVLAB 网络虚拟探究室、华中科技大学的液压与气压传动虚拟探究室、北京邮电大学针对本科教育的"电路分析基础"等课程而配套开发的虚拟实验室、北京师范大学现代教育技术研究所基于虚拟空间的三维电子线路虚拟探究系统、武汉大学的武汉大学虚拟校园、中国农业大学的网上虚拟土壤作物系统实验室。目前，我国高校应用虚拟现实技术而设计、开发的虚拟探究室或虚拟探究平台主要涉及物理、化学、生物、计算机、机械工程、控制工程等领域，采用的技术主要有 Flash、Vitools、Cult3D、VRML 与 Java 等。

从国内外虚拟现实技术和虚拟探究发展的现状可以看出，其共同趋势是都十分注重场景逼真的学习环境的创设和实验仪器的高度仿真，可见其过度重视技术因素。除此之外，我们经过仔细的研究后还发现，目前虚拟探究的应用研究大都局限于大学探究课程，对于中学探究课程的研究却很少。众所周知，探究教学是物理、化学等学科教学中经常进行的一种教学活动，也是体现学科特点的一种教学形式，它对学生科学素养的养成及个人的全面发展具有其他教学形式不可替代的作用。然而，由于受到实验仪器设备、实验时间和空间等条件

---

① Zeynep T. *Virtual and Augmented Reality：An Educational Handbook* [M]. Cambridge：Cambridge Scholars Publishing，2020：17.

的限制,许多实验难以正常开展。而基于网络的虚拟探究不但能够突破实验时空的限制,而且具有可以模拟微观世界的物质、开展危险的实验项目等优势。因此,设计与开发虚拟探究成为当前一个极其重要的研究议题,这也是解决中学探究课程教学问题的当务之急。

关于虚拟探究教学应用的研究主要有:虚拟探究理论层次的应用研究,如单美贤、上官晨雨提出虚拟探究的原理与实验应用[①];教学模式与方法研究,如杨雪、刘英杰、阚宝朋提出基于设计的研究范式在网络三维虚拟探究中的运用[②];虚拟探究与真实实验整合应用效果研究,如何秀全、韩耀军提出整合资源构建"虚实结合"的计算机网络课程实验室[③],李升源、刘宏、周克良等提出电工电子虚拟探究与真实实验的互补性[④],丁美荣基于虚拟探究与真实实验整合了计算机网络探究教学改革[⑤]。以上这些研究指出了虚拟探究在理论层次上的优势,但是关于实践应用的探究却很少,并且大多将虚拟探究应用于课前预习与课后复习,教学过程中应用得较少。[⑥]

(二)科学实验

科学实验对于社会发展的重要性毋庸置疑。科学实验对自然、社会等现象和规律进行深入探索,让我们能够更好地理解自然和社会,从而更好地进行发展。但与此同时,通过考察科学的历史和实验的起源,我们发现,除了科普功能之外,科学实验还有着促进科学观念和科学艺术审美形成的作用。比如,针对科学错误概念的转化问题,科学实验与探究在将前概念转化为科学概念的过程中起着非常重要的作用[⑦],甚至在学生的科学概念和兴趣观念的形成上也有着

---

① 单美贤,上官晨雨. 计算机支持协作学习中的情感反馈系统框架研究[J]. 软件导刊,2022(1):40-48.
② 杨雪,刘英杰,阚宝朋. 基于设计的研究范式在网络三维虚拟实验中的运用研究[J]. 中国电化教育,2008(10):103-106.
③ 何秀全,韩耀军. 整合资源构建"虚实结合"的计算机网络课程实验室[J]. 现代教育技术,2010(9):143-145.
④ 李升源,刘宏,周克良,等. 电工电子虚拟实验与真实实验的互补性[J]. 实验技术与管理,2010(4):74-76.
⑤ 丁美荣. 虚拟实验与真实实验整合的计算机网络研究性实验教学探究[J]. 实验技术与管理,2011(5):163-166.
⑥ 张学军,等. 中学化学虚拟实验——理论、设计开发、应用[M]. 北京:化学工业出版社,2013.
⑦ 黄晓,陈伟慧. 浙江省综合科学课程推进中的问题与省思——基于浙江省综合科学课程实施现状的实证研究[J]. 教师教育研究,2014(2):13-19.

非常重要的作用。

在科学实验的过程中,实验的审美欣赏来源于其揭示自然美的能力。自然是美,这是培根、牛顿、狄拉克和爱因斯坦等科学家所普遍认同的。[1] 因此,虽然实验本身可以因其简单或美丽而被欣赏,但真正被欣赏的是实验过程中注意力的焦点以及自然秘密的揭示。

随着仪器、技术和方法的更新,实验审美欣赏的中心变成了实验本身,标志着从重视揭示自然美的实验到重视实验的设计的转变,即为特定目的构建实验的方式的出现。人们开始关注实验者的想象力和创造力,比如他们是构建实验的"天才",他们的想象力和创造力符合科学家的目标。审美评价的焦点不再是自然本身,而是人工制品。有研究认为,这种审美价值的变化与科学方法论的变化是一致的。[2] 例如,他们看到像约瑟夫·普里斯特利(Joseph Priestley)这样的科学家,就会声称我们不应该关注实验设计本身,而应该关注实验所揭示出来的自然美,他们还受归纳主义方法论的指导,影响他们分配给实验的角色。在 18 世纪末和 19 世纪中期,由于科学实践中方法论的转变,人们对实验的审美发生了重大变化。早期的实验是为了研究自然而进行的,并且是按照归纳方法反复进行的,而人们转向假设—演绎方法的实验则是为了检验理论的正确性。根据帕森斯和鲁格的说法,这种方法上的改变也改变了人们从美学角度欣赏实验的方式。在 17 世纪的一段时间里,人们欣赏的主要是实验对自然之美的揭示,是实验环境中产生的现象,而现在人们欣赏的是实验的技巧和设计。

科学理论的美,常常被归结为简单、优雅、对称等美学属性。例如,牛顿力学常被认为比较简单,因为它能用三个相当经济的运动定律和一个参数很少的万有引力定律描述物体的运动。又如广义相对论被认为是简单的,因为它为人们提供了一个更好地理解它所提及的概念的经济的方式。这些概念包括运动与力量统一重力、惯性质量、时间和空间,为人们提供了更简单、更统一的对引力现象的理解。

许多被认为美丽的实验,都因其经济、简单和优雅而受到称赞。令人审美愉悦的实验的一个特点是,用最少的材料实现最多的用途。现在的实验在美学上是有价值的,因为它显示了结果、计划和成功的工具之间的"恰当性";它是一

[1] Ivanova M. The aesthetics of scientific experiments[J]. *Philosophy Compass*, 2021, 16(3): 1-9.

[2] Parsons G G, Rueger A. The epistemic significance of appreciating experiments aesthetically[J]. *The British Journal of Aesthetics*, 2000, 40(4): 407-423.

个美丽的人工制品,是人类智慧的体现,是一种最适合实现其目的的工具。[1]

二、虚拟探究的相关标准和政策

(一)虚拟探究

迄今为止,学界还没有为虚拟探究制定出完整统一的定义。在实际应用中,对虚拟探究内涵的界定存在不同的观点。[2]

①在组成特征上,将虚拟探究定义为一个创建实验、引导实验的可视化的交互环境。它包含几个重要的组成部分:处理大量模拟操作数据的服务器、存储模拟参数与实验结果数据的数据库系统、模拟的实验仪器与工具、实验模拟处理软件。

②在技术实现上,将虚拟探究描述为在计算机系统中采用虚拟现实技术来实现各种实验环境的过程。实验者如同在真实的环境中一样完成各种预定的实验项目,可以取得与在真实实验条件下一样的学习或训练效果。这种定义将虚拟探究局限在虚拟现实技术上。

③在教学模式上,将虚拟探究定义为代替面对面的实验活动的借助计算机模拟和仿真以及应用多种多样的教学技术的过程。例如,虚拟探究是一个以www格式组织起来的论坛、视频演示、超文本链接、E-Mail和用Director等编程语言制成的软件的集合。在复杂的虚拟探究中,实验练习的模拟具有高度的交互性。

④在学习目标上,将虚拟探究定义为利用开放的互联网开展各种网上实验,以调动学生学习兴趣,提高学生学习效率,培养学生创新能力为目标的学习活动。

关于虚拟探究含义的第一种观点侧重于虚拟探究的组成特征,突出了虚拟探究的本质;第二种观点从技术角度出发,强调对虚拟探究的开发;第三种观点体现了虚拟探究的教学模式;第四种观点则注重虚拟探究的最终目标。以上定义反映了目前学界对虚拟探究内涵的不同理解与认识。在此基础上,笔者认为,虚拟探究是为提高探究教学效果与培养学生实践能力,依赖现代计算机技

[1] Parsons C G, Rueger A. The epistemic significance of appreciating experiments aesthetically[J]. *The British Journal of Aesthetics*, 2000, 40(4): 407-423.

[2] 张学军,等. 中学化学虚拟实验——理论、设计开发、应用[M]. 北京:化学工业出版社,2013:3.

术的发展而产生的计算机模拟实验。

虚拟探究包含以下几方面的含义：一是虚拟探究的技术实现依赖于计算机技术的发展，不同的计算机技术所设计开发的实验有所不同。虚拟仪器或虚拟现实技术开发的实验在逼真程度、交互功能等方面与现实实验是有区别的。二是虚拟探究改变了传统实验中师生面对面的教学方式，能够通过网络提供丰富的实验资源，学生可以随时进入实验。三是虚拟探究提供了交互的实验环境，具有基本的实验功能，学生能操作实验对象、观察实验现象、修改实验数据等。四是虚拟探究的实质是对实际实验仪器设备、实验原理等的计算机模拟，旨在通过模拟，结合理论学习，掌握实验操作过程，提高教学效果与实践操作技能。

（二）虚拟探究的相关标准和政策

虚拟探究相关的教育政策主要是《信息技术—学习、教育和培训—虚拟实验—评价要素》(GB/T37713-2019)和《教育部关于加强和改进中小学实验教学的意见》等。更早期的政策可以追溯到2013年教育部印发的《关于开展国家级虚拟仿真实验教学中心建设工作的通知》，该通知当时就指出，"虚拟仿真实验教学是高等教育信息化建设和实验教学示范中心建设的重要内容"①。之后，《教育部办公厅关于2017—2020年开展示范性虚拟仿真实验教学项目建设的通知》②以及《教育部关于开展国家虚拟仿真实验教学项目建设工作的通知》③分别对示范性虚拟仿真实验教学项目建设和国家虚拟仿真探究教学项目建设做出了要求。2019年，教育部启动"双万计划"，要求消灭"水课"，建设"金课"，在2019—2021年完成1500门左右的国家虚拟仿真探究教学一流课程建设。④

---

① 中华人民共和国教育部. 关于开展国家级虚拟仿真实验教学中心建设工作的通知[EB/OL].（2013-08-13）[2021-12-17]. http://www. moe. gov. cn/s78/A08/tongzhi/201308/t20130821 _ 156121. html.

② 教育部办公厅. 教育部办公厅关于2017—2020年开展示范性虚拟仿真实验教学项目建设的通知[EB/OL].（2017-07-13）[2021-12-17]. http://www. moe. gov. cn/srcsite/A08/s7945/s7946/201707/t20170721_309819. html.

③ 中华人民共和国教育部. 教育部关于开展国家虚拟仿真实验教学项目建设工作的通知[EB/OL].（2018-06-05）[2021-12-17]. http://www. moe. gov. cn/srcsite/A08/s7945/s7946/201806/t20180607_338713. html.

④ 中华人民共和国教育部. 教育部关于一流本科课程建设的实施意见[EB/OL].（2019-10-30）[2021-12-17]. http://www. moe. gov. cn/srcsite/A08/s7056/201910/t20191031_406269. html.

1.《信息技术—学习、教育和培训—虚拟实验—评价要素》

《信息技术—学习、教育和培训—虚拟实验—评价要素》是 2019 年由国家市场监督管理总局、中国国家标准管理委员会颁布的，主要涉及虚拟实验环境标准化等。它规定了虚拟实验的评价要素，例如：虚拟实验资源、虚拟实验教学过程、实验者、虚拟实验指导和虚拟实验系统等维度的参数。同时，它为虚拟实验教学环境提供了指导，适用于虚拟实验的研究开发与教学应用。该标准还对相关术语进行了定义：虚拟实验（virtual experiment）、现实实验（reality experiment）、虚拟实验系统（virtual experiment system）、虚拟实验教学环境（virtual experiment environment）、监控（monitoring）、虚拟现实（virtual reality）、交互（interaction）、实验内容（experimental context）、用户体验（user experience）、基础验证性实验（replication experiment）、综合设计性实验（comprehensive design experiment）、研究探索性实验（exploratory experiment）。

《信息技术—学习、教育和培训—虚拟实验—评价要素》中提到，虚拟实验教学环境是基于虚拟探究系统而建立的实验环境，主要包括虚拟实验资源、虚拟实验教学过程、实验者、虚拟实验指导、虚拟实验系统五部分，这也是虚拟实验教学环境的五个评价维度。

其中，虚拟实验资源包括虚拟实验系统所能提供的虚拟仪器、设备和器材，教学设计专家在虚拟实验系统的教学管理模块中创建的实验教学目标，设计的典型实验，以及实验指导文件和相关的实验知识库，等等。虚拟实验教学过程覆盖完整的虚拟探究教学的各个环节，包括教师的探究教学设计与安排，实验者在实验前的预习，实验者完成并提交虚拟探究报告、实验者填写并提交实验报告的行为，以及教师对实验和实验报告的批改与对实验成绩的统计分析和上报。实验者通过实验获得实验经历和技能的提升，体现实验效果，可以对实验环境和教师进行评价。虚拟实验指导是指围绕实验者提供各种帮助，例如在线实时指导等各种形式的异步指导，以及基于教学指导系统的智能指导。虚拟实验系统是指教学过程、实验体验和实验指导的活动平台，它运用虚拟实验资源，为教学过程、实验者和实验指导提供支持和保障。

这五部分之间的关系是：虚拟实验资源支持虚拟实验教学过程，虚拟实验教学过程引用虚拟探究资源；虚拟实验教学过程引导实验者参与并完成整个虚拟实验教学；实验者学习虚拟实验资源，虚拟实验资源向实验者展示实验仪器、教学目标和相关指导文件；实验者可以评价虚拟实验指导的效果，虚拟实验指导向实验者提供指导；实验者操作虚拟实验系统，虚拟实验系统跟踪实验者的操作；虚拟实验系统可以导入/导出虚拟实验资源。

其中关于评价维度的概述具体内容如下：对虚拟实验教学环境的评价应针对环境中的各类功能而展开。这些功能共同描述虚拟实验教学环境，每类功能可以被认为描述了空间中的一个"维度"。对虚拟实验资源等五个评价维度可分别使用一组参数来描述，并可用表格形式集中给出这些参数的描述、约束性、评价要点、例子或补充说明等。

2.《教育部关于加强和改进中小学实验教学的意见》

《教育部关于加强和改进中小学实验教学的意见》[①]是 2019 年由中华人民共和国教育部颁布的，总体要求努力构建与德智体美劳全面培养的教育体系相适应、与课程标准要求相统一的探究教学体系。它尤其强调拓展创新，不断将科技前沿知识和最新技术成果融入探究教学，丰富内容，改进方式；并强调注重实效，强化学生实践操作、情境体验、探索求知、亲身感悟和创新创造的能力，着力提升学生的观察能力、动手实践能力、创造性思维能力和团队合作能力，培育学生的兴趣爱好、创新精神、科学素养和意志品质等。

《教育部关于加强和改进中小学实验教学的意见》提到了 8 条主要举措：①完善实验教学体系；②创新实验教学方式；③规范实验教学实施；④提高教师实验教学能力；⑤保障实验教学条件；⑥健全实验教学评价机制；⑦加强实验教学研究与探索；⑧强化实验教学安全管理。其中，在第 2 条"创新实验教学方式"举措中，尤其强调切实增强实验教学的趣味性和吸引力，提高探究教学质量和效果。对于因受时空限制而在现实世界中无法观察和控制的事物和现象、变化太快或太慢的过程，以及有危险性、破坏性和对环境有危害的实验，可用增强现实、虚拟现实等技术手段来呈现。在实验教学中要遵循学科特点，积极推动学生开展研究型、任务型、项目化、问题式、合作式学习。鼓励学校向学生开放实验室，方便学生利用课余时间，以独立或小组合作的方式开展实验探究。广泛利用校内外资源积极开展科学实验活动，定期举办全国中小学实验教学技能竞赛。

---

① 中华人民共和国教育部. 教育部关于加强和改进中小学实验教学的意见[EB/OL]. (2019-11-22) [2021-12-17]. http://www.moe.gov.cn/srcsite/A06/s3321/201911/t20191128_409958.html.

第二节　扩展现实探究发展历程和特征分类

扩展现实探究的发展,经历了模拟实验、仿真实验、虚实探究、虚拟探究室、虚实融合实验等过程,下文将对每一部分做出阐释。扩展现实探究的特征分类包括沉浸程度视角下的扩展探究分类、访问途径视角下的扩展探究分类、技术特征视角下的扩展探究分类,本节将从这三个探究分类视角进行阐述。

一、扩展现实探究发展历程

扩展现实探究缘起于模拟实验,经历了仿真实验,目前进一步发展为一体化的虚拟探究室以及虚实融合实验。

一般认为,扩展现实探究的发展大致经历了模拟实验、仿真实验和虚拟探究三个阶段[①]。虽然这三者的技术支持和实现手段各不相同,但其基本思想是相通的,即借助另一系统(物理模型、数学模型或数学—物理效应模型、虚拟现实模型)来研究相对复杂或抽象的实际系统。为便于表述,下文统一使用"扩展探究"一词。

(一)模拟实验

模拟实验(simulation experiment)是一种应用广泛的科学实验方式,这种实验方式古已有之。例如,我国宋代著名思想家沈括就曾用半面涂粉的弹丸来模拟月亮,以探讨月亮、太阳之形态,以及月食等现象。《梦溪笔谈》卷七载曰:"日月之形如丸。何以知之?以月盈亏可验也。月本无光,犹银丸。日耀之乃光耳。光之出生,日在其傍,故光侧而所见才如钩;对视之,则正圆。此有以知其如丸也。"[②]显然,模拟实验在此已初露端倪,尽管还很原始、粗糙。随着近代科学技术和社会生产力的迅速发展,人们进行模拟实验的愿望越来越强烈,进行的尝试也越来越广泛。

模拟实验即选取一个物理或抽象的系统的某些行为特征,用另一系统来表示它们的过程,是根据物理模型与实际系统间的相似性,来研究实际系统某些

① 张学军,等. 中学化学虚拟实验——理论、设计开发、应用[M].北京:化学工业出版社,2013:5.
② 沈括.《梦溪笔谈》选读[M]. 李群,注释. 北京:科学出版社,1975:103.

行为特征的实验方法。俄罗斯圣彼得堡市克雷洛夫中央科学研究院于 2001 年 7 月 5 日进行了打捞以及运送"库尔斯克"号核潜艇残骸的波动模拟实验。实验在一个与海洋条件相似的大型水池中进行,实验室中的气候条件与巴伦支海夏天和秋天的气候相近,实验的主要目的是检测打捞核潜艇的牵引装置及运输设备是否牢靠。参与实验的是一艘仅有"库尔斯克"号五十分之一大小的模型和驳船。实验时利用驳船将"库尔斯克"号模型沉入水底,再加以五级人造浪模拟自然条件,最后进行打捞。实验中模拟了打捞"库尔斯克"号核潜艇及将其运送到海岸过程中的各种可能情形。模拟实验汇总使用的模型与"库尔斯克"号是两个互不相关的实体,只是在功能、作用、能力等方面是相似的。

(二)仿真实验

随着数学理论、相似理论、计算技术等的发展,仿真技术逐步得到应用。仿真技术的应用最早可追溯到 1773 年,法国自然学家利用物理仿真实验估计了 π 值(数学模型);1876 年,美国统计学家用仿真实验进行了随机数实验(数学模型);20 世纪 40 年代初,美国运用仿真技术开始了飞行模拟器的设计。

仿真实验(emulation experiment)即用另一数据处理系统,主要是用硬件来全部或部分地模仿某一数据处理系统,以至于模仿的系统能像被模仿的系统一样接受同等的数据,执行同样的程序,得到同样的成果。仿真实验是利用数学模型或数学—物理效应模型,并借助专家经验知识、统计数据和信息图表对实验结果进行分析研究的实验方法。为了揭开巨型行星上小月形物的奥秘,美国康奈尔大学的行星科学家们使用了世界上最强的电脑群来模拟 10 亿年前木星上的小月形物体的运动。经过 3 个月的计算周期,计算集群成功模拟出木星上小月形物体运动所产生的宇宙环境,将数据导入后,结果也随之出来。据此数据,天文学家们得到了 12 个已知的木星上小月形物的不寻常轨道的解释。

(三)虚拟探究

1966 年,美国麻省理工学院的林肯实验室开始了头戴式显示器的研制,揭开了虚拟现实技术研究的序幕。虚拟现实是一种多维的经历,体验者体验部分或全部由计算机创建的虚拟环境,并将之接受为真实环境。

如今,人们将虚拟现实环境中进行的实验称为虚拟探究或虚拟实验,它是一种借助虚拟现实技术创建的实验环境进行研究分析的实验方法。虚拟探究是依托虚拟现实技术而产生和发展的实验模式。虚拟探究在广义上也是一种模拟实验,但其实验的本体逼真性、应用普遍性和给实验者的临场感受都远超传统的模拟实验和仿真实验。虚拟探究一般是基于虚拟探究室而进行的。虚拟探究室是由虚拟现实技术生成的一类适合进行虚拟探究的实验系统,包括相应的实验室环境、实验仪器设备、实验对象及实验信息资源等,它可以是某一现实实验室的真实再现,也可以是虚拟构建的实验室。

(四)虚拟探究室

世界各地已经在不同领域开发了虚拟探究室(virtual inquiry room),以重现在物理实验室中进行的实验。虚拟探究室对于物理实验室中开发的实验的前实践和后分析很有用,在某些情况下,它们甚至可以取代物理实验室本身。尽管虚拟探究室可能有一些限制,但与物理实验室相比,它们仍具有许多优势。例如,一些物理实验室资源(设备和人员)稀缺,限制了研究人员的表现。虚拟探究室成本相对较低,实验容易重复,不会因为实验失败而承担环境污染等风险,因为虚拟环境是可控的,对自然系统没有危害。虚拟探究室能够利用虚拟现实、多媒体和互联网的优势。目前已应用到多个领域,例如物理学、电子学、机器人学、生理学、化学、工程学、经济学和生态学。

我们认为,在动物行为学领域也应该应用虚拟探究室。我们将这些探究室命名为行为虚拟探究室。这种应用将有利于行为学和基于行为的系统的发展。就动物行为学而言,虚拟探究室将有助于研究人员轻松复制实验和自然条件,而这些条件在物理实验室中可能需要数周才能完成。例如,动物的某些调节需要几天的训练,而在虚拟探究室中,这个过程可以加速、保存和恢复。对于人工智能研究人员来说,虚拟探究室将有助于其设计和测试机器人、代理软件或动画的系统和机制。

行为虚拟探究室应该能够达到与行为学物理实验室相同的条件,甚至可以提供更好的实验环境。行为虚拟探究室将有助于研究人员设计自下而上的自主代理或机器人,提出和测试动物行为理论,从实验数据中复制行为模式,并探究动物的不同结构和机制行为等问题。与其他类型的虚拟探究室不同,行为虚拟探究室应该能够产生不可预测的结果,并允许紧急行为的出现。有了所有这些特性,行为虚拟探究室应该能促使研究人员"自适应地思考",以交互方式展示适应性行为的属性和特征,无须进行复杂的实验或大量的研究。

（五）虚实融合实验

技术的革新带动了多维空间的融合和多模态数据的生成，MR 技术启动了课堂教学的新一轮交互式革命。[①] 在仿真引擎方面，虚实融合实验（virtual reality fusion experiment）基于粒子等方法研制实时仿真引擎，例如通过连续的流体、柔体或固体来描述各个物质点上承载的各种物理属性（包括质量、速度等），可采用相互作用的质点组。虚实融合实验通过求解质点组的动力学方程和跟踪每个质点的运动轨迹来获得系统的动力学模型，进行流体、柔体如滑轮绳子和布料等的逼真模拟及对抽象概念（几何、电磁线等）的实时仿真进行呈现；在多感知通道的融合呈现方面，虚实融合实验通过配置和场景融合技术、基于云端的并行计算来实现多模态实验的实时调控与交互，进而实现视觉、听觉、嗅觉、触觉等的多感知一致性呈现，以及教师和学生对环境的沉浸式体验，从而解决中学典型实验中难以亲手操作的高风险和高成本问题。总的来说，虚实融合实验是以视觉作为基础感知通道，听觉、触觉、嗅觉等作为增强感知通道，基于泛型数据结构思想建立实验结果的多感知通道的呈现特征数据库，利用关联分析和模式分类理论来实现对各种典型实验的多感知通道参数建模与仿真融合。

在多模态交互特征方面，虚实融合实验驱动了"视—听—触"多模态通道的融合，让学习者有身临其境的真实感受，获得正向心流体验。MR 场域中的多模态教学，其数据表征亦是多模态的。虚实融合实验输入时通过图文、视频、动画、语音等形式支持学生获取多维信息，以促进知识内化；输出时也可以借助信息采集设备收集文本、音频、生理数据等不同表征形式的数据，通过多模态数据的融合与分析，让师生全面了解学习过程的动态变化。

在人机协同交互特征方面，虚实融合实验侧重于多模态人机协同空间交互环节，由师生和智能设备共同开展所在空间范畴内的协同互动，并将多模态人机协同信息感知到教师和智能设备，从而通过教师和智能设备呈现多模态的人机协同数据表征。智能设备的技术介入能够为教学过程中的数据收集、整理分析提供支撑，助力教师实现实时反馈与交互。目前的智能设备不但能够收集和整理视频、语音、文本等交互数据，而且能够收集和整理生理和心理等层面的行

为数据。

　　因此,虚实融合实验聚焦于多模态人机协同空间交互、多模态人机协同信息感知、多模态人机协同数据表征、数据表征促进交互优化等四个阶段,形成如图 1-1 所示的虚实融合实验场域中的"多模态＋人机协同"教学交互及其数据特征。

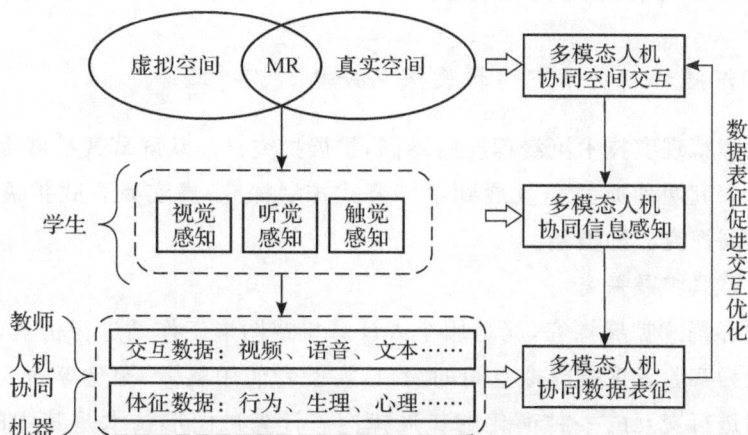

图 1-1　"多模态＋人机协同"教学交互及其数据特征

　　根据目前国内外扩展探究的研究水平,结合教学实验的应用需求,扩展探究主要有协作式扩展探究和自适应扩展探究两个发展方向。

　　在协作式扩展探究方面,与同伴合作是实验过程中一个至关重要的环节,因为科学实验常常是协作性的活动。协作技术通常分为两个主要部分:信息共享技术和通信技术。其中,信息共享技术使得用户能够让别的用户意识到他的活动以及活动的结果。通信技术使得人们能相互协作,讨论他们的工作。通信技术在现阶段已比较成熟,而信息共享技术则比较难以实现,因为一方面,它要求实现复杂数据类型的转换;另一方面,它还没有较好的群件。具体原因如下:一是计算机的协同工作尚处于未成熟阶段;二是协作任务的不同导致一套普遍适用的规则较难开发。因此,协作式扩展探究的目标设计很重要,其目标就是要减少地域障碍,使世界各地的学生能在网上一起进行科学实验和讨论。在协作式扩展探究中,每个用户都有一个特定的个人域并共享一个群域。通过这种方式,个人工作和小组工作既可以个别发生,又可以同时发生。

　　自适应扩展探究主要表现在以下两个方面:其一,它为学生提供一个自适应的实验环境,把学生的实验过程记录下来,反馈其存在的问题,使得学生能够针对自己遇到的问题反复练习,或向教师和同学寻求帮助,从而掌握相关知识,并提升解决问题的技能。其二,当过程已知时,实验设计过程规定了一组参数,当处于未知领域时,自适应实验的参数应当收敛到希望的参数范围内,体现出系统的开放性和协同性,这也是现阶段的虚拟实验最难实现的。

二、扩展现实探究特征分类

(一)沉浸程度视角下的扩展探究分类

根据虚拟现实技术沉浸程度的不同,扩展探究已经从屏幕式扩展探究和沉浸式扩展探究两种类型[①],发展到了屏幕式扩展探究、虚实融合式扩展探究和沉浸式扩展探究三种类型。

1. 屏幕式扩展探究

所谓屏幕式扩展探究,就是用个人计算机或图形工作站进行仿真,以计算机屏幕作为实验者观察虚拟空间的窗口,实验者使用鼠标、键盘等输入设备与虚拟空间进行交互的一种简化的扩展探究。计算机图形技术是其中的关键。在屏幕式扩展探究中,参与者会受到周围环境的干扰而缺乏沉浸感,是一种初级的虚拟状态,其成本相对于其他两种扩展探究来说比较低,实现也相对比较容易,因而在各领域应用较为广泛。屏幕式扩展探究的经典案例是美国林登实验室于2003年发布的基于互联网的三维虚拟世界——"第二人生"(Second Life)。每个用户都可以在"第二人生"中创建属于自己的独特的"虚拟化身",参加虚拟世界中的多种探索和社交活动,并获得和交易所有虚拟财产。

2. 虚实融合式扩展探究

虚实融合式扩展探究,举个例子,比如裸眼3D设备——zSpace S300的桌面VR一体机,参与者在佩戴3D眼镜后,通过触控笔与一体机形成可交互的虚拟空间,可进行相对深入的虚实融合式扩展探究。在虚实融合式扩展探究中,尽管多个参与者之间会产生干扰,但参与者对虚拟空间的沉浸感会得到进一步提升,且该类设备成本适中,在教育领域应用比较广泛。

3. 沉浸式扩展探究

所谓沉浸式扩展探究,就是利用数据手套、头戴式显示器、传感器等复杂的交互设备,为实验者提供完全投入的功能,使实验者有一种置身于"真实实验"

---

① 张学军,等. 中学化学虚拟实验——理论、设计开发、应用[M]. 北京:化学工业出版社,2013:4.

中的感觉的扩展探究。自 2016 年之后,以 Oculus 和 HTC Vive 为代表的 VR 终端设备迅速发展,用户在虚拟世界中产生的感官刺激(视觉、听觉、触觉)都可以通过 VR 装置和体感设备转化为现实世界的真实感官体验,不再受传统物理条件的限制和约束,用户沉浸感大大增强。[①] 不过,这种实验需要有相对复杂的硬件设备支持,其在教育领域中的使用范围也因此受到了限制。

美国科罗拉多大学开发了 PhET 交互式虚拟仿真实验软件,通过构建一个结构化的扩展探究室,为学生开展探究性学习提供实验条件,并帮助学生研究、分析和探索其在物理世界中感兴趣的各种问题。学生可以通过运行基于物理现象分析的交互式虚拟仿真软件,在高度仿真的虚拟环境中,以个性化学习、自主式实验的方式,启迪创新思维,验证其所提出的实验方案和技术构想。美国加利福尼亚大学圣迭戈分校开发的 StarCAVE 虚拟现实系统,能够展示公元前 10 世纪约旦堡垒的三维虚拟现实模型,学生利用手持式控制器,步行穿越堡垒、旋转物体或进行鸟瞰观测,花费一个月的时间来测试、记录和分析虚拟空间的立体数据,并利用这些数据建立整个堡垒的仿真模型,从而破解这一巨型堡垒建筑的用途之谜。美国纽约大学利用自研的长达 36 米的高清晰度交互式多媒体显示墙,应用可视化技术开展教学,以蜜蜂蜂拥而至采集花粉的动画场面来将复杂的股市数据形象化。[②]

本书第四章中蝴蝶生命周期的 AR 探究,给操作者提供的是带有多个蝴蝶相关生态知识点的 AR 智能学习卡以及智能 APP 识别后的蝴蝶知识点解读,重点解决传统多媒体解读蝴蝶生态的情境关联不直观和立体感不强等问题。为了帮助学生了解蝴蝶的生命周期、在环境中的作用,以及它们是如何受到人类活动威胁的,我们利用 AR 设备开展了另一个真实世界的宿主植物和虚拟蝴蝶结合的学习项目。开展这个项目的主要动机是为学生提供一个蝴蝶花园,利用 AR 技术,制造虚拟蝴蝶来代替真实蝴蝶进行生命周期的学习,从而避免采用真实蝴蝶将产生的维护问题。系统的评估显示,使用增强现实的学生群体的学习效率有所提高,这表明在虚拟蝴蝶花园中导航有助于学生理解和记忆他们所学的不同概念,这与学生们可以重复欣赏蝴蝶繁殖、捕捉蝴蝶等动画并沉浸

① 刘革平,王星,高楠,等. 从虚拟现实到元宇宙:在线教育的新方向[J]. 现代远程教育研究,2021 (6):12-22.

② 王卫国,胡今鸿,刘宏. 国外高校虚拟仿真探究教学现状与发展[J]. 实验室研究与探索,2015(5): 214-219.

其中有关。

(二)访问途径视角下的扩展探究分类

根据访问途径的不同,可以把扩展探究划分为本地扩展探究和远程扩展探究两类。

1.本地扩展探究

在本地扩展探究中,实验是在本地的计算机所模拟的环境中进行的,计算机所建立的模型应尽可能与真实实验条件接轨。本地扩展探究也被称为单机版扩展探究,模型通过本地计算机进行安装,在本机上即可运行,不需要网络的支持。扩展探究是信息化时代的产物,是通过计算机创建,让实验者自然感知的基于原型技术的实验,其本质是由计算机模拟实现的一个过程。也就是说,本地扩展探究提供了一个虚拟的实验环境,与传统的真实实验相比,有如下特点:透明性、资源共享性、操作互动性。

2.远程扩展探究

远程扩展探究是基于网络环境而实现的。在现实应用中,人们根据实验过程中使用的仪器设备是否真实,又可以将远程扩展探究分为远程控制扩展探究和网络扩展探究。一种是真实仪器设备通过接口电路连接到网络中,学生可以通过网络使用真实实验室中的设备,我们将这种实验称为远程控制扩展探究。远程控制扩展探究涉及真实设备,所以在同一时间只允许一个实验者进行实验。另一种是实验室中的仪器设备完全由软件编程模拟实现,我们将这种实验称为网络扩展探究,理论上能供无限多个实验者同时进行实验。

(三)实验者角色视角下的扩展探究分类

根据实验者角色的不同,扩展探究可以分为演示型扩展探究、交互式扩展探究、分布式扩展探究三类。

(1)演示型扩展探究

演示型扩展探究对学生交互性操作的要求不高,主要目的是使学生能够比较容易地观察到实验的具体步骤及结果,而计算机模拟的演示型扩展探究比传统演示型实验具有更强的直观性,可以将微小的物体放大,也可以将宏大的物体缩小。从心理学的角度来看,计算机的显示屏明亮程度高,还能刺激学生的视觉,激发学生的学习兴趣。

（2）交互式扩展探究

交互式扩展探究主要应用于学生的操作性实验，通过虚拟现实技术建立三维多媒体实验环境，对实验设备进行仿真和交互性的开发，使学生沉浸在实验环境中，如同对真实设备进行操作一样，增强了学生的感性认识和操作的趣味性。交互式扩展探究的开发难于演示型扩展探究，此类实验当中存在各种交互性问题，需要根据实际情况利用不同技术来解决。

（3）分布式扩展探究

分布式扩展探究基于一种分布式的网络环境，提供运行在多台计算机上，学生之间可以进行实时交互，共享相同的扩展探究环境。

（四）技术特征视角下的扩展探究分类

在技术特征的不同视角下，扩展探究可以分为 VR 探究、AR 探究、MR 探究、XR 探究和元宇宙探究五类。

1. VR 探究

VR 探究是囊括计算机、电子信息、仿真技术，以计算机模拟虚拟环境为基本实现方式并给参与者带来环境沉浸感的实验方式。其主要借助计算机模拟和仿真，以及触控笔、3D 眼镜等交互设备，从技术层面代替面对面实验。虚拟现实实验已经成为促进教育发展的一种新型教育实验方法。传统的实验很难剔除与之无关的干扰因素，而利用 VR 技术则能够克服这一难点，还可以帮助学生打造生动、逼真的学习环境，使学生通过真实的体验感受来增强记忆，更容易让学生接受教学内容，也更容易激发学生的学习兴趣。此外，各大高校还基于 VR 探究建立了与学科相关的 VR 探究室，以帮助学生更好地学习。

郑璞、刘聪慧、俞国良在《情绪诱发方法述评》中提到，个体的情绪状态对其认知过程存在非常明显的影响。情绪材料诱发法即向被试呈现具有情绪色彩的材料，从而诱发被试相应情绪的方法。根据材料呈现感觉通道的不同，可以将其分为视觉刺激材料、听觉刺激材料、触觉刺激材料和嗅觉刺激材料。[1] 在本书的第二章中，我们重点从听觉、嗅觉、触觉等非视觉刺激材料入手，设计了一系列的非视觉虚拟现实实验。具身情绪的相关研究表明，在知觉他人情绪与自身体验同种情绪时，个体的身体变化往往是一致的。

数字技术的发展为感官身体和动作的互动提供了接触数学思想的新途径，

---

① 郑璞,刘聪慧,俞国良. 情绪诱发方法述评[J]. 心理科学进展,2012(1):45-55.

使人们能够挣脱现实时空的限制，去关注事物本质，提高认知水平。具身认知理论认为，感觉运动交互作用在认知基础中起着重要作用。对于视障儿童（visually impaired children）来说，这是特别重要的，因为它提供了在身体经验中建立数学思想的机会。

鉴于视觉在沉浸式虚拟世界中的核心作用，沉浸式虚拟现实技术在视障儿童中的应用并不明显。本书提出了一个迭代的、基于设计的案例研究，旨在帮助视障儿童了解沉浸式虚拟现实中具体学习体验的教学设计。该研究借鉴了具体化教学法，探索了实现基于教室的非视觉虚拟现实体验的过程，旨在让视障儿童在虚拟空间中移动时，根据笛卡儿坐标系，获得具体化的位置体验。互动录像与教师和视障儿童的反馈相结合，通过识别三种类型的教学实践，有助于读者了解沉浸式虚拟现实学习在正式环境中的应用：创建表演空间，介绍表演动作和连接不同视角的动作。

非视觉扩展探究课程主要面向有视觉障碍或近视的学生，当然也面向普通学生开展综合实践活动。视觉障碍学生的活动能力发展尤其是实验操作是比较受限制的，需要通过设置有效的非视觉扩展探究环境刺激，弥补视障学生由于视力受损而出现的实验知识与操作技能等方面的缺陷，抵消其实验知识和操作能力发展的缺失。在第二章的空间非视觉虚拟现实实验中，我们利用数学学科的笛卡儿坐标系，重点解决传统视觉空间行走和感知实验的视觉干扰等问题，一方面培养学生对视障人士的共情，另一方面使学生体会笛卡儿坐标系的优越性及引入笛卡儿坐标系的必要性。

2. AR 探究

AR 探究是综合应用 AI 技术和 AR 技术，通过 3D 建模虚拟再现真实的实验场景，借助先进的体感交互设备进行虚实互动，将真实的教师与虚拟仿真的实验器材结合到同一个画面里，教师不需佩戴任何体感设备，只用纯手势就可以进行互动的实验方式。在教育领域中，教师可借助 AR 探究，通过现实手势与虚拟场景无缝衔接，在不同主题下进行深入学习和模拟实践，引导学生打开思维、全面思考，提高学生的实践动手能力和实践创新能力。

3. MR 探究

在数字化时代中，利用 MR 的叠加显示技术，辅助 AI 算法，可以进行高效的数据分析和策略演练。在 MR 探究中，多人同时戴上 MR 终端进行演练，无论参与者身处何地，都能互相看到他人的观看角度和操作手势，就同一全息场景进行讨论。实验者可以对不同策略及其结果进行比较性分析,从而助力团队做出有价值的决策。在教学领域,教师可利用 MR 技术,将需要进行虚拟仿真的重点实验内容通过操作和协同逼真地呈现出来。MR 探究能够帮助学生跨越传统实验与实践之间认知差别的鸿沟,让学生在学习期间就能认识、熟知和学会工作中的专业技能。教师可借助 MR 教学工具实现对学生学习的数据化指导和管理,根据教学需求开发设计学习课程;学生可通过模块化、组件化的系统课程,熟练掌握“MR+AI”开发的技术应用和项目思维,实现“MR+AI”技术在多学科、多领域的应用。教师也可借助 MR 设备把学生带到不同的行业场景中,让课程不再只是知识的注射器,让学生真正打开看世界的大门;教师把实际工作中的挑战、学生可能遇到的问题都打包浓缩并将其变成课程,让学生提前体验,并定制开发远程协同工具。利用 MR 探究,学生与教师可消除空间限制,在同一视觉语境中进行交流。

4.多重 XR 探究

XR 是 VR、AR、MR 等多种技术的统称,多重 XR 探究也是 VR、AR、MR 探究的统合和新一代革命。XR 探究目前还是概念性的名词,其特点为:在人像和物品建模方面,可通过摄像头等传感器快速扫描物体、人物,构建高精度三维模型,以支持高真实感渲染,并对人体或可变形物体建立动画模型,便于后期的动画、仿真;在渲染高真实感方面,可构建高真实感的渲染引擎,实现对各类材质、动画、光影效果的逼真绘制;在人机交互方面,可通过摄像头等传感器识别、捕捉人物的三维肢体动作、手势、表情,并将其用于虚拟人物动画驱动或是人机交互;在大场景定位方面,可通过摄像头等传感器扫描室内外场景,如商场、街区、博物馆,构建真实世界的三维数字化模型,并通过摄像头在场景中实现高精度定位,从而实现虚拟物体叠加显示、AR 导航、机器人路径规划等;在机器人抓取操纵方面,可通过摄像头等传感器对物体及其所在环境进行三维建模,并实现对各种物体的抓取和操纵,从而实现从虚拟世界到真实世界的闭环。

5.元宇宙探究

元宇宙探究超越真实,其核心技术采用了扩展现实技术,在此之上,还结合了区块链、AI、数字孪生等新技术,能够再现“真实”情境,展现反应现象,进行过程记录和规避潜在风险。从实际需求来看,元宇宙探究主要包括三种类别:一是流程体验类,该类实验主要面向特定的服务行业,在制作过程中需要精准满足流程中的规则要求,使参与者切身感受到“实景实情”;二是仿真操作类,该类实验需要通过准确的操作产生对应的反馈,反馈可以是文字、实验结果或现象等,实验关键在于反馈的科学性;三是终端实体操作类,该类实验以虚拟对象作为中介而操作真实对象,既能获得真实的实验结果,也能规避潜在的实验风险,关键在于操作过程感知要尽量与实际操作相吻合。[①] 在元宇宙探究中,参与者借助脑机接口,彻底打破现实与虚拟之间的壁垒,能够使用意念自由控制虚拟身体的各个部位,从而随心所欲地与虚拟世界进行交互。同时,脑机接口的双向传输功能可以将多种感官的反馈通过脑信号传递给用户,获得与现实世界相同的感官体验,实现人与虚拟世界的融合。区块链技术是元宇宙实现升维的关键技术,借助区块链技术,既可建立现实空间与虚拟空间的经济联系,又可实现虚拟价值与真实价值的统一。元宇宙可以实现人与虚拟世界、现实世界与虚拟世界的融合。元宇宙中的人以多元表征的形式存在,既可以是全息影像,也可以是化身,还可以是具有外化特征的智能"虚拟人"。

第三节　扩展现实探究的课程及其教学

扩展现实探究课程包括国家虚拟仿真实验教学课程和 VR 一体机探究课程,旨在通过这两种教学课程进行探索,从而促进扩展现实探究教学,为未来教育的发展提供新的路径。

一、国家虚拟仿真实验教学课程及其教学

国家虚拟仿真探究课程及其教学的作用是:加快建设与新时代人才培养需求相适应、与新技术相融合、与教育教学方式方法改革相配套的教育教学管理政策和机制,以"学习革命"推动"质量革命"向纵深发展。2020 年 11 月,教育部认定 5118 门课程为首批国家级一流本科课程。[②] 其中,虚拟仿真实验教学课程有 728 门,这为国内扩展探究教学的一流课程建设指明了方向,也提供了丰富多元的一流课程案例。

---

① 华子荀,黄慕雄. 教育元宇宙的教学场域架构、关键技术与实验研究[J]. 现代远程教育研究,2021(6):23-31.
② 教育部办公厅. 教育部关于公布首批国家级一流本科课程认定结果的通知[EB/OL]. (2020-11-25)[2021-07-03]. http://www.moe.gov.cn/srcsite/A08/s7056/202011/t20201130_502502.html.

教育部于 2019 年 10 月公布了《教育部关于一流本科课程建设的实施意见》（简称《实施意见》），该意见对虚拟仿真实验教学一流课程的定义是："着力解决真实实验条件不具备或实际运行困难，涉及高危或极端环境，高成本、高消耗、不可逆操作、大型综合训练等问题。……形成专业布局合理、教学效果优良、开放共享有效的高等教育信息化探究教学体系。"[1]

国家虚拟仿真实验教学课程共享平台[2]共推出了 2079 门国家虚拟仿真一流本科课程，其中认定的 728 门课程以工程与技术科学和自然科学为主，具体数据如表 1-1 所示。

表 1-1　国家虚拟仿真实验教学课程共享平台中的课程概况

序号	门类	一级学科	认定项目	其他项目	总计
1	自然科学	物理学、化学等	133	232	365
2	农业科学	农学、土木等	33	86	119
3	医药科学	药学、临床医学等	161	246	407
4	工程与技术科学	农业工程、地质学等	295	645	940
5	人文与社会科学	法学、教育学等	106	142	248
合计			728	1351	2079

从 2079 门国家虚拟仿真一流本科课程以及所能查阅的相关课程资源案例来看，本科虚拟仿真实验教学一流课程的特征是高成本、高危特征明显的学科立项较多。但高成本、高危特征不明显的人文与社会科学类课程也有 248 个认定项目，其中以艺术学类与文学类居多，具体数据如表 1-2 所示。

表 1-2　人文社科类课程细分

人文与社会科学	认定项目	其他项目	总计
法学类	7	8	15
马克思主义理论学	5	9	14

---

[1]　中华人民共和国教育部. 教育部关于一流本科课程建设的实施意见[EB/OL]. (2019-10-30)[2021-12-17]. http://www.moe.gov.cn/srcsite/A08/s7056/201910/t20191031_406269.html.

[2]　网址：http://www.ilab-x.com/topics.

续表

人文与社会科学	认定项目	其他项目	总计
体育学类	10	17	27
历史学类	9	10	19
艺术学类	24	43	67
心理学类	7	5	12
教育学类	14	20	34
文学类	30	30	60
合计	106	142	248

前面提到,国家虚拟仿真一流本科课程的特征主要是高成本、高危特征明显的学科立项较多。例如,高成本、高危特征明显的物理学类课程认定了 15 门,其中高成本的有 8 门,高成本、高危特征明显的有 7 门。而高成本、高危特征不明显的教育学类课程中,成本较高的有 3 门,成本较高、较高危的有 2 门,具体次序是:①较高成本类型,"纯音测听虚拟仿真实验",刘巧云、赵航、卢海丹、杨三华、张畅芯,华东师范大学;②高危、大型综合训练类型,"中小学课堂突发安全事件处理虚拟仿真实验",杨现民、胡永斌、陈鹏、杜明、文棋,江苏师范大学;③极端环境类型,"3—6 岁幼儿心理问题的教育观察、辨别与辅导的虚拟仿真教学实验系统",朱晓斌、王薇、洪河条、程春、蒋一之,杭州师范大学;④较大型综合训练类型,"陕甘宁边区学校劳动教育虚拟仿真探究教学",栗洪武、李忠、杨冬、张寅、卜学海,陕西师范大学。

总体上,相对于工科专业来说,教育学类 VR 课程占整体比重较低,这也和教育学类目前的虚拟仿真课程与高危或极端环境、高成本、高消耗等相关性较低有关,但其在教育领域对中学教学设计模式及其未来发展有很重要的借鉴意义。

二、VR 一体机探究课程及其教学

以 zSpace 的 VR 一体机虚拟仿真软硬件平台为例,VR 一体机探究课程及其教学是一款依托 STEM 教育理念而开发的教育虚拟现实解决方案。[①] 国内

---

① 陆吉健,钱雨杨,陈子涵. VR 一体机辅助下的中学数学教学设计模式及其实践[J]. 教学月刊·中学版(教学参考),2021(6):3-6.

学者利用其在物理学、地理学等学科领域内开展了深入的研究,国外的 VR 教学则从桌面式 VR 辅助教育到头戴沉浸式 VR,应用到建筑学、语言学、教育、游戏、科学课程等多种学科中。VR 一体机硬件包括显示器、触笔、3D 立体眼镜、2D 转换眼镜、键盘和鼠标等;VR 一体机软件包括面向中学教学的数学欧几里得图形、GeoGebra、物理牛顿公园、物理富兰克林实验室、寰宇地理 VR 教学系统、文明的足迹 VR 教学系统等。在实际教学中,教师需要将学生分为 6～8 个小组,每组 4～6 位学生,每个小组配备一台 VR 一体机来进行协作探究学习。

美国耶鲁大学发挥移动实验所具有的即时性、参与性、情境性、泛在性、愉悦性优势,利用平板电脑完成"分子生物学""细胞生物学""发育生物学"等课程实验,教师可通过平板电脑上的移动应用程序,与学生分享从中心实验室数字显微镜中获取的数据和图像等资源。将可远程控制的数字显微镜与平板电脑连接后,学生既可以对实验数据进行记录、分析和注解,也可以将获取的实验图像存档备用。澳大利亚雷德兰兹大学利用平板电脑易携带、高分辨率显示和触摸屏的特点,用它替代笨重的实验仪器、视频设备和其他昂贵工具来开展野外实践教学,拍摄和注解地形图片图表,收集和分享岩石数据,快速获取参考图表,并对收集的数据进行记录和分析。美国亚利桑那州立大学自 2013 年起,一直推行应用智能手机、平板电脑、教育类游戏软件等技术的移动学习和在线学习,开展基于问题求解的实践教学活动。[①] 在本书第五章的地理等高线 MR 实验中,我们通过计算机中的 3Dmax 软件构建了水壶,以及包含山峰、山脊、山谷、鞍部、盆地和陡崖等知识点的山体三维模型,并通过 3D 打印机打印获得了实物对象;用计算机中的 unity3D 开发引擎构建了等高线虚拟探究场景,包括水壶和山体模型、水流仿真效果等。3D 打印的水壶和山体即为本实验中的实物交互件,用户可以从实验桌上拿起水壶往实物山体上浇水,根据水流到山体表面的状态来判断地形。同时,实物交互界面包含实物山体和该山体直观的等高线对比图,使参与者更容易观察和理解实验现象。

① 王卫国,胡今鸿,刘宏. 国外高校虚拟仿真探究教学现状与发展[J]. 实验室研究与探索,2015(5):214-219.

第二章　扩展现实探究研究综述

关于扩展现实探究的研究综述,本章将从虚拟现实探究、增强现实探究、混合现实探究,以及其他扩展现实探究等四部分进行论述,并从中文和外文的相关文献年代分布、高被引文献情况、文献层次分布,以及文献主题分布四个方向进行探究,从而全面地了解扩展现实探究在中文文献和外文文献中的发展状况。

第一节　虚拟现实探究研究综述

虚拟现实(VR)技术在教育领域的应用可以追溯到 20 世纪 80 年代,但一直到 2000 年以后,在相关技术趋于成熟的条件下,VR 技术在教育领域的应用才得以快速发展。VR 技术具有沉浸性、交互性、想象性等三大特征,可分为桌面式、头戴式和手控式等类型。VR 技术能够让学生在学习过程中提高学习兴趣和增强学习体验,进而提升学生解决问题的能力,帮助他们进行认知处理及知识迁移。除此之外,VR 技术还能够以其仿真性还原现实世界的三维特征,在解剖学和生物学领域大有可为。还有研究发现,VR 可以改善小学生在主动听力、注意力和时间方面等的音乐学习体验,头戴式 VR 技术还可用于探究式学习环境以及深度学习环境的建构。

一、虚拟现实探究中文文献研究综述

(一)虚拟现实探究中文文献年代分布

在中国知网高级检索的专业检索中,检索字段设置为"SU＝('虚拟现

实'＋'VR') and SU＝('探究'＋'实验')"(SU 是主题的意思,下同),来源类别选择"CSSCI"或"北大核心",出版年份选择"2012—2021 年",共得到相关期刊文献 171 篇。虚拟现实探究发文量在这 10 年中的热度一直很高,从 2015 年起开始出现逐年增长的趋势(见图 2-1)。10 年内虚拟现实探究中文文献发文量表明,随着时代的发展,虚拟现实探究的研究变得日益重要,学界的许多学者对此保持高度的关注。

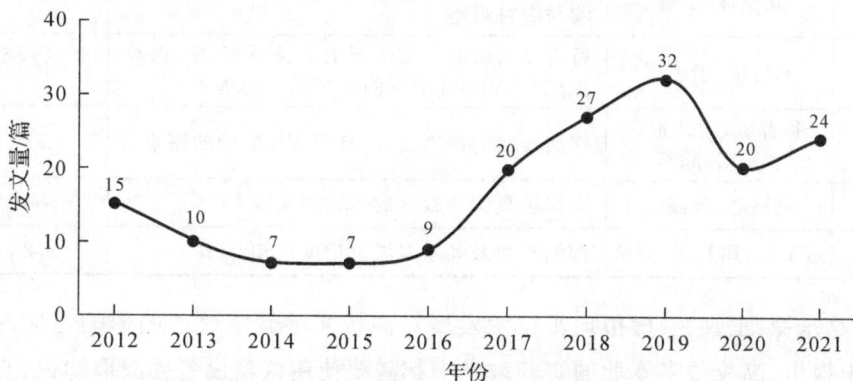

图 2-1　虚拟现实探究中文文献发文量趋势

(二)虚拟现实探究高被引中文文献情况

高被引文献代表了文献作者的高品质研究成果。在 2012—2021 年虚拟探究研究的 171 条中文文献中,被引频次最高的是王卫国、胡今鸿、刘宏于 2015 年发表在《实验室研究与探索》上的《国外高校虚拟仿真实验教学现状与发展》,被引达 454 次,这充分说明虚拟仿真探究教学在我国虚拟教学中的重要地位。第二位是高东锋、王森于 2016 年发表在《中国高教研究》上的《虚拟现实技术发展对高校实验教学改革的影响与应对策略》,被引达 133 次。这说明虚拟现实探究研究的应用主要在教育领域,也表明虚拟现实探究是一线教师和学者在现代教学中应重视的领域,具体如表 2-1 所示。

王卫国、胡今鸿、刘宏在《国外高校虚拟仿真实验教学现状与发展》中对虚拟实验这一探究教学改革模式表示了肯定,并提出要总结和借鉴国外虚拟实验的发展经验,从而推进我国的虚拟实验教学。此外,他们还在文章中提出,应用虚拟现实技术构建的"虚拟现场"和"虚拟环境",能够使学生身临其境地去"亲身"经历真实环境、操作过程和运行状态的变化,达到前所未有的教学效果。[①]

表 2-1　虚拟探究高被引中文文献概况

序号	作者	被引文献	被引次数
1	王卫国、胡今鸿、刘宏	国外高校虚拟仿真实验教学现状与发展	454
2	高东锋、王森	虚拟现实技术发展对高校实验教学改革的影响与应对策略	133
3	刘哲雨、王志军	行为投入影响深度学习的实证探究——以虚拟现实(VR)环境下的视频学习为例	106
4	徐磊青、孟若希、黄舒晴、陈筝	疗愈导向的街道设计:基于 VR 实验的探索	93
5	赵铭超、孙澄宇	虚拟仿真实验教学的探索与实践	84
6	黄荣怀、郑兰琴、程薇	虚拟实验及其学习者可信度认知	72

高东锋、王森在《虚拟现实技术发展对高校实验教学改革的影响与应对策略》中提出,高校很多专业的实验教学中都需要使用仪器设备去汲取知识、自主探究。他们在文章中指出,在高校教学过程中,VR 技术拥有很高的应用价值。搭建在线开放虚拟仿真实验项目平台,有利于推动高校开展实验教学领域的虚拟仿真项目教学改革,推动高等教育教学与现代信息技术的深度融合。[②]

（三）虚拟现实探究中文文献层次分布

虚拟现实指用于创建人造世界的计算机系统,是在虚拟世界中使参与者沉浸其中并漫游其内的物体。研究者最早提出虚拟现实的目的是提高机器的工作效率。

一项崭新技术在教学中的应用,一般来说会历经理论研究、技术开发,以及教学设计与实践这三个步骤,虚拟现实探究的研究也不例外。如图 2-2 所示,虚拟现实探究的中文文献研究层次主要聚焦于学科教育教学、技术研究和应用研究三块,发文量分别为 26 篇、17 篇和 9 篇。可以看出,虚拟探究技术的主要应用领域为学科教育教学,这也符合相关学者对虚拟现实探究在教学中优越性

① 王卫国,胡今鸿,刘宏. 国外高校虚拟仿真实验教学现状与发展[J]. 实验室研究与探索,2015(5):214-219.
② 高东锋,王森. 虚拟现实技术发展对高校实验教学改革的影响与应对策略[J]. 中国高教研究,2016(10):56-59.

的判断[①]——虚拟现实探究在教学中弥补了部分真实实验存在的危险较大、耗时较长、现象难以观测等缺陷,特别是在有易燃易爆的实验的教学上有着不可替代的作用。

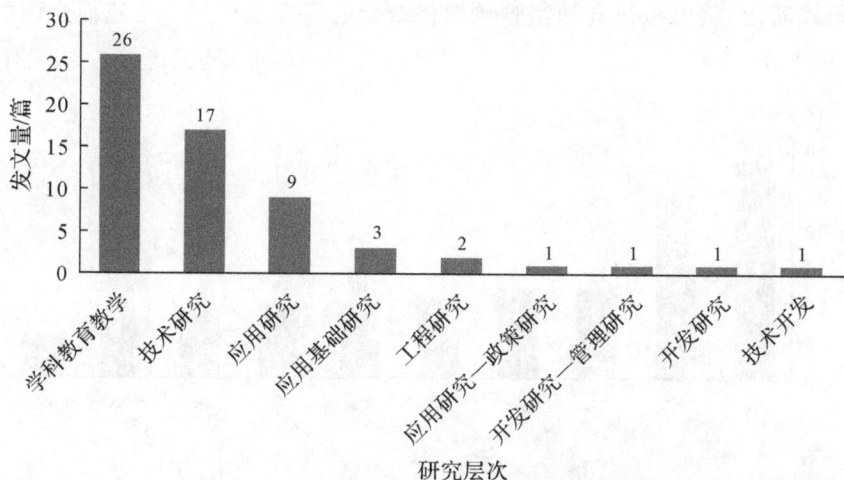

图 2-2　虚拟现实探究中文文献研究层次分布

然而,受传统的保守主义实验观的影响,许多学校的师生仍注重传统的实体实验。一些学者也认为,虚拟现实探究虽然具有人机交互的功能,但仍然是高科技下只具有可视特征而不具可感受和可触碰特征的影像虚化产物,甚至与早期出现的计算机软件仿真并无本质区别。

实际上,在探究教学中,结合虚拟现实等技术可以实现图形多维可视、对象仿真、模拟计算等效果,通过软件技术和人机交互可以实现传统教学难以企及的实验效果。探究教学可利用响应速度快、具备开放共享特征的虚拟系统来提升实验室水平,这已经成为教育学界内外的共识。

(四)虚拟现实探究中文文献主题分布

从 2011 年举办的 SC36 国际标准组织第二十四届全会上参会者和报告人所关注的主题可以看出,虚拟探究、电子课本、电子书包、云计算等多种教育领

---

① 伍婷,许苏宜,张亚鹏,等. 虚拟实验技术在化学实验教学中的应用与实践[J]. 化学教育,2017(5):58-61.

域的新兴技术标准的制定和应用,已经成为研究者关注的新方向和热点。[①] 而教育游戏、多触控技术、视线跟踪技术等新运用于教育领域的信息技术标准的研制,也逐渐受到研究者的欢迎和关注。从虚拟现实探究中文文献的研究主题分布可以看出,将虚拟仿真和实验教学相结合的研究也得到了迅速而全面的发展(见图 2-3)。

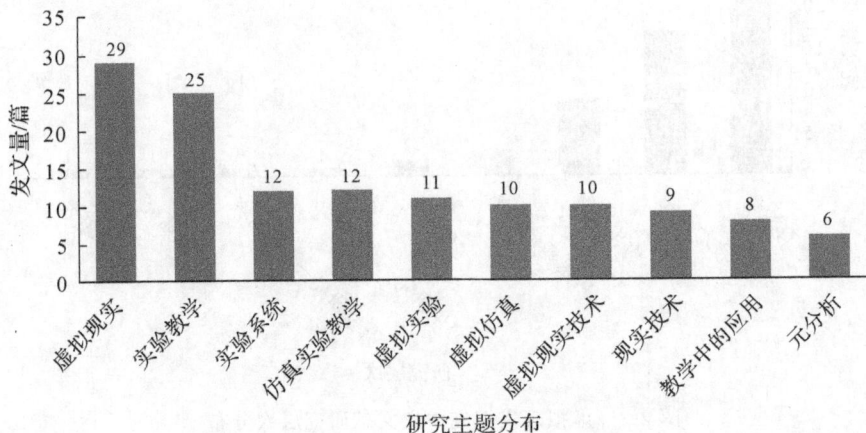

图 2-3　虚拟现实探究中文文献研究主题分布

二、虚拟现实探究外文文献研究综述

(一)虚拟现实探究外文文献年代分布

在 Web of Science 数据库中,以"虚拟现实""VR""探究""实验"为主题(检索字段为"TS=(virtual reality or VR) and TS=(explor* or experit*)",发表日期选取"2012-01-01 到 2021-12-31",Web of Science 类别选择"教育和教育研究"(education and educational research),共得到相关期刊文献 281 篇。关于虚拟现实探究的外文文献中亦有发文量逐年上升的热门趋势,具体如图 2-4 所示。

---

① 吴永和,陈丹,刘雪,等. 学习、教育和培训领域的新技术与标准化——SC36 国际标准组织第二十四届全会及开放论坛综述[J]. 开放教育研究,2012(1):68-74.

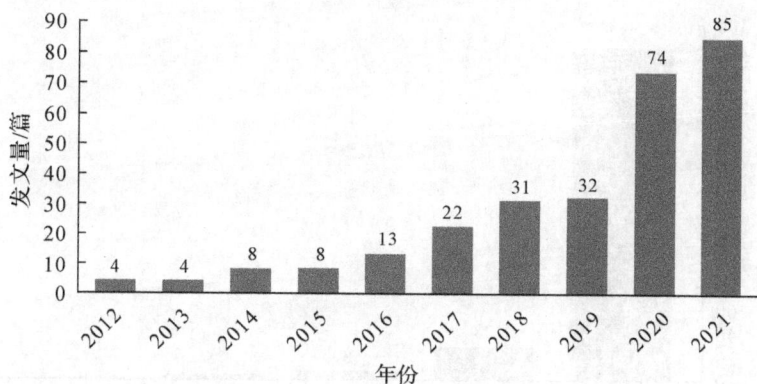

图 2-4　虚拟现实探究外文文献发文趋势

(二)虚拟现实探究高被引外文文献情况

2012—2021 年,有关虚拟现实探究的 225 条外文文献中,被引频次最高的是贾扎尔·拉迪安蒂(Jaziar Radianti)等人于 2020 年发表在《计算机与教育》(*Computers & Education*)上的《高等教育沉浸式虚拟现实应用的系统综述:设计元素、经验教训和研究议程》("A Systematic Review of Immersive Virtual Reality Applications for Higher Education:Design Elements, Lessons Learned, and Research Agenda"),被引达 308 次;第二位是圭多·马克兰斯基(Guido Makransky)等人于 2018 年发表于《教育技术研发》(*ETR & D-Educational Technology Research and Development*)上的《沉浸式虚拟现实在教育中的情感价值的结构方程建模研究》("A Structural Equation Modeling Investigation of the Emotional Value of Immersive Virtual Reality in Education"),被引达 148 次。这两个例子充分说明了虚拟现实探究教学受到了越来越多学者的关注。

(三)虚拟现实探究外文文献研究方向分布

如图 2-5 所示,虚拟现实探究外文文献在教育教学研究领域的研究方向聚焦于教育教学和计算机科学两块,发文量分别为 281 篇和 28 篇。从中可以看出,虚拟探究技术的主要研究领域在于对抽象思维有一定要求的理工科目,这说明虚拟探究在提升教学效果、辅助复杂和危险实验、增加课堂趣味性上突破了传统实验的限制,有着不可替代的优点。

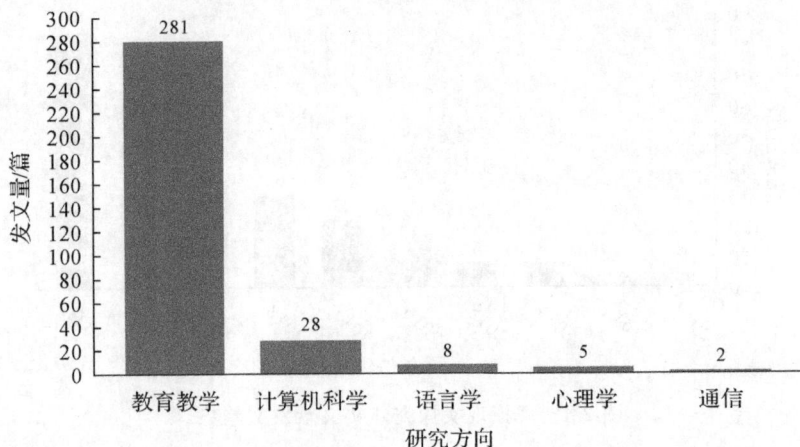

图 2-5 虚拟现实探究外文文献研究方向分布

第二节 增强现实探究研究综述

增强现实(AR)是广义虚拟现实技术的扩展,是一种将虚拟对象(增强组件)叠加到现实世界的技术,虚拟对象与现实世界中的对象存在于同一空间。AR 技术在教育领域的应用有很多优势,比如,AR 技术可帮助学生在现实世界中进行探索。有研究表明,AR 技术既能提高大学生的实验室技能,又能帮助他们培养与实验室工作相关的积极态度。AR 技术还可以融入教育游戏,拓展教育游戏的应用领域。有学者通过案例分析梳理了增强现实教育游戏的设计原则,他们发现,通过强化虚实结合、人机交互、实时反馈和感官体验,增强现实教育游戏能够改进学习的过程,优化学习体验。针对具体学科,有研究发现,AR 技术对不同领域的数学学习影响程度不一,辅助几何学习的效果显著,对学生的学习动机有促进作用,而且对数学低学习成就者的影响程度更深。虽然AR 技术在教育领域有很好的应用前景,但由于其应用开发仍处于初级阶段,因此还存在许多问题。比如,学生在使用 AR 技术进行学习时,会发现其操作比较复杂。此外,如果没有一个设计比较完善的交互界面或指导书,学生在使用 AR 技术时就会遇到许多复杂的技术性问题。

一、增强现实探究中文文献研究综述

(一)增强现实探究中文文献年代分布

在中国知网高级检索的专业检索中,检索字段设置为"SU＝('增强现实'＋'AR')and SU＝('探究'＋'实验')",来源类别选择"CSSCI"或"北大核心",出版年份选择"2012—2021年",共得到相关期刊文献47篇。如图2-6所示,增强现实探究的发文量虽有些许波动,但自2012年开始总体呈现上升趋势。10年内增强现实探究中文文献发文量的增长,表明随着时代的发展,增强现实探究的研究变得日益重要,学界始终对此保持关注。

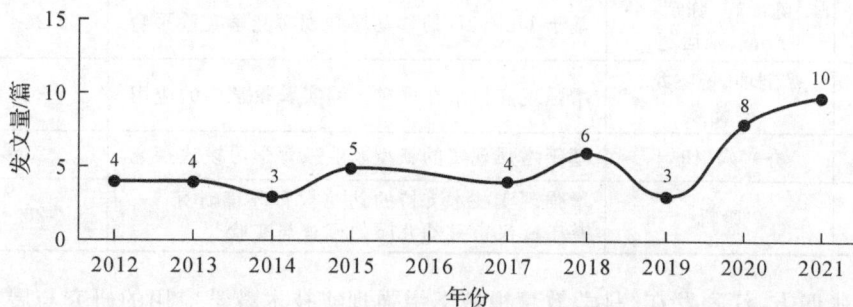

图 2-6 增强现实探究中文文献发文趋势

(二)增强现实探究高被引中文文献情况

2012—2021年,增强现实探究研究的47条中文文献(见表2-2)中,结合具体内容,被引频次最高的是程志、金义富2013年发表于《电化教育研究》上的《基于手机的增强现实及其移动学习应用》,被引达49次;第二位是张四方、江家发2018年发表于《电化教育研究》上的《科学教育视域下增强现实技术教学应用的研究与展望》,被引达36次。这说明增强现实实验研究的应用主要在教育领域,也表明增强现实实验是一线教师和学者在现代教学中应重视的领域。

程志、金义富在《基于手机的增强现实及其移动学习应用》中提到,增强现实技术对学习者的重要作用体现在其使得学习者可以在真实的情境之中感知,又可以通过计算机产生的虚拟信息感受更多,这样虚实融合的环境有利于学习。他们还阐述道,要将增强现实技术应用到手机端的移动学习领域中,如此既可以结合手机端的便捷性,又可以发挥增强现实技术的虚实融合和人机交互性的优势。他们还从基于情境感知的学习、科学探究学习及参与模拟的学习等三个方面出发,探究基于增强现实的手机端移动学习的应用。[①]

表 2-2　增强现实探究高被引中文文献概况

序号	作者	被引文献	被引次数
1	程志、金义富	基于手机的增强现实及其移动学习应用	49
2	张四方、江家发	科学教育视域下增强现实技术教学应用的研究与展望	36
3	陈泽婵、陈靖、严雷、张运超	基于 Unity3D 的移动增强现实光学实验平台	24
4	徐剑坤、杨乾龙、杨乾霞	增强现实技术在采矿工程实验教学中的应用	24
5	乔兴媚、杨娟	基于增强现实的新型职业教育学习模式探究	23
6	康帆	增强现实技术支持的幼儿教育环境研究——基于武汉市某幼儿园的调查与实验	23

张四方、江家发在《科学教育视域下增强现实技术教学应用的研究与展望》中,对增强现实技术在科学教育中的应用价值、层次与教学整合路径进行了分析。他们采用文献研究方法,得出结论:基于 AR 自身所具备的虚实融合、无缝交互等优势,它在科学教育领域具有十分重要的应用价值,是沟通和结合虚拟和真实世界的桥梁,应用增强现实技术实现对复杂空间关系和抽象概念的无缝交互,对学生高阶思维能力的发展有重要的作用。[②]

(三)增强现实探究中文文献层次分布

如前所述,一项崭新技术投入教学,一般来说会历经理论研究、技术开发和教学设计与实践这三个步骤,增强现实探究也不例外。如图 2-7 所示,增强现实探究的中文文献研究层次聚焦于技术研究、学科教育教学和应用基础研究三块,发文量分别为 8 篇、5 篇和 4 篇。从中可以看出,增强现实探究技术的主要

---

① 程志,金义富. 基于手机的增强现实及其移动学习应用[J]. 电化教育研究,2013(2):66-70.

② 张四方,江家发. 科学教育视域下增强现实技术教学应用的研究与展望[J]. 电化教育研究,2018(7):64-69,90.

应用领域之一为学科教育教学,这也符合相关学者对增强现实探究在教学中优越性的判断[①]——增强现实探究在教学中弥补了虚拟现实探究中头戴式设备沉重、需要专业定位器和具有特定活动范围等缺陷,很容易在学校教学中落地,拥有更广大的用户基础。

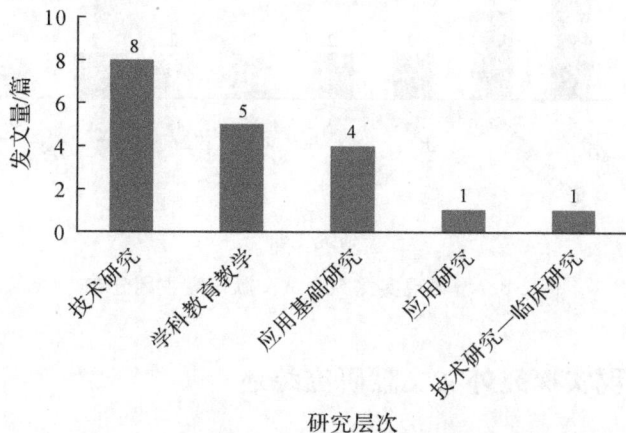

图 2-7 增强现实探究中文文献研究层次分布

(四)增强现实探究中文文献主题分布

早期的 AR 技术在教育教学中的应用还处于简单呈现、交互不深入的初级阶段,而随着教育游戏、多触控技术、视线跟踪技术等新技术在教育领域的应用,AR 技术也逐渐受到研究者和一线教学工作者的欢迎和关注。中文文献中,以增强现实(其后的增强现实技术、移动增强现实、AR 技术,我们将其划为一类)、科学教育、实验教学等为主题的研究自 2019 年开始,并得到了迅速而全面的发展。如图 2-8 所示,关于增强现实及其技术的中文文献数量明显多于其他主题。

---

① 蔡苏,张晗,薛晓茹,等. 增强现实(AR)在教学中的应用案例评述[J]. 中国电化教育,2017(3):1-9, 30.

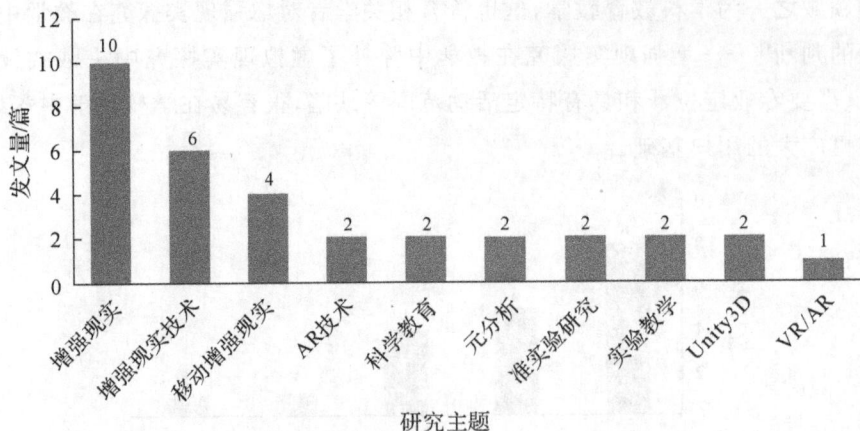

图 2-8　增强现实探究中文文献研究主题分布

二、增强现实探究外文文献研究综述

(一)增强现实探究外文文献年代分布

在 Web of Science 数据库中,以"增强现实""AR""探究""实验"为主题,检索字段为"TS＝(augmented reality or AR) and TS＝(explor* or experit*)",发表日期选取"2012-01-01 到 2021-12-31",Web of Science 类别选择"教育和教育研究"(education and educational research),共得到相关期刊文章 225 篇。如图 2-9 所示,按照发文数量降序排列,我们可以非常直观地发现,从 2016 年到 2020 年,增强现实探究明显受到更大关注,增强现实探究研究在外文期刊中亦有发文量逐年上升的热门趋势。

(二)增强现实探究高被引外文文献情况

2012—2021 年,增强现实探究研究的 225 条外文文献中,被引频次最高的文献是郑坤雄(Cheng Kun-Hung)等人 2013 年发表在《科学教育与技术杂志》(*Journal of Science Education and Technology*)上的《增强现实在科学学习中的提供:对未来研究的建议》("Affordances of Augmented Reality in Science Learning:Suggestions for Future Research"),被引达 316 次;第二位是玛丽亚-巴兰科·伊瓦涅斯(Maria-Blanca Ibanez)等人 2018 年发表在《计算机与教育》(*Computers & Education*)的《用于 STEM 学习的增强现实:系统综述》

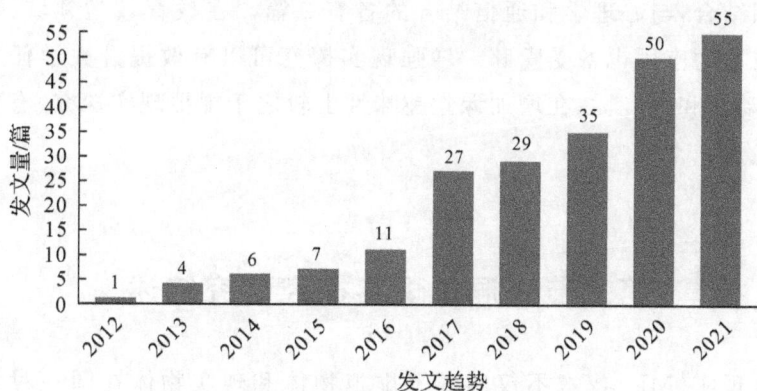

图 2-9　增强现实探究外文文献发文趋势

（"Augmented Reality for STEM Learning：A Systematic Review"），被引达227 次。这两个例子说明，增强现实探究教学在外文文献中受到了很大关注，且在教育教学领域中的应用也受到了广泛认同。

（三）增强现实探究外文文献研究方向分布

如图 2-10 所示，增强现实探究外文文献在教育教学研究领域的研究方向聚焦于教育教学研究、计算机科学和心理学三块，在 225 篇文献中，每一篇都涉及教育教学领域，其中有 20 篇文献同时涉及计算机科学领域，有 7 篇与

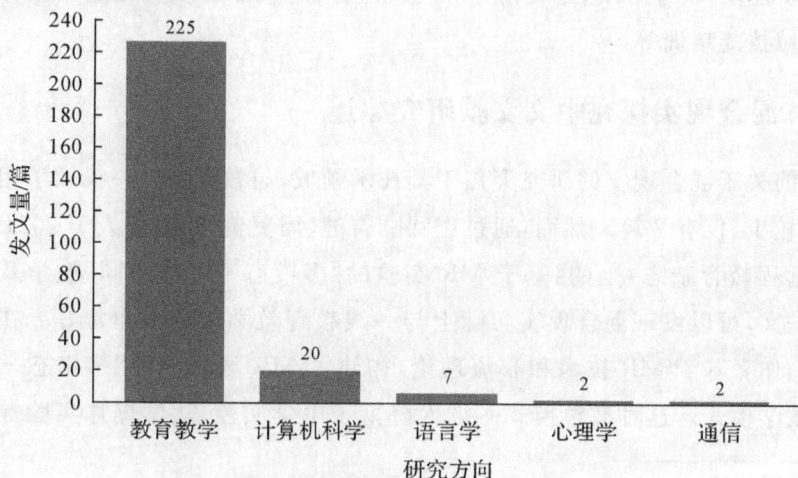

图 2-10　增强现实探究外文文献研究方向趋势

语言学相结合,与心理学和通信结合的各有 2 篇。在教育教学领域,基于增强现实技术的应用也备受青睐。增强现实探究可以有效提升教学任务的交互性、流动性和情境性,在增加课堂趣味性上较之于虚拟现实探究,有着不可替代的优点。

第三节　混合现实探究研究综述

混合现实(MR)技术不仅实现了虚拟物体和现实物体在同一时空的共存,而且虚拟物体和现实物体之间还能够进行交互,实现了对虚拟现实和增强现实的创新融合发展。混合现实在教育领域的应用具有虚实融合、深度互动、异时空场景共存等特征。[①] 在具体学科应用方面,微软曾在其宣传片中展示了基于混合现实的产品 HoloLens 在教育领域的应用,其中就包括混合现实与化学、数学、物理等课程相结合的案例。此外,有学者在语言学科领域开发了一款可用于西班牙语学习的 MR 应用软件,该软件可呈现讨论多个电影节目信息的虚拟场景,使学习者在模拟对话场景中获得知识。MR 技术以其深度互动的特征,可以让学生得到具身体验,为具身型学习环境的构建提供了很好的技术支撑。有学者总结了 MR 技术在教育领域的六大具体应用:学科教学、STEAM 教育、教育游戏、远程指导和在线虚拟课堂、非物质文化遗产教育以及特殊领域技能培训等。[②]

一、混合现实探究中文文献研究综述

目前关于混合现实的研究聚焦于其技术领域,与教育甚至一线教学相结合的还比较少,仅有 2 篇。然而,通过查阅陆吉健、周美美、张霞等人于 2021 年发表在《远程教育杂志》上的《基于 MR 实验的"多模态+人机协同"教学及应用探索》一文,可以发现混合现实实际上与一线教育教学结合得非常好。在这篇文章中,作者基于 MR 技术和心流理论,构建了 MR 场域中的"多模态+人机协同"教学模式。这种教学模式一方面降低了电学实验、化学爆炸实验等的危

---

① 黄红涛,孟红娟,左明章,等. 混合现实环境中具身交互如何促进科学概念理解[J]. 现代远程教育研究,2018(6):28-36.
② 潘枫,刘江岳. 混合现实技术在教育领域的应用研究[J]. 中国教育信息化,2020(8):7-10.

险性，另一方面利用智能 MR 系统收集学生的学习信息，对学生的学习状态进行提醒，通过开放性问题帮助学生将在 MR 实验中获得的知识迁移到真实场景中，这种模式还提供了更为精细的个性化评价。

二、混合现实探究外文文献研究综述

在混合现实与教育教学相结合的研究中，外文文献被引量第一位是张志伟（Chang Chih-Wei）等 2010 年发表在《计算机与教育》（*Computers & Education*）的《通过将机器人集成到混合现实环境中，改善真实的学习体验》（"Improving the Authentic Learning Experience by Integrating Robots into the Mixed-Reality Environment"），被引达 69 次。该研究使用混合现实技术和机器人设计了一个具有真实场景的系统 RoboStage，学生可以通过该系统来研究物理或虚拟角色的学习差异。机器人在任务中扮演真实的互动角色。结果表明，RoboStage 显著提高了任务的真实感，并对学生的学习动机产生了积极影响。研究发现，学生的学习成绩也会受到 RoboStage 条件的影响。第二位是库里洛夫·尤金纽斯（Kurilovas Eugenijus）2016 年发表在《行为与信息技术》（*Behaviour & Information Technology*）的《VR/AR/MR 学习系统的质量评估和个性化》（"Evaluation of Quality and Personalisation of VR/AR/MR Learning Systems"），被引达 51 次。该研究介绍了关于 VR/AR/MR 学习环境的质量评估和个性化的系统审查结果，还介绍了 VR/AR/MR 学习系统/环境的质量评估和个性化框架。研究指出，VR/AR/MR 平台环境的个性化应基于学习者的模型/档案，使用学生的学习风格、智能技术和语义网络应用程序。

这两个例子说明，混合现实探究教学得到了充分的重视和深入的研究。

第四节　元宇宙探究前沿研究及多重扩展现实探究展望

一、元宇宙教育探究研究综述

元宇宙是通过虚拟现实技术，在人工智能、大数据、区块链、5G 等新兴技术的支撑下所构建的一个平行于现实世界的虚拟数字空间。元宇宙具有强社交性、强虚拟身份认同性、开放自由创作以及沉浸式体验等特征。现阶段，元宇宙在教育领域的应用仍处于理论探索阶段。出于各种原因,元宇宙的概念还未完全明晰化,且其技术成本要求过高,在未来的推广应用上需要克服很多障碍。但是,元宇宙在教育教学领域的光明前景仍是不可忽视的。

(一)元宇宙教育探究中文文献年代分布

在中国知网中,以"元宇宙(或 metaverse)和教育"为主题,来源类别选择"CSSCI"或"北大核心",共得到相关期刊文献77篇。如图2-11所示,元宇宙自2021年起开始得到重视,因此2021年也被称为"元宇宙元年",元宇宙教育探究发文量自2021年的4篇以来,到2022年6月已有73篇。这一迅猛增长的发文趋势,直观印证和展现了元宇宙教育研究开始逐步受到学者们的关注。

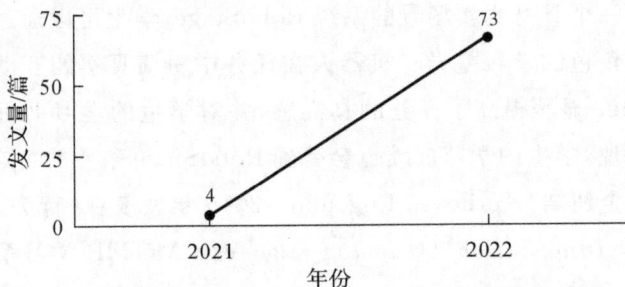

图 2-11 元宇宙教育探究中文文献发文趋势

(二)元宇宙教育探究中文文献层次分布和主题分布

如图2-12所示,元宇宙教育探究的中文文献按照研究层次划分,可分为应用研究、开发研究—政策研究、应用基础研究、应用研究—行业研究、开发研究、学科教育教学六种类型。其中,应用研究发文量为11篇,开发研究—政策研究发文量为2篇,其他均为1篇。因此,当下元宇宙教育探究还处于应用研究和开发研究—政策研究阶段。

虚拟探究、电子课本、电子书包、云计算等多种新兴技术标准在教育中的制定和应用,已经成为研究者关注的新方向和热点。而如图2-13所示,按照元宇宙教育中文文献研究主题分布,可将其分为元宇宙、教育元宇宙、学习空间、思想政治教育、学习元宇宙、未来教育、新样态、网络思想政治教育、敏捷治理、教学模式十类。可以发现,元宇宙和教育元宇宙已经成为元宇宙教育的中文文献主要主题,同时也是虚拟现实技术的前沿发展方向,以及教育教学的新样态。

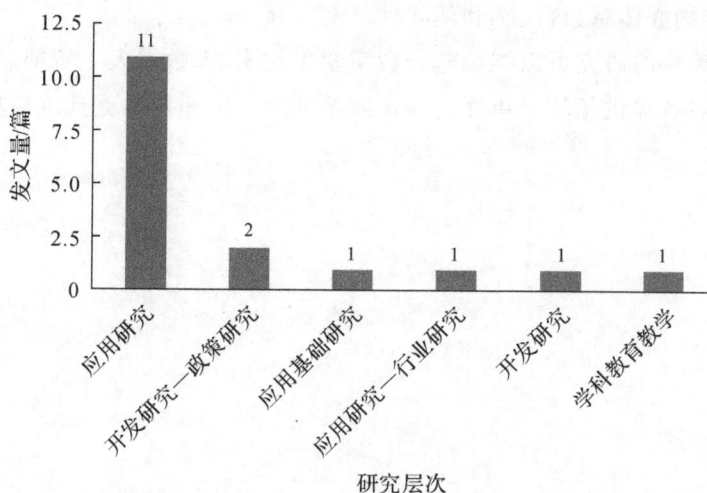

图 2-12 元宇宙教育探究中文文献研究层次分布

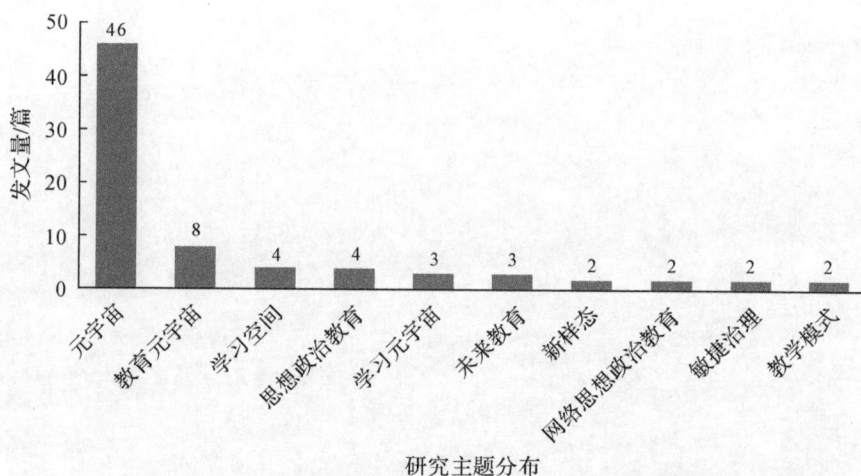

图 2-13 元宇宙教育探究中文文献研究主题分布

二、多重扩展现实探究研究展望

基于上述研究综述,笔者认为,教育教学研究者可以依托 z-sPace 等设备,开展融合 VR、AR 等技术的多重扩展虚拟现实技术教学。新华社推出的视频报道《XR 看报告:绘景未来》就运用 XR 拍摄、VR 绘画和虚幻引擎三维渲染二维等多重技术,构建了童话般的虚拟场景,营造了虚实相融的沉浸式体验,强化了节目内容的立体感、科技感和趣味性。

此外,后续的研究可以继续整合数字孪生技术、大数据人工智能、区块链技术等,为学习者提供相较于单独的 VR 或单独的 AR 等技术更具沉浸感的学习技术体验。

第三章 虚拟现实探究课程开发与教学实践

关于虚拟现实探究课程开发与教学实践,本章将从 VR 探究案例、VR 探究课程开发以及 VR 探究教学实践三部分展开论述,重点关注虚拟现实环境下的课程探究教学。本章将为读者提供不同学科的虚拟现实探究教学案例,从而为中小学提供更加丰富的虚拟现实辅助下的课外读物,提高学生的学习与探究兴趣。

第一节 虚拟现实探究案例

VR 探究已经在中小学的课堂教学中展露出非常大的优势,目前许多网络教育软件都强调 VR 探究的便捷性与沉浸性。本节将通过呈现 NOBOOK 物化生 VR 探究、"我的世界"VR 探究、一体机创客 VR 探究三个案例,为 VR 探究课程的开发提供思路。

一、NOBOOK 物化生 VR 探究

(一)案例简介和教学目标

1. 案例简介

NOBOOK 虚拟仿真实验(简称 NB 实验)平台是北京乐步教育科技有限公司于 2014 年打造的一款教学软件[1],支持电子白板、台式机、一体机、平板电脑等终端使用,包括物理、化学、生物、小学科学等科目,其 NB 物理实验平台

---

[1] 乐步教育. NOBOOK 虚拟仿真实验平台[EB/OL]. [2022-01-14]. https://www.nobook.com.

界面如图 3-1 所示。NB 实验采用 3D 技术,实验材料和仪器高度仿真,利用鼠标即可完成实验操作并迅速观察到实验结果。NB 实验可以打破某些实验在安全和时空方面的局限性,从而提高生物教学的质量,促进学生核心素养的培养。

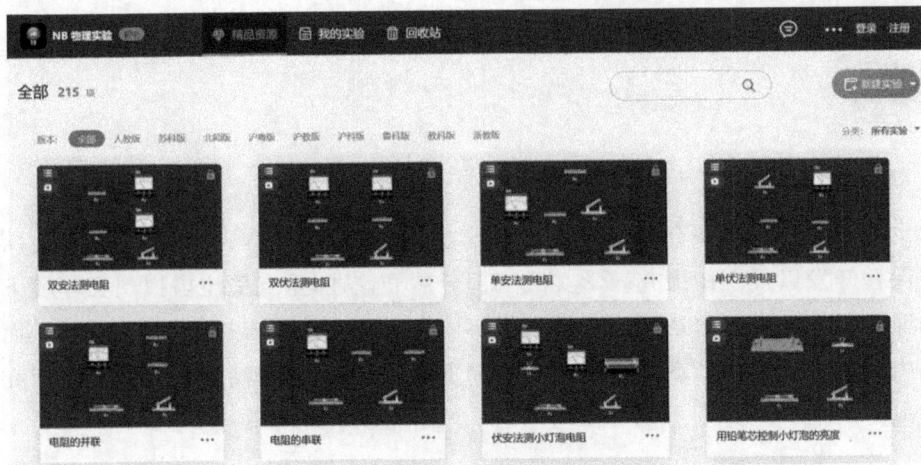

图 3-1　NB 物理实验平台界面

2.教学目标

虚拟探究教学目标主要参考《义务教育数学课程标准》中的知识与技能、数学思考、解决问题、情感与态度 4 个维度教学目标[①]、《全日制义务教育科学课程标准》中的科学探究、情感态度与价值观、科学知识 3 个维度教学目标[②]以及《义务教育地理课程标准(2011 年版)》中的知识与技能、过程与方法、情感·态度·价值观 3 个维度教学目标[③]等,按照知识技能、实验探究、问题解决和情感态度这 4 个维度进行描述。

结合数感、符号意识、空间观念、几何直观、运算能力、数据分析观念、推理能力、模型思想、创新意识、应用意识等数学核心素养[④],以及物理观念、生命观念、科学思维、科学态度与责任、宏观辨识与微观探析、变化观念与平衡思想、证

① 杨健,李磊,傅海伦.中国当代小学数学课程目标发展演变的特征分析[J].数学教育学报,2020(5):36-40.

② 黄晓,孙丽伟.小学科学教学设计的规范化和学科化[J].全球教育展望,2014(4):111-120.

③ 陈澄,林培英.《义务教育地理课程标准(2011 年版)》解读[M].北京:高等教育出版社,2012.

④ 史宁中,吕世虎,李淑文.改革开放四十年来中国中学数学课程发展的历程及特点分析[J].数学教育学报,2021(1):1-11.

据推理与模型认知、实验探究与创新意识、科学精神与社会责任、理性思维等科学核心素养[①]，按照实验探究、数感、空间观念、物理观念、变化观念、生命观念、符号意识、模型思想、平衡思想、数据分析、推理能力、运算能力、创新意识、应用意识、科学态度与责任等理科虚拟探究核心素养，进一步具体陈述虚拟探究教学目标。此后各个章节同此，不再赘述。

本虚拟探究的教学目标主要涉及知识技能、实验探究、问题解决、情感态度等 4 个维度，以及实验探究、物理观念、应用意识、培养数据分析、推理能力、创新意识、科学态度与责任等 7 个核心素养。

实验一"探究电流的热效应"的教学目标如下：

①知识技能：对电阻、电流、通电时间与电流的热效应之间的定量关系进行探究，并得出三者之间的定量关系。

②实验探究：对实验现象进行逻辑推理分析，对结果进行归纳概括，掌握科学的本质和科学研究的思路及方法，进一步培养实验探究、物理观念、推理能力等核心素养。

③问题解决：体验实验过程，感悟实验方法，学习使用科学的研究方法来解决实际问题，进一步培养应用意识、科学态度与责任等核心素养。

④情感态度：通过探究电流的热效应，培养学习兴趣，激发求知欲，培养勇于探究、实事求是的科学态度。

实验二"探究神奇的氯气"的教学目标如下：

①知识技能：通过实验掌握氯气的实验室制法，掌握氯气的物理性质及化学性质；灵活掌握虚拟探究室的各项功能，开展物质制备实验和物质性质的对比实验。

②实验探究：对实验现象进行逻辑推理分析，对结果进行归纳概括，掌握科学的本质和科学研究的思路及方法，培养实验探究、物理观念、推理能力等核心素养。

③问题解决：了解氯气在生产生活中的广泛用途及其应用原理，进一步培养应用意识、科学态度与责任等核心素养。

④情感态度：通过对氯气的学习，感受化学与生活的密切联系，养成将化学知识运用到生活中的习惯。

---

① 张敬威，于伟. 学科核心素养：哲学审思、实践向度与教学设计[J]. 教育科学，2021(4)：60-66.

实验三"植物生长素的发现"的教学目标如下：

①知识技能：知道植物的生命活动是一个系统的过程，是整体作用的结果。

②实验探究：对实验现象进行逻辑推理分析，对结果进行归纳概括，掌握科学的本质和科学研究的思路及方法。

③问题解决：根据所学知识，解释生活中与植物向光性相关的生命现象，形成正确的科学观。

④情感态度：运用科学研究的一般方法设计实验，在实验探究中敢于质疑，敢于创新，形成批判性思维和创造性思维。

(二)虚拟探究内容和探究流程

1.虚拟探究内容

利用 NB 虚拟仿真实验平台，对电流的热效应、氯气的性质以及植物生长素进行探索，所有实验过程均在 NB 实验平台上进行。实验一用 NB 虚拟探究室软件呈现家庭用电器的工作状态(见图 3-2)，接着组织学生进行合作探究，并进行实验记录；实验二用 NB 虚拟探究室软件进行氯气制作实验(见图 3-3)，以及氯气与其他物质的反应实验，并观察相应的实验现象，进行记录与总结；实验三用 NB 虚拟探究室软件，首先进行虚拟的达尔文实验，教师对此设置问题串并引导学生对实验进行分析，然后进行虚拟的鲍森·詹森和拜尔实验，引导学生思考，最后进行虚拟的温特实验，并引导学生对其做出思考与分析。NB 实验平台让学生如身临其境般体验科学的奥妙，同时习得生物学科学知识。

2.探究流程

实验一——电流的热效应

"电流的热效应"探究实验应包含以下 5 个步骤：

实验第一步，用 NB 虚拟探究室软件呈现家庭用电器的工作状态，引导学生观察家庭用电器工作的 flash 动画。

实验第二步，组织学生 2 人一组，合作探究。通过刺激学生的感官，启发学生进行猜想与假设。

实验第三步，证明猜想与假设，并引导学生明确实验目的、开展实验探究的步骤。

实验第四步，指导学生对实验数据进行分析，归纳科学规律，论证实验结果。

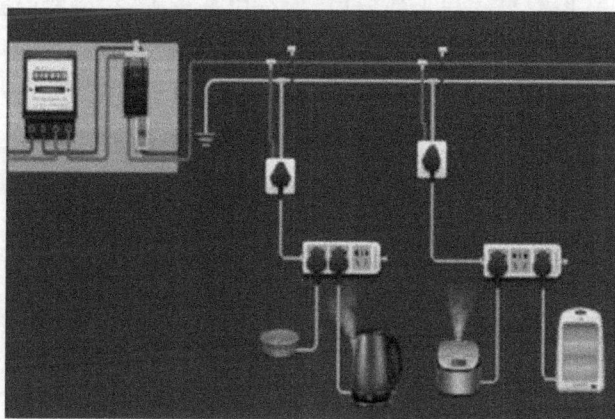

图 3-2　NB 虚拟探究室中家庭用电器的工作状态

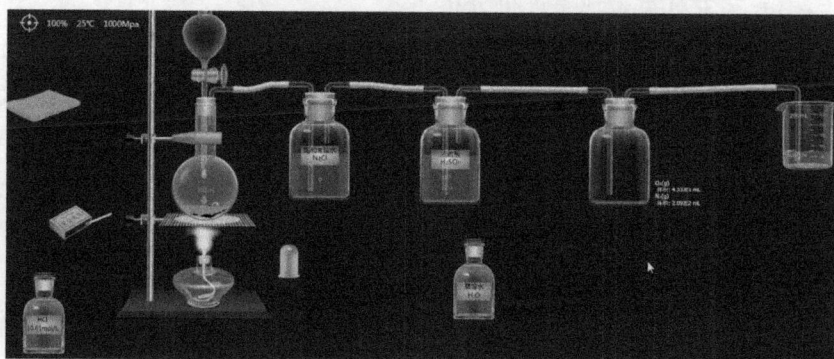

图 3-3　NB 虚拟探究室中氯气制作实验的过程

实验第五步,组织学生分享实验成果,互评、交流与反思。同时,评估学生的实验过程和实验成果,引导学生自我反思,并完成实验报告。

实验二——神奇的氯气

"神奇的氯气"探究实验应包含以下 5 个步骤:

实验第一步,观察氯气的原子结构示意图,引导学生推测氯气应该具有什么样的化学性质。

实验第二步,探究氯气与金属钠和铜的反应,在虚拟探究室软件中模拟操作,并记录实验现象。

实验第三步,探究氯气与非金属氢气的反应,在虚拟探究室软件中模拟操作,并记录实验现象。

实验第四步,探究氯气与水的反应,进行成分分析,在虚拟探究室软件中模拟操作,并记录实验现象。

实验第五步,各个小组完成实验后,进行总结交流。

实验三——植物生长素的发现

"植物生长素的发现"探究实验应包含以下 5 个步骤:

实验第一步,教师引导学生参与实验前导入环节,让学生知晓实验目的,并向学生讲解相关实验步骤。

实验第二步,在 NB 平台进行达尔文实验,初步探索植物生长素,在达尔文实验结束后,引导学生得出达尔文实验的结论。

实验第三步,在 NB 平台进行鲍森·詹森和拜尔实验,再次探究植物生长素,经过思考和尝试设计实验方案之后,组织学生进行鲍森·詹森 NB 虚拟探究操作,引导学生对实验现象进行分析。

实验第四步,在 NB 平台进行温特实验,对植物生长素的探索到达深化阶段,引导学生结合前面几位科学家的实验结论设计出合理的实验方案,然后组织学生进行温特虚拟探究,引导学生分析温特实验。

实验第五步,对实验过程进行分析总结,并引导学生对该实验进行交流反思。

二、"我的世界"VR 探究

(一)案例简介和教学目标

1.案例简介

"我的世界"VR 探究能够给操作者提供游戏般的体验,让学生在虚拟游戏中进行学习,并通过游戏进行 VR 探究。这既能激发学生的学习兴趣,又能加深其对知识的理解。在游戏过程中,小组成员之间相互提示与讨论,从而在游戏中探索数学知识。虚拟游戏为学生提供了新的学习方式,而"我的世界"这一款虚拟游戏甚至据说可以提高人们对世界问题及其复杂性的认识,以及对以整体方式处理这些问题的必要性的认识。"我的世界"游戏确实可以被视为一种工具,尽管它更倾向于通过让人们探索复杂的系统和问题来传递知识。人们不知道造成地球环境和经济恶化问题的原因所在,因此他们不具备解决这些问题的知识。在"我的世界"游戏中,玩家与管理员之间的互动(见图 3-4)很好地体现了 VR 的应用。

图 3-4　"我的世界"中玩家与管理员的互动

2.教学目标

本虚拟探究的教学目标主要涉及知识技能、实验探究、问题解决、情感态度等 4 个维度,以及实验探究、空间观念、应用意识、推理能力、创新意识、科学态度与责任等 6 个核心素养。

①知识技能:掌握三视图相关概念及其应用的基本知识,并结合生活场景思考三视图的融入。

②实验探究:将三视图应用于生活之中,并引导学生展开思考和动手操作。培养学生的实验探究、空间观念等核心素养。

③问题解决:通过对三视图的学习,学习制作生活中的常见物品,进一步培养学生的应用意识、创新意识等核心素养。

④情感态度:培养学生的创新意识和能力,提高学生的动手能力和思维水平。

(二)虚拟场景和探究流程

1.虚拟场景

虚拟场景为操作者在"我的世界"游戏中进行 VR 操作,并与游戏中的虚拟人物进行交流,沉浸式地参与游戏并从游戏中学习相关知识,从而提高 VR 技术的应用与拓展水平。图 3-5 为"我的世界"中的人机互动。

2.探究流程

"我的世界"VR 探究实验应包含以下 5 个步骤:

实验第一步,用游戏导入,带领学生体验"我的世界"里关于立体几何的

图 3-5　"我的世界"中的人机互动

游戏。

实验第二步,进行 VR 情境下的探究问题链设计,让学生指出图 3-6 中的物体分别是从哪个角度观察得到的。

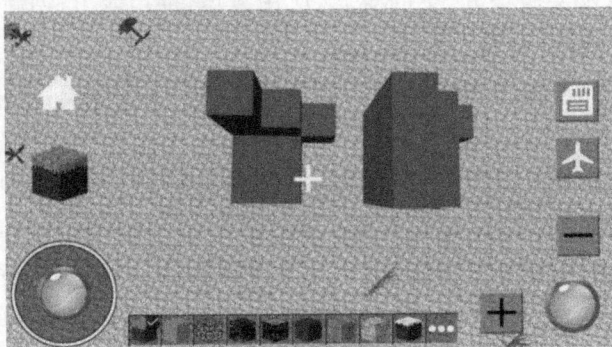

图 3-6　"我的世界"截屏

实验第三步,试着用触笔移动这些图形,并从不同角度观察这些图形的变化。

实验第四步,在"3D 工作室"中,引导学生思考:至少要从几个方向观察同一物体,才能确定这个物体的具体形状。

实验第五步,学生在"3D 工作室"内搭建一个简单几何体,并请其他同学画出其三视图。

三、"一体机创客"VR 探究

(一)案例简介和教学目标

1.案例简介

"一体机创客"实验给操作者提供了非常多的学习资源,包括数学、物理、化学、生物、地理等学科,VR 一体机资源的教学,使同学们能够有更开阔的眼界。"一体机创客"实验旨在提高学生的空间意识、数形结合意识等;它包含常规线上、VR 头显和 VR 眼镜等虚拟仿真辅助下的创客教育(见图 3-7);实验所面向的群体是具备一定思考能力的小学生、初中生以及高中生,实验也可以用作高校数学师范生和小学教育师范生等的教学资源。

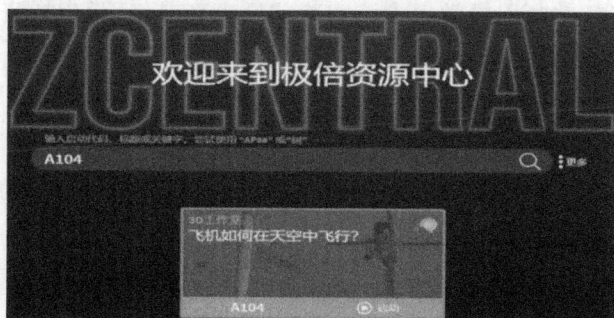

图 3-7　zSpace"3D 工作室"中的虚拟仿真资源

2.教学目标

本虚拟探究的教学目标主要涉及知识技能、实验探究、问题解决、情感态度等 4 个维度,以及实验探究、空间观念、应用意识、推理能力、创新意识、科学态度与责任等 6 个核心素养。

①知识技能:掌握 VR 一体机的应用,并结合生活场景思考创客的融入。

②实验探究:能够将创客应用于生活之中,引导学生进行拓展思考和动手操作,培养学生的实验探索、空间观念等核心素养。

③问题解决:通过对 VR 一体机的学习,制作出不同的生活物品或其他有意义的物品,进一步培养学生的应用意识、创新意识等核心素养。

④情感态度:培养学生的创新意识和能力,提高学生的动手能力和思维水平。

（二）虚拟场景和探究流程

1. 虚拟场景

教师带领学生通过 VR 一体机在虚拟的情境中进行创客实验，让学生戴上 VR 眼镜，沉浸式地体验 VR 带来的新的学习感受。此次"一体机创客"VR 探究选择的是医疗直升机和医疗救护车接力的场景，之所以建构这样的追击场景，一方面是针对未来医疗救护的一种创意构想，另一方面则是因为追击问题是十分经典的数学建模案例。[①] 而且，人民教育出版社版初中数学八年级上册第 5 章"5.5 一次函数的简单应用"中，也涉及了电动汽车追击电动自行车的生活场景类问题。

"一体机创客"VR 探究实验应包含以下 6 个步骤：

实验第一步，教师引导学生参与实验前导入环节，让学生知晓实验目的，以及 VR 一体机的操作步骤，并向学生讲解相关 VR 知识。

实验第二步，开展探究任务 1："医疗直升机和医疗救护车接力护送病患，其所用时间与所行驶路程的问题探究"。

实验第三步，开展探究任务 2："医疗直升机和医疗救护车接力护送病患过程中的阻力问题探究及其优化"。

实验第四步，开展探究任务 3："医疗直升机和医疗救护车能量转化问题的研究"。

实验第五步，开展探究任务 4："医疗直升机和医疗救护车智能化升级工程"。

实验第六步，对探究任务进行总结分析，并创造出富有想象力的交通工具。

（三）虚拟现实人机协同创客教育模式建构

虚拟现实人机协同创客教育模式，需要考虑虚拟现实资源以及创客教育的特点、学生小组使用 VR 一体机开展协作探究的特点，以及 VR 一体机可以进行二次创客延伸开发的特点。因此，本书作者团队基于众多课例实践，建构起包括虚拟现实资源选配、虚拟现实教学设计、虚拟现实创客拓展等三个环节的虚拟现实人机协同创客教育模式，具体如图 3-8 所示。

---

① 王利东，张运杰，高红. 微分方程教学中强化建模思想的探讨——2016 全国大学生数学建模竞赛题启示[J]. 实验室研究与探索，2020(10)：181-184.

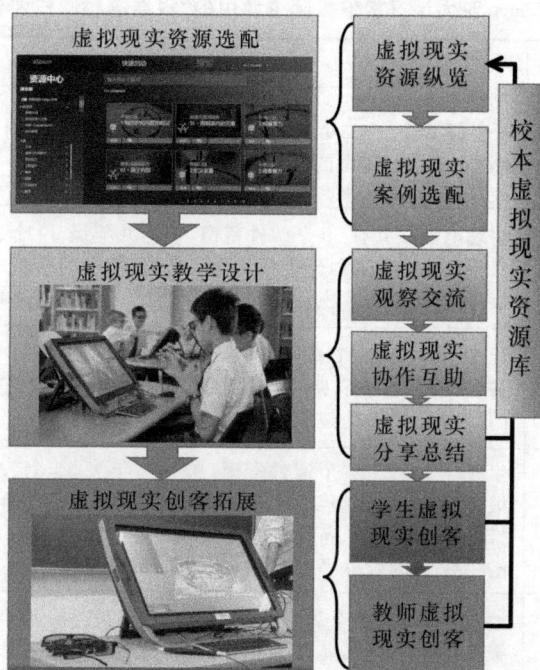

图 3-8　虚拟现实人机协同创客教育模式

　　虚拟现实资源选配主要分为虚拟现实资源纵览和案例选配等两个环节,虚拟现实教学设计主要分为虚拟现实观察交流、协作互助和分享总结等三个环节,虚拟现实创客拓展主要分为学生虚拟现实创客和教师虚拟现实创客等两个环节。其中,虚拟现实分享总结、学生虚拟现实创客和教师虚拟现实创客等环节中的较好成果,可用于校本虚拟现实资源库的建立,进一步丰富虚拟现实资源综览的选择余地,提高虚拟现实人机协同创客教育的质量和实践效果。

　　在虚拟现实教学中,数学学科方面的虚拟现实资源不像物理、化学、生物等有那么多章节的内容,因而相对较难开展虚拟仿真辅助教学,而且目前的虚拟现实资源开发也还不太成熟。例如,截至 2021 年 10 月,zSpace 亚太地区极倍教师资源浏览可分为"根据学科浏览课件资源"和"根据类型浏览模型"。在"根据学科浏览课件资源"中,已按照物理、化学、生物、地理、历史、小学科学等学科,对虚拟现实资源学科课件资源进行了分类和教材匹配推荐定级,具体如表3-1 所示。

表 3-1　zSpace 亚太地区极倍教师资源中的"根据学科浏览课件资源"

学科	数量/个	课件资源案例概况
物理	167	物理力学一共有 117 个课件资源,包括八年级 23 个、十年级 65 个、十一年级 2 个、十二年级 7 个、未划分年级 20 个。其中,备注为推荐的有 85 个,备注为参考的有 32 个。主要有"平衡力和不平衡力""让我们投球"等课程。
		物理电学一共有 50 个课件资源,包括九年级 30 个、十一年级 1 个、十二年级 10 个、未划分年级 9 个。其中,备注为推荐的有 33 个,备注为参考的有 17 个。主要有"电导率检查""串联与并联电路"等课程。
化学	15	化学一共有 15 个课件资源,包括九年级 6 个、十年级 9 个。其中,备注为推荐的有 15 个。主要有"化学的魅力""打开原子世界的大门""探究原子构建物质的奥秘"等课程。
生物	122	生物一共有 122 个课件资源,包括七年级 30 个、八年级 63 个、十年级 8 个、十一年级 1 个、十二年级 18 个、未划分年级 2 个。备注为推荐的有 78 个,备注为参考的有 44 个。主要有"人体是怎样构成的""生物的营养""生命活动的调节"等课程。
地理	52	地理一共有 52 个课件资源,包括七年级 24 个、八年级 12 个、十年级 16 个。其中,备注为推荐的有 41 个,备注为参考的有 11 个。主要有"地球和地图""我们邻近的地区和国家""行星地球"等课程。
历史	30	历史一共有 30 个课件资源,其中七年级有 30 个,30 个课件资源全部为推荐级别。主要有"史前时期""夏商周时期""秦汉时期""隋唐时期"等课程。
小学科学	84	小学科学一共有 84 个课件资源,包括一年级 5 个、三年级 22 个、四年级 16 个、五年级 28 个、六年级 13 个。其中备注为推荐的有 51 个,备注为参考的有 33 个。主要有"各种各样的动物""人与植物""动物世界"等课程。

在"根据类型浏览模型"中,已按照家具机械车辆、航天器、建筑物地标、动植物、环境天文等情境类型,对虚拟现实资源模型进行了分类,具体如表 3-2 所示。

表 3-2　zSpace 亚太地区极倍教师资源中的"根据类型浏览模型"

类型	数量/个	模型资源案例概况
家具机械车辆	284	家具模型一共有 54 个,主要有平板电视、吊灯、书架、床等;机械模型一共有 141 个,主要有笔记本电脑、离心泵、电钻、马蹄形磁铁等;车辆一共有 89 个,主要有兰博基尼盖拉多、保时捷帕拉梅拉、奥迪 Q7、V-Rod 美式摩托车等。

续表

类型	数量/个	模型资源案例概况
航天器	54	航天器模型一共有 54 个,主要有旅行者探测器、航天飞机、太空实验室、土星五号等。
建筑物地标	163	建筑物模型一共有 116 个,主要有中世纪建筑、白金汉宫、圆锥形帐篷、中世纪城堡、中世纪教堂等;地标模型一共有 47 个,主要有华盛顿纪念碑、乌尔塔、威利斯大厦、圣帕特里克大教堂等。
动植物	601	动物模型一共有 426 个,主要有大口黑鲈、狮子、瓢虫、山斑马、雄性果蝇等;植物模型一共有 175 个,主要有樱桃树、苹果树、金鱼草、向日葵、壁球植物等。
环境天文	266	环境模型一共有 132 个,主要有卷积云、奇形怪状的风化、冰山、雨层云、河流等;天文模型一共有 134 个,主要有天王星、金星、天卫、土卫、海卫等。
其他	1701	其他包括数学模型 91 个、化学模型 39 个、生物模型 75 个、可剖分模型 705 个、解剖学模型 55 个、昆虫模型 52 个、雕塑模型 32 个、历史模型 196 个、动画模型 133 个以及娱乐模型 323 个。

　　学生通过虚拟现实课程近距离、多方位地观察虚拟情境中的物体和角色,可以有效提高学生的专注力,从而提升课堂效率。团队开发并进行实践的"追击的 STEM 创客探究"虚拟现实案例,选取的是团队 VR 一体机中 A104"飞机如何飞行"的虚拟现实课件,并结合师生创客的情况做出了针对性的优化,最后结果如图 3-9 所示。

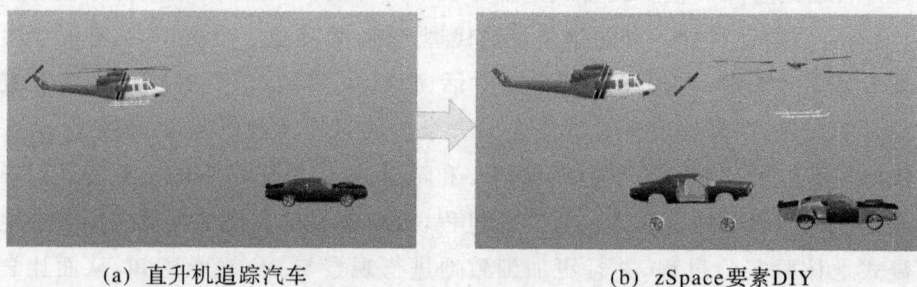

(a) 直升机追踪汽车　　　　　　　(b) zSpace要素DIY

图 3-9　追击虚拟现实及其解剖创客探索

第二节　虚拟现实探究课程开发

VR 探究课程开发过程如下：确定 VR 探究课程开发模式；根据学生的学情分析来打磨 VR 探究课程开发模式；根据 VR 探究课程开发模式，提出NOBOOK 物理探究课程及 NOBOOK 化学探究课程，为中小学生及教师提供VR 探究教学资源。

一、VR 探究课程开发模式

（一）学生学情分析

VR 探究课程主要面向的是中学生，其中初中生的数学思维发展还不够完善，空间想象能力及创新创造能力还不够出色，因此在初中 VR 探究课程教学中，需要根据学生的学习兴趣进行教学，结合教材进行完善及巩固；高中生的数学思维发展要强于初中生，且高中生的空间想象、创新创造能力也要优于初中生，因此，在进行高中 VR 探究课程教学时，教学目标要高于初中生，并且教学难度也要高于初中生。此外，中学生对 VR 有浓厚的兴趣，所以要积极进行VR 探究，促进学生对 VR 技术的了解，并且拓展应用于多个学科。虚拟现实探究课程借助多媒体设备或台式电脑等就可以开展，所面向的学生群体较为广泛，没有特殊的针对性。有的学生喜欢代理二维，尤其是三维虚拟人，有的学生喜欢卡通动漫人物，有的学生则喜欢对话窗口。[①] 例如，学生对二维虚拟探究有很大的兴趣，在课程设置时就需要结合学生的兴趣及教学需要，促使学生在二维虚拟探究的过程中对学习产生信心和希望，这有助于学生的全面发展。三维虚拟探究能够更加真实地刻画实验过程，借助虚拟现实技术可以使每个学生沉浸式地体验实验过程，并且更加细致地进行观察与 3D 视觉感知，从而让学生对三维虚拟探究进行更加深入的探索，提升学生的创新思维能力。将 VR 技术应用于学习能有效解决学习枯燥乏味的问题。

---

① 陈凯泉. 智能教学代理的系统特性及设计框架[J]. 远程教育杂志,2010(6):98-103.

(二)虚拟现实探究课程开发模式构建

构建虚拟现实探究课程开发模式,不仅要考虑虚拟现实资源和课程教学的特点等多方面因素,还要根据师生的实际需求进行动态优化,这些要求与敏捷课程开发理念相匹配。敏捷课程开发的本质就是主动、有效且高效地响应学习者个性化且不断发展变化的学习需求,快速将契合学习需求的可用课程交付给学习者。[①] 笔者基于敏捷课程开发逐渐逼近模型(successive approximation model,简称SAM),构建了包含准备、迭代设计、迭代开发等三个阶段的VR探究课程开发模式,具体如图 3-10 所示。

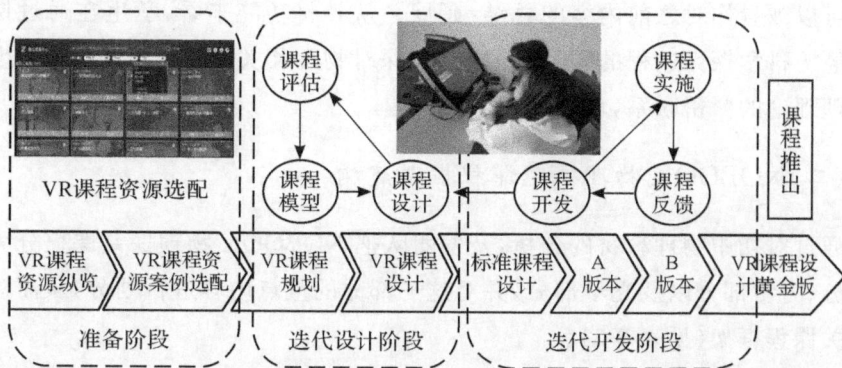

图 3-10　VR 探究课程开发模式

其中,准备阶段主要是进行 VR 课程资源选配,课程开发团队需要纵览VR 课程资源,在学生学情的基础上,进行课程案例的选配。在迭代设计阶段,需要进行 VR 课程规划,生成初步创意,构建课程开发模式,并通过对课程设计内容的不断评估,迭代设计出新颖的课程方案。其中,课程开发模型是迭代设计阶段的核心,它是课程设计的基础,可以引出更多富有创意的设计思路。在迭代开发阶段,开发团队通过课程开发、实施、反馈等环节生成标准课程设计,并对上述环节进行迭代循环,产出 A 版本、B 版本,乃至 VR 课程设计的黄金版本。在这一阶段,开发团队通过设计方案迭代的方式,不断收集学习者的反馈,使团队可以及时发现、解决相应问题,缩短了课程开发周期,有助于提升课程设计质量和实践效果。

---

① 李笑樱,闫寒冰,彭红超. 敏捷课程开发:VUCA 时代课程开发新趋向[J]. 电化教育研究,2021(5):86-93,113.

二、NOBOOK 物理探究课程

(一)学生学情和相关教材分析

从已有知识基础来看,学生已经在一定程度上理解和掌握了电压、电流、电阻以及光学和力学的相关知识。从实践技能来看,目前学生已经能够使用控制变量法、对比法等常用物理实验方法,也能够使用 NOBOOK 虚拟探究室软件来完成实验。这些为本章中物理实验课的开展奠定了良好的实验基础。

从教材结构来看,本章内容是在电与磁、光学、力学内容的基础上开展的,因此可以被看作对之前内容的总结、延展。从教材功能来看,学生在通过探究实验经历科学探究过程的同时,还能够加深对物理相关知识的理解,体会生活与物理理论的紧密联系,培养物理学习兴趣。

(二)NOBOOK 物理探究课程框架建构

通过对初中物理教材的分析,开发团队把 NOBOOK 物理探究课程分为电磁部分、力学部分以及光学部分,并对这三部分的重点内容进行划分,从而建构出相关课程框架(见表 3-3)。

表 3-3　VR 物理探究课程框架

课程单元	课程小节	课时	小节描述
NOBOOK 物理实验	实验准备	第 1 课时	介绍学期课程内容要点,熟悉相关物理虚拟现实环境及操作注意事项。
NOBOOK 物理电磁实验	串联电路和并联电路的比较	第 2 课时	通过 NOBOOK 平台进行串联、并联电路实验操作,并比较其不同点。
	探究串联、并联电路中电流的特点	第 3 课时	通过 NOBOOK 平台实验,改换不同规格的灯泡,观察电流表示数。
	探究串联、并联电路中电压的规律	第 4 课时	通过 NOBOOK 平台实验,改换不同规格的灯泡,观察电压表示数。
	条形磁铁的磁场	第 5 课时	用鼠标移动条形磁铁,观察小磁针的指向,通过设置观察磁感线的指向。
	演示磁生电实验	第 6 课时	用鼠标移动导体棒切割蹄形磁铁,用导线连接导体棒与电流表,观察电流表示数。

课程单元	课程小节	课时	小节描述
NOBOOK 物理力学实验	测量滑动摩擦力	第 7 课时	通过 NOBOOK 平台实验,分析力学相关实验过程,并总结相关力学知识点。
	压力的作用效果	第 8 课时	
	探究二力平衡的条件	第 9 课时	
	浮力的原理	第 10 课时	
	测量浮力大小	第 11 课时	
NOBOOK 物理光学实验	发光二极管	第 12 课时	通过 NOBOOK 平台实验,分析光学实验过程,并总结相关力学知识点。
	光沿直线传播	第 13 课时	
	光的色散实验	第 14 课时	
	探究光的折射	第 15 课时	
NOBOOK 物理实验	实验总结	第 16 课时	总结本学期的实验难点与重点,学生进行成果展示,教师给予评价反馈,并对教学成果进行评价反思。

三、NOBOOK 化学探究课程

(一)学生学情和相关教材分析

从已有知识基础来看,学生已经具备了化学的相关知识,基本上掌握了化学物质的探索思路。虽然 NOBOOK 平台对于学生来讲比较陌生,但是对化学实验知识学生已经比较熟悉了,所以在 NOBOOK 平台上,学生基本上能够在教师的指导下自主完成探究任务。此外,NOBOOK 平台实验操作难度相对较低,因而学生能够较快学会运用虚拟探究室进行实验活动。

从教材结构来说,初中化学教材中关于化学实验的内容相对高中来说较少,学生仍有时间和精力进行虚拟化学实验,这有助于学生掌握化学教材中的知识,促进学生实验研究意识、创新意识的培养。

(二)NOBOOK 化学探究课程框架建构

通过对初中化学教材的分析,开发团队对 NOBOOK 化学探究课程进行划分,从而构建出相关课程框架(见表 3-4)。

表 3-4　VR 化学探究课程框架

课程小节	课时	小节描述
实验准备	第 1 课时	介绍本学期课程内容要点,熟悉相关化学虚拟现实环境及操作注意事项。
加热高锰酸钾制取氧气和氧气性质	第 2 课时	先检查装置的气密性,接着加热高锰酸钾,当集气瓶集满氧气时,熄灭酒精灯,取出集气瓶,检查氧气浓度。
浓硫酸的稀释	第 3 课时	将温度计放入烧杯中,先向烧杯中倒入少量的水,用搅拌棒不断搅拌,再加入浓硫酸,观察温度计中的温度变化。
水的沸腾实验	第 4 课时	把盛有少量水的试管斜夹在铁架台上,用酒精灯在试管底部小心加热到水沸腾,把一块洁净的玻璃片移近试管口,观察实验现象。
碳酸钠与澄清石灰水反应	第 5 课时	在试管中加入少量氢氧化钙溶液,然后滴加碳酸钠溶液,观察实验现象。
铁丝在氧气里燃烧	第 6 课时	将铁丝置于酒精灯上加热,观察实验现象;在充满氧气的集气瓶中加入少量水,然后用酒精灯点燃带木条的铁丝,待木条快燃尽时,将铁丝伸入充满氧气的集气瓶中,观察实验现象。
加热氯酸钾制取氧气	第 7 课时	将导管与试管相连,塞好塞子,导管另一端伸入水槽中,检查装置气密性;在试管中加入氯酸钾和二氧化锰,组装实验装置,点燃酒精灯。
一氧化碳还原氧化铜	第 8 课时	先连接装置,在硬质玻璃管中加入氧化铜,在试管中加入少量氢氧化钙溶液,点燃酒精灯,然后打开一氧化碳气囊的阀门,点燃酒精喷灯,观察实验现象。
镁条燃烧	第 9 课时	将镁条用砂纸打磨后放在石棉网上,将石棉网放在天平上用砝码平衡,取下石棉网,用坩埚钳夹持镁条,在石棉网上方点燃,使产物落在石棉网上。待镁条燃烧结束后,把石棉网放回到天平上,观察天平是否平衡。

续表

课程小节	课时	小节描述
盐酸与碳酸钠粉末反应前后质量的测定	第 10 课时	在大试管中加入少量稀盐酸,在烧杯中加入少量碳酸钠,将试管放入烧杯中。然后将烧杯放在天平上用砝码平衡,取下小烧杯,将试管中的盐酸倒入烧杯中。将试管放回烧杯中,反应一段时间后,把烧杯放回天平上,观察天平是否平衡。
蔗糖溶解	第 11 课时	在烧杯中加入 20 毫升水,然后加入一匙蔗糖,用玻璃棒搅拌,观察实验现象。
大理石与稀盐酸反应	第 12 课时	利用 NOBOOK 平台进行实验,观察实验现象。
硝酸钾在水中溶解	第 13 课时	
一氧化碳还原氧化铁	第 14 课时	
实验室制取二氧化碳	第 15 课时	
实验总结	第 16 课时	总结本学期的实验难点与重点,学生进行成果展示,教师给予评价反馈,并对教学成果进行评价反思。

第三节　虚拟现实探究教学实践

依据 VR 探究教学模式,本节给出了两种 VR 探究教学实践:其一是 NOBOOK 生物探究教学实践,其二是 VR 数学探究教学实践。通过两种教学实践来突显 VR 探究教学的重要性,从而为 VR 探究教学提供更多的可能性和可行性,为中小学的课外活动或动手实验提供新的教学环境和教学资源。

一、VR 探究教学模式

(一)教学方式的建构

虚拟仿真辅助下的中学数学教学,需要考虑虚拟仿真资源和中学数学教学的特点,学生小组使用 VR 一体机开展协作探究的特点,以及 VR 一体机还可以进行二次创客延伸开发的特点。因此,团队基于众多课例实践,建构起包括 VR 教学资源选配、VR 教学交互设计、VR 创客教育延伸等三个环节的 VR 一体机辅助下的教学设计模型,具体如图 3-11 所示。

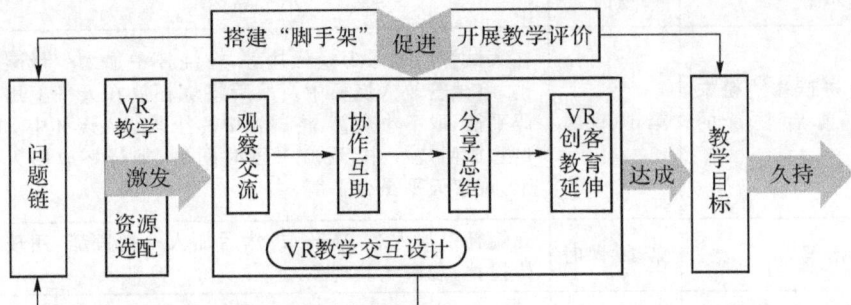

图 3-11　VR一体机辅助下的教学设计模型

(二)教学过程

教学最开始需要进行 VR 数学教学资源选配,这一过程包括 VR 数学教学资源综览和案例选配两个环节;接着是 VR 观察交流交互环节,在学生小组都佩戴好 3D 眼镜后,教师提示学生观察屏幕上显示的画面,引导学生根据已有知识进行思考并解决教师提出的问题,以及与同桌交流讨论自己的答案。接下来的 VR 协作互助交互环节中,教师提示每组同学使用触笔进行操作,每组完成任务单,并选出最简便合理的分解组合办法。在 VR 数学分享总结交互环节中,各个学生小组在 VR 一体机上生成并提交小组 VR 探究成果的 PDF 文件,展现探究过程与讨论结果,并在班级中进行成果分享与讨论。教师则引导班级进行组内评价和小组互评,并对知识点进行总结归纳与应用。

最后是 VR 创客教育延伸部分,虚拟现实创客教育延伸主要分为教师虚拟现实创客延伸、学生虚拟现实创客延伸两部分。教师虚拟现实创客延伸方面,教师及其学科团队也可围绕一些问题情境来做虚拟现实教育创客教研实践。学生虚拟现实教育创客延伸方面,则是学生在接受教师的虚拟现实授课之后所做的进一步创客延伸,包括课外围绕一些问题情境所做的创客延伸。

二、NOBOOK 生物探究教学实践

(一)NOBOOK 生物多模态情境导学

向学生讲述达尔文的故事:

达尔文在环球航行时,为了饲养随身带的几只鸟,种了一种叫藕草的草。

船舱很暗,只有窗户透射进阳光,达尔文发现草的幼苗总是朝着窗户的方向生长。达尔文提出进化论之后,晚年又利用金丝雀虉草的胚芽鞘对植物向光性进行了研究。

听完故事,学生的注意力被吸引到课堂上。教师可趁机向学生提问:是否见过植物向光生长的现象?为什么植物会向光生长?学生能想到植物向光生长的外因(单侧光照射),对内因却不清楚,因而产生认知冲突。

（二）NOBOOK 生物多模态智能诊学

植物生长素发现过程的四个经典科学史实验环环相扣,是科学家一步一步探索而逐渐揭示科学本质的过程。教师以问题串引导学生沿着科学家的步伐主动探究,促使学生尝试自主设计实验方案,学生通过 NB 虚拟探究置身于科学实验过程,如身临其境般体验科学的奥妙的同时,也习得了生物学科学知识。

（三）NOBOOK 生物多模态人机助学

1.达尔文实验——初探

设疑:胚芽鞘弯曲生长,其感光部位在哪里?弯曲部位又在哪里?如何设计实验来探究这两个部位?提示实验材料:胚芽鞘、不透明小帽、透明小帽、不透明薄膜、刀片。教师引导学生设计实验方案,并预测实验结果,然后组织学生打开电脑桌面 NB 虚拟探究中的"达尔文发现生长素的实验",进行 NB 虚拟探究操作。教师设置问题串,引导学生分析实验。

①教材中的达尔文实验并没有用透明小帽遮住胚芽鞘尖端,而在 NB 实验中为什么要设置透明小帽遮住胚芽鞘尖端?(排除不透明小帽的重力对胚芽鞘弯曲生长的影响,遵循单一变量原则以及消除无关变量对实验的影响。)

②实验中的自变量和因变量分别是什么?(自变量:胚芽鞘尖端的有无、胚芽鞘的感光部位。因变量:胚芽鞘弯曲生长。)

③分析实验现象,你能得出什么结论?(胚芽鞘弯曲生长与尖端有关,胚芽鞘弯曲生长的感光部位在尖端。)

④NB 实验只能证明胚芽鞘弯曲生长与尖端有关,其弯曲生长的感光部位是尖端,但其弯曲部位还无法判断,你怎么设计实验来探究?(用不褪色的水笔在尖端处以及尖端下部画线,观察实验现象。)在达尔文实验结束后,教师引导学生得出达尔文实验的结论:单侧光引起植物的向光生长;向光性与胚芽鞘尖

端有关;感光部位在胚芽鞘尖端。

2.鲍森·詹森和拜尔实验——再探

根据达尔文提出的假说(胚芽鞘尖端向伸长区传递某种"影响",这种"影响"造成胚芽鞘伸长区背光侧比向光侧生长快,因而胚芽鞘向光弯曲生长),基于前面所学知识,教师可以引导学生思考:这种"影响"会不会是一种神经电信号,或者是一种类似于激素的化学物质? 如果要证明"影响"是化学物质,并且它能从胚芽鞘尖端运输到尖端下部,那么该如何设计实验来证明这一点? 通过逐步引导,结合必修一"细胞的大小与物质运输的关系"实验中物质可以在琼脂中扩散的知识,个别学生可能会想到用琼脂来做实验,还有学生可能会想到用玻璃来做实验。

经过思考和尝试设计实验方案之后,教师可以组织学生进行鲍森·詹森NB虚拟探究操作,并引导学生对实验现象进行分析:

①鲍森·詹森的实验和你设计的实验一致吗? 有什么不同?(缺少琼脂块的空白对照)

②鲍森·詹森的实验现象说明了什么?(胚芽鞘尖端产生的"影响"能透过琼脂块向下传递。)

鲍森·詹森实验只能证明尖端产生的"影响"能透过琼脂块,但是胚芽鞘为什么弯曲生长还是无法解释。由此,就引出了拜尔实验。教师可以组织学生分析拜尔实验:

①前面两位科学家的实验均是在光照条件下进行的。为什么拜尔要选择在黑暗环境下进行实验?(排除光照对胚芽鞘弯曲生长的影响,控制单一变量。)

②你觉得拜尔实验设计的巧妙之处在哪里?(绝大部分学生能想到,拜尔实验说明,尖端产生的"影响"分布不均匀,导致胚芽鞘弯曲生长。教师需要引导学生发现,拜尔设计的实验也证明了尖端向下产生的"影响"不是电信号,而有可能是化学物质。)

③引导学生进行温特实验,以进一步深化。鲍森·詹森和拜尔的实验能证明胚芽鞘尖端向下产生"影响","影响"分布不均匀,导致胚芽鞘弯曲生长。然而,这种"影响"是不是一种化学物质还无法确定,那么该如何设计实验证明?教师设疑,引导学生结合前面几位科学家的实验结论设计出合理的实验方案,然后组织学生进行温特虚拟探究,并引导学生分析温特实验:

a. 教材中的温特实验只是用接触有胚芽鞘尖端的琼脂块进行的实验，并没有用空白琼脂块（没有接触尖端的琼脂块）进行实验。这样设计的理由是什么？刚刚设计的实验方案中有没有设置空白对照？（排除琼脂块本身对胚芽鞘弯曲生长的干扰，遵循单一变量原则。）经过鲍森·詹森实验，学生能意识到这里用空白琼脂块的理由，因而进一步掌握科学研究的方法及原则。

b. 温特实验的结果说明了什么？（胚芽鞘的弯曲生长确实是一种化学物质引起的，温特把这种物质命名为生长素。）

c. 温特实验设计的巧妙之处是什么？（用琼脂块来代替胚芽鞘尖端进行实验，排除其他因素如气味、磁场等对胚芽鞘弯曲生长的影响，证明胚芽鞘弯曲生长的原因是尖端产生的一种化学物质。）

（四）NOBOOK 生物多模态精准评学

整个过程以植物生长素的发现历程为脉络，教师设疑，引导学生思考并设计实验方案，结合 NB 实验一步一步地揭示植物向光生长现象的内因，学生自主探究而明其所以然。实验过程中，知识的形成是学生主动学习的结果，学生是课堂的主人，体现了"生本"理念。可见，NB 实验具有"亲临感"和"逼真感"，学生的学习是深度学习，学生能更好地掌握科学研究的方法及原则，这体现了科学家巧妙的实验设计以及严谨的科学探究态度。

当然，NB 实验也存在一些不足，例如：其实验步骤以及现象都是预设好的，不利于学生创新思维能力的培养；虚拟探究毕竟不是实体，学生只能看，不能摸，没有切身体会；虚拟探究可重复进行，学生可能没有像在真实实验中那么严谨细致。因此，教师在探究教学中应以真实的实验为主，如果有安全性、时空等因素的限制，则可以借助 NB 虚拟探究进行教学。

三、VR 数学探究教学实践

（一）VR 数学教学资源

目前的 VR 教学资源开发还不太成熟，尤其是数学学科方面的 VR 教学资源。例如，zSpaceVR 一体机背后的极倍教师资源中心，已对物理、化学和生物等学科 VR 资源根据学科进行分类和教材匹配推荐级别。以物理力学学科为例，共提供了 117 个课件资源，其中 97 个课件已完成教材匹配并给出了相应的推荐级别。但对数学学科课程 VR 资源则尚未进行分类,更没有给出与教材匹配的推荐级别。笔者基于众多课例实践,将数学 VR 教学资源与数学教学匹配后,得到以下结果。

1. VR 数学教学资源纵览

zSpaceVR 一体机的 VR 数学教学资源与数学教学进行匹配后,共有 27 个匹配项目,其中小学学段 17 个,初中学段 6 个,高中学段 4 个。小学学段以代数为主,中学学段以几何为主。从中可以看出,VR 数学教学资源目前设计得总体还是过于简单,匹配中学数学教学的项目也还比较少,具体如表 3-5 所示。

表 3-5　国内学段对应下的 VR 数学教学资源及其概况说明

匹配学段	数量	VR 资源概况说明	部分 VR 资源名称及其代码
小学	17	其中代数相关课件 13 个,几何相关课件 4 个。	探索小数 A371、理解面积 A377、填充池子与为蛋糕铺上糖霜——体积与表面积挑战 A374 等。
初中	6	其中代数相关课件 0 个,几何相关课件 6 个。	全等与相似图形挑战 A370、探索矩形棱柱的体积 A373、矩形棱柱的体积——按比例缩放彩虹立方体 A383 等。
高中	4	其中代数相关课件 2 个,几何相关课件 2 个。	理解位值 A381、带孔矩形棱柱的体积 A387、组合体的体积——使用彩虹立方体 A382 等。

其中,初中 VR 数学教学资源全是几何相关内容,而且大部分都是立体几何的内容。在交互任务数量设计方面,总体上设计得还是比较充分的,在探索矩形棱柱的体积、矩形棱柱的体积——使用分层等 VR 资源交互任务上设计了 10 多个交互任务。在交互任务数量上,平均每个资源有 8.5 个交互任务,范围区间为 4～12 个,具体如表 3-6 所示。

表 3-6　初中学段对应下的 VR 数学教学资源及其交互任务概要

VR 资源	任务数量	任务案例概况
全等与相似图形挑战 A370	10	1. 判断相似或全等矩形,并解释其原因; 2. 按规定积木数构建全等或相似图形。
探索矩形棱柱的体积 A373	11	1. 理解体积的含义,认识并通过棱柱的底面积和高计算棱柱体积; 2. 对棱柱进行扩大、侧倒等变换后,预估并计算棱柱的体积,得出体积公式。

续表

VR 资源	任务数量	任务案例概况
矩形棱柱的体积——按比例缩放彩虹立方体 A383	8	1.计算给出原始图形的长、宽、高及体积； 2.构造在原始图形基础上三个维度均变为两倍和三个维度均变为减半的矩形棱柱并计算其体积。
矩形棱柱的体积——使用分层 A384	12	1.运用分层法计算矩形棱柱层面积、层数及体积； 2.联系标准算法，解释分层法的原理。
矩形棱柱的体积——使用彩虹立方体 A385	6	1."数"，通过立方体个数确定矩形棱柱体积； 2.推测优于"数"的算法，得出矩形棱柱的体积，并解释算法可行性。
矩形棱柱的体积——使用标准算法 A386	4	1.给出图形与单位立方体长宽，用小数形式求解体积方程式； 2.给出图形与单位立方体长宽，用分数形式求解体积方程式。

　　高中 VR 数学教学资源则是代数和几何各占一半。在交互任务数量设计方面，总体上设计得也是比较充分的，在代数的位值理解和加减等 VR 资源交互任务上也设计了 10 多个。交互任务数量，平均每个资源有 8.23 个交互任务，范围为 3～12 个交互任务区间，具体如表 3-7 所示。

表 3-7　高中学段对应下的 VR 数学教学资源及其交互任务概要

领域	VR 资源	任务数量	任务案例概况
代数	理解位值 A381	12	1.运用棒和单位立方体理解位值的含义； 2.运用位值解决实际应用问题。
	使用位值加减 A368	14	1.通过对积木的移动、增减、分组进行十进制数的加减； 2.运用十进制积木解决实际应用问题。
几何	带孔矩形棱柱的体积 A387	4	1.通过求完整矩形棱柱和孔的体积来计算图形体积； 2.通过将图形分解求和来得出图形体积。
	组合体的体积——使用彩虹立方体 A382	3	1.分解组合体求体积； 2.思考矩形棱柱体积相关知识在组合体求体积时的应用。

　　2.VR 数学教学资源案例选配

　　VR 教学资源选配案例是对上述 10 个中学 VR 数学教学资源进行筛选后，确定了高中"组合体的体积——使用彩虹立方体"这个典型 VR 教学资源，来做案例展示。

　　高中"组合体的体积——使用彩虹立方体"VR 教学资源,适配于人教版高中数学教材选修 2 空间几何体的表面积和体积的教学实践。该 VR 教学资源通过 3D 模型使学生直观地理解并掌握球体、柱体、锥体、台体及组合体的表面积、体积计算公式。通过对空间几何体的拆分、组合、变换,培养整体性思维、知识迁移能力及空间想象能力。具体界面如图 3-12 所示。

图 3-12　高中"组合体的体积——使用彩虹立方体"VR 教学资源

(二)VR 数学教学交互设计

　　数学教学交互设计主要分为观察交流、协作互助、分享总结等 3 个交互环节。下面将结合高中"组合体的体积——使用彩虹立方体"VR 教学资源,介绍将其应用到高中数学空间几何体的表面积和体积教学的案例。

　　在 VR 数学观察交流交互环节,在学生小组都佩戴好 3D 眼镜后,教师提示学生观察屏幕上三维显示的空间几何体,应用表面积、体积计算公式,思考能否得出其表面积和体积,并将自己计算的答案与同桌交流讨论。

　　在 VR 数学协作互助交互环节,教师提示每组同学使用触笔,通过分解组合空间几何体的方式得到空间几何体的表面积和体积。系统课件中,使用"取消分组"可分开空间几何体;使用"分组"可将它们重新组装成较小的矩形棱柱;点击空白处并拖动光标,可观察几何体的三维呈现。每组完成任务后,选出最简便合理的分解组合办法。

　　在 VR 数学分享总结交互环节,各个学生小组在 VR 一体机上生成并提交小组 VR 探究学生成果 PDF 文件,展现探究过程与讨论结果,并在班级中进行成果分享与讨论。教师引导班级进行组内评价、小组互评等,并做知识点的总结归纳与应用。

(三)VR 数学创客教育延伸

在学生 VR 数学创客教育延伸部分,高考数学对学生思维的灵活性有很高的要求,具体体现在对逻辑推理、直观想象等核心素养的考查上。在实际高中数学教学中,学生需要会用三视图计算出直观图的表面积或体积。为了实现教学目标,需要夯实学生对空间几何体表面积与体积计算公式的理解与运用,逐步培养学生的空间想象能力,锻炼学生的运算能力。所以,结合高中"组合体的体积——使用彩虹立方体"VR 教学资源,可以设计以下数学创客教育延伸环节:要求学生根据生活中的建筑等几何体,在 VR 一体机中利用空间几何体模块进行模拟组建,并计算模拟组建起来的几何体表面积和体积,估计所模拟的建筑等几何体的表面积和体积。

在教师 VR 数学创客教育延伸方面,教师及其学科团队也可围绕一些课例来进行数学教育创客教研实践。例如,结合高中"组合体的体积——使用彩虹立方体"VR 教学资源,教师及其学科团队可以做一些校本化的课例开发。比如,像学生数学创客实践那样,挖掘学校典型教学楼或学校当地的典型建筑,在 VR 一体机中利用空间几何体模块进行模拟组建,并估算模拟组建起来的几何体的表面积和体积。当然,这个过程要在比学生想的更加严谨的同时更加贴近学生的认知。

第四章　增强现实探究课程开发与教学实践

本章将从 AR 探究案例、AR 探究课程开发、AR 探究教学实践三方面进行阐述,在对实际教学案例进行阐述的基础上进一步详细介绍 AR 探究课程开发模式,并说明 AR 探究课程的教学实践情况。

第一节　增强现实探究案例

本节通过对 AR 在数学、物理、化学等课程中的案例进行探究,基于各个知识领域的教学目标,具体说明利用 AR 辅助教学时的虚拟场景和探究流程,从而使得读者更清晰地认识 AR 教学的现实感知功能。

一、AR 数学案例探究

(一)菱形的性质与判定 AR 探究

1.案例简介和教学目标

(1)案例简介

本案例为菱形的性质与判定 AR 探究。在探究中,给操作者提供带有多个类似于菱形衣架的智能 AR 学习卡以及通过智能 APP 识别后的菱形解读(见图 4-1),重点解决传统多媒体解读菱形时情境关联不直观和立体感不强等问题。该探究所面向的群体是具备一定几何基础知识的中学生,以及高校数学师范生。

学生在学习平行四边形的基础上,在本节将要掌握以下知识:①掌握菱形的定义;②探索并掌握菱形是轴对称图形的概念;③探索并证明菱形具有"四条边相等""对角线互相垂直"等性质,并能应用这些性质计算线段长度,求得菱形的面积与周长。在本节的数学 AR 探究中,学生将通过观察、分析、类比、操作,论证活动过程来探究菱形的定义与性质,从而提高自身的观察分析能力和探究能力。

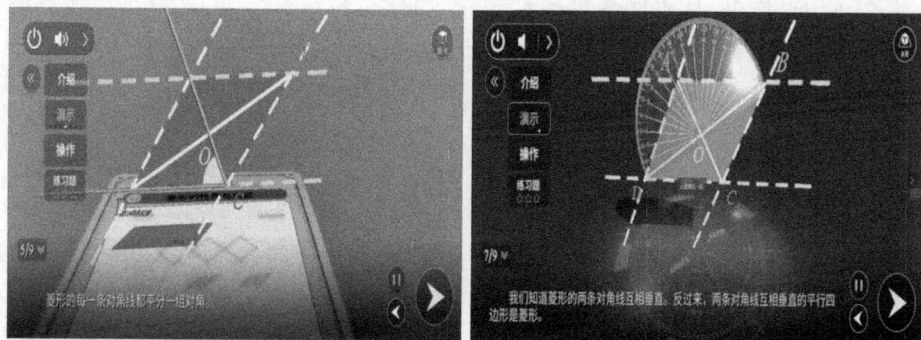

(a) AR扫描   (b) 智能AR学习

图 4-1 菱形的性质与判定 AR 探究

(2)教学目标

本虚拟探究的教学目标主要涉及知识技能、实验探究、问题解决、情感态度等 4 个维度,以及实验探究、符号意识、模型思想、空间观念、变化观念、推理能力、运算能力等 7 个核心素养。

①知识技能:经历从现实生活中抽象出图形的过程,了解菱形的概念及其与平行四边形的关系,强化符号意识、模型思想。

②实验探究:在 AR 探究操作过程中体会菱形的轴对称性,提升空间观念。

③问题解决:掌握证明菱形性质和运用性质解决问题的能力,提升变化观念,以及实验探究能力。

④情感态度:经历利用折纸等活动探索菱形性质的过程,发展合情推理能力、运算能力等。

2.虚实内容和实验操作

(1)虚实内容

虚拟内容:菱形、直尺、量角器等。

实体内容:AR 智能学习卡、智能平板设备等。

（2）实验操作

菱形的性质与判定实验操作主要分为以下 7 个步骤：

实验第一步，确定 AR 智能学习卡上的内容，并使用平板电脑、智能手机设备进行扫描。

实验第二步，将 AR 应用作为探究式学习工具，在平板电脑、智能手机上进行平移、旋转、拖曳，从不同角度仔细观察菱形。

实验第三步，利用 AR 应用和实物智能学习卡，使抽象内容具体化、形象化，观察从简单到复杂的菱形性质与判定。

实验第四步，在平板电脑、智能手机上，通过练习检验知识是否能被纳入认知体系，并利用 AR 设备对每一选项进行具体化实验操作（见图 4-2）。

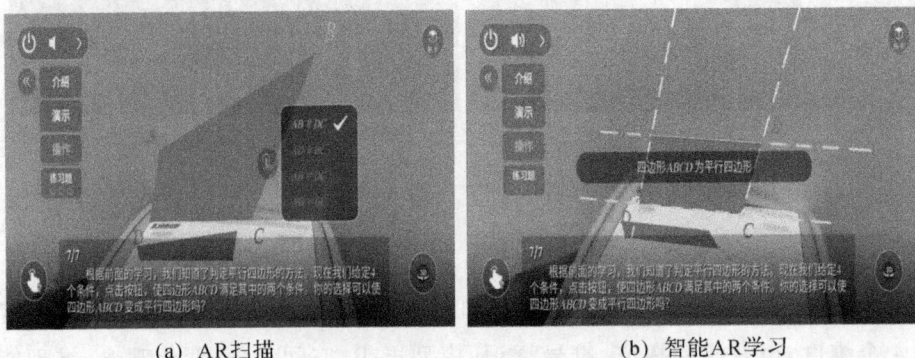

（a）AR扫描　　　　　　　　　　　　（b）智能AR学习

图 4-2　数学菱形的性质与判定实验操作

（二）复数及其运算 AR 探究

1.案例简介和教学目标

（1）案例简介

本案例为复数及其运算 AR 探究。在教学中，给操作者提供的是带有 AR 标记的两张标记卡片以及智能 APP 识别后的复数解读，重点解决传统多媒体解读复数时的情境关联不直观和立体感不强等问题。实验所面向的群体是具备一定代数基础知识的中学生，以及高校数学师范生。

复数是高中数学内容。对于学生来说，复数的概念显得难以理解，教师只能告诉学生复数的运算公式。而借助 AR 手段，学生可以对复数的加法、乘法规则进行探究式学习。

　　具体学习过程如下：学生先用两张标记卡片代表两个不同的复数，然后应用会捕捉两个标记的位置，并转化为两个复向量，给出复数表示形式。在向量的平行四边形法则的基础上，学生可以观察到两个向量和向量的表示法。当学生改变两个标记的位置时，就可以观察到不同的复数及其相加之后的和的表示形式，并据此自己总结出复数的加法公式。同样，向量的乘积也可以通过类似方法直观表现出来。

　　通过探究学习，学生可以深入理解复数与复平面上向量的对应关系，以及复数加法和乘法的原理。这样通过观察、记录，最后总结出结论的方式，其实是科学研究中最为基本的手段。AR 应用作为探究式学习的手段，能够促进学生的理解，提升学生的探究能力。

　　（2）教学目标

　　本虚拟探究的教学目标主要涉及知识技能、实验探究、问题解决、情感态度等 4 个维度，以及符号意识、模型思想、实验探究、应用意识、运算能力、应用意识、科学态度与责任等 7 个核心素养。

　　①知识技能：理解复数的基本概念，了解复数的代数表示法，理解虚数单位，理解复数相等的充要条件，理解复数模型的概念，了解复数与复平面内的点的对应关系，提高符号意识、模型思想。

　　②实验探究：利用 AR 智能学习卡，通过复数与复平面内的点的对应关系，体会二维空间中数与形之间的内在联系，了解引进复数的必要性，提高实验探究、应用意识。

　　③问题解决：提高利用复数定义和复平面对应关系解决问题的能力，以及运算能力。

　　④情感态度：体会实际需求与数学内部的矛盾在数系扩充中的作用，感受人类理性思维在数系扩充过程中的作用，以及数与现实世界的联系，培养应用意识、科学态度与责任。

　　2.虚实内容

　　虚拟内容：复数坐标系、平行四边形等。

　　实体内容：标记卡片、AR 智能学习卡、智能平板设备等。

(三)三视图 AR 探究

1.案例简介和教学目标

(1)案例简介

本案例为三视图 AR 探究。在教学中,给操作者提供的是带有多个几何体的智能 AR 学习卡以及智能 APP 识别后的三视图解读(见图 4-3),重点解决传统多媒体解读几何体三视图时的情境关联不直观和立体感不强等问题。实验所面向的群体是具备一定立体几何基础知识的中学生,以及高校数学师范生。

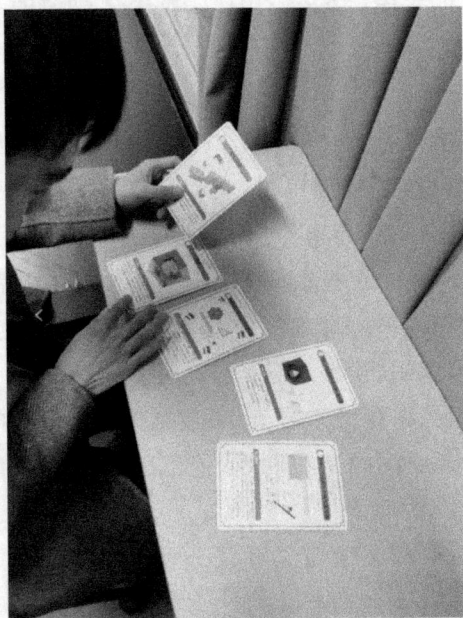

图 4-3　使用 AR 探究三视图

将几何体的直观图和三视图联系起来,会画简单几何体的三视图,这是初中数学立体几何的教学目标。学生在初中阶段以接触平面几何为主;在接触立体几何时,由于空间想象力不足而存在着一定的学习困难。

教学中共有两类卡片:一类卡片上写有几何体名称,如"长方体""圆柱";另一类卡片上绘制了三视图。如图 4-3 所示,学生将两类卡片组合,如果组合正确,则可在平板电脑上看到几何体。学生可拖曳、旋转几何体进行观察,也可以调整摄像头的位置,从不同角度进行观察。

在此案例中,AR 将抽象化内容具体化、形象化的特征得到了很好的应用,学生可以观察从简单到复杂的各类空间几何体。相对于传统教学手段中学生只能通过想象或制作实物模型来学习几何体的三视图而言，AR技术实现了学生对任意几何体的观察。通过移动平板电脑的摄像头，学生可以直接从不同的角度进行观察，这对于学生理解投影、三视图等几何概念有很大的帮助。

（2）教学目标

本虚拟探究的教学目标主要涉及知识技能、实验探究、问题解决、情感态度等4个维度，以及空间观念、物理观念、变化观念、实验探究、模型思想、应用意识、科学态度与责任等7个核心素养。

①知识技能：会画基本几何体的三视图，增强空间观念、物理观念、变化观念。

②实验探究：利用AR智能学习卡经历三视图的产生过程，探究三视图中三个视图间的相对位置关系和大小关系，提高实验探究能力，培养建模思想。

③问题解决：识别简单三视图所表示的立体图形，提高应用意识。

④情感态度：在探索中，发展直观思维能力，形成观察、操作、作图、计算的能力，以及科学态度与责任。

2. 虚实内容

虚拟内容：立方体、直三棱柱、圆锥、三视图、圆规、直尺等。

实体内容：AR智能学习卡等。

（四）频率和概率AR探究

1. 案例简介和教学目标

（1）案例简介

本案例为频率和概率AR探究。在教学中，给操作者提供的是带有多个硬币和计数模型的智能AR学习卡，以及智能APP识别后的频率与概率解读（见图4-1），重点解决传统多媒体解读频率和概率时的情境关联不直观问题。实验所面向的群体是具备一定代数基础知识的中学生，以及高校数学师范生。

在初中数学"频率和概率"一节中，学生要了解频率和概率两个概念之间的关系，这可以通过实验来总结。以经典的抛硬币实验为例，教师可以组织学生在课堂上进行抛硬币并绘制频率曲线图的探究式学习活动，学生可以使用AR应用作为探究式学习工具。学生抛硬币时，硬币的两面如图4-4所示，学生可以用 AR 应用来记录结果。[①] 每次实验结果被成功记录后,系统都会给出提示,应用会自动生成此时硬币正面朝上的频率曲线。这样既简化了记录、计算、绘图的过程,又保留了学生的参与感。

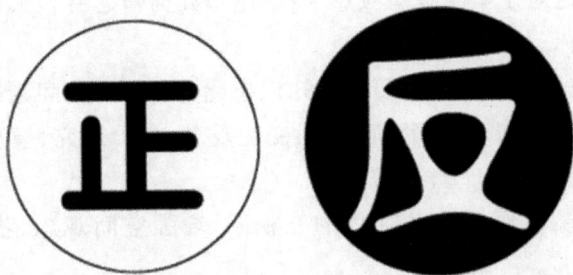

图 4-4　用于频率与概率 AR 探究的硬币正、反面图像

(2)教学目标

本虚拟探究的教学目标主要涉及知识技能、实验探究、问题解决、情感态度等 4 个维度,以及数感、数据分析、推理、运算、实验探究、变化观念、应用意识、科学态度与责任等 8 个核心素养。

①知识技能:了解频数的概念,认识什么是频数,提高数感、数据分析、推理、运算能力。

②实验探究:利用 AR 智能学习卡,初步体会出现机会的均等与实验结果是否具有等可能性之间的关系,加深对频率与概率的关系的理解,培养实验探究能力、变化观念。

②问题解决:对一组数据进行简单的统计,并列出相关的统计表,提高应用意识。

④情感态度:认识到在实际生活中,人们常把多次实验中事件发生的频率作为概率的估计值,发展合情推理能力,培养科学态度与责任。

2.虚实内容

虚拟内容:函数图像、统计表、频率曲线图、硬币图像等。

实体内容:AR 智能学习卡、硬币、智能平板设备等。

---

① 蔡苏,刘恩睿,吴超,等. 创造虚实结合的数学世界——增强现实(AR)在 K-12 教育的实证案例之一
[J]. 中小学信息技术教育,2017(12):74-76.

二、AR 物理案例探究

(一)磁感线 AR 探究

1.案例简介和教学目标

(1)案例简介

本案例为磁感线 AR 探究。在教学中,给操作者提供的是带有多个磁铁及电磁铁的智能 AR 学习卡,以及智能 APP 识别后的磁感线解读(见图 4-5),重点解决传统多媒体解读磁感线时的情境关联不直观和立体感不强等问题。实验所面向的群体是具备一定物理电磁学基础知识的中学生,以及高校物理师范生。

磁感线是形象描绘磁场分布的曲线,是人为假设的曲线。人们将磁感线定义为处处与磁感应强度相切的线。磁感线方向与磁感应强度的方向相同,磁感线的密度与磁感应强度的大小成正比。了解磁感线的基本特点是学生掌握和分析磁路的基础。图 4-5 展示了磁感线 AR 探究中的磁场可视化。[①] 通过调节滑动变阻器,学生可以改变磁感线的疏密,还可以看到真实的手和虚拟的螺线管产生的磁感线在三维空间中相互遮挡的现象,另一只手可以"拿"起虚拟的小磁针进行实验观察。

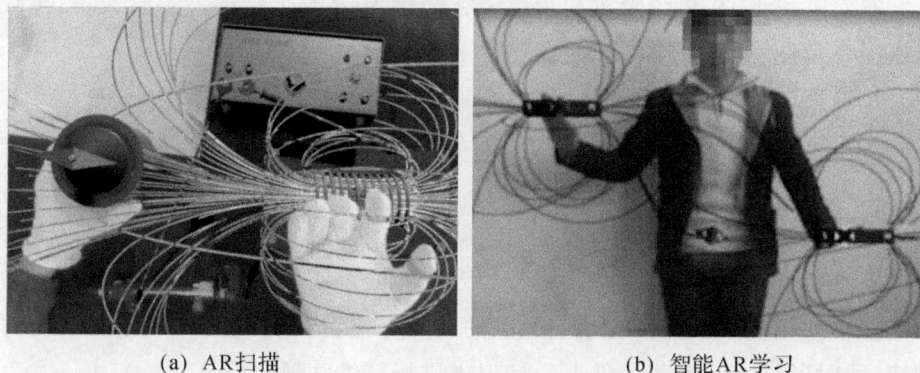

(a) AR扫描　　　　　　　　　(b) 智能AR学习

图 4-5　磁感线 AR 探究中的磁场可视化

---

① 苗晋达,罗天任,蔡宁,等. AR 物理实验中的磁感线仿真[J]. 图学学报,2021(1):87-93.

（2）教学目标

本虚拟探究的教学目标主要涉及知识技能、实验探究、问题解决、情感态度等 4 个维度，以及空间观念、物理观念、实验探究、变化观念、推理能力、应用意识、模型思想、科学态度与责任等 8 个核心素养。

①知识技能：理解磁感线是客观存在的，掌握磁感线的方向及实验基本操作技能，增强空间观念、物理观念。

②实验探究：思考在条形磁铁转动的过程中磁感线的方向，增强实验探究、变化观念。

③问题解决：探讨现实场景中磁感线的应用和问题解决方法，提高推理能力、应用意识。

④情感态度：培养学生的动手操作能力、观察发现能力，强化模型思想、科学态度与责任。

2. 虚拟场景和探究流程

（1）虚拟场景

虚拟物品：小磁针、学生电源、滑动变阻器、磁感线、导线。

实体物品：贴有 Mark 的实物套件通电螺线管等。

（2）探究流程

本虚拟探究实验包含多个步骤，具体流程如图 4-6 所示。

实验第一步，在离线阶段利用 AR 智能学习设备获取相关实验数据，生成虚拟探究元件，具体如图 4-7 所示。

实验第二步，在 AR 智能设备中绘制固定小磁针的磁感线。

实验第三步，获取实验中螺线管的各个参数，如半径、匝数。根据毕奥-萨伐尔定理，计算周围的磁场分布。

实验第四步，通过空间离散不均匀向量场生成磁感线模型。

实验第五步，将上述磁感线模型导入虚实融合实验系统，利用 RGB-D 相机和其他辅助相机来追踪手和手上佩戴的纸环标记物，并根据深度信息进行三维重建，同时通过追踪实物套件上的标记来进行三维注册。

实验第六步，利用虚实遮挡算法进行渲染处理，并将渲染的结果输出到主屏幕上。

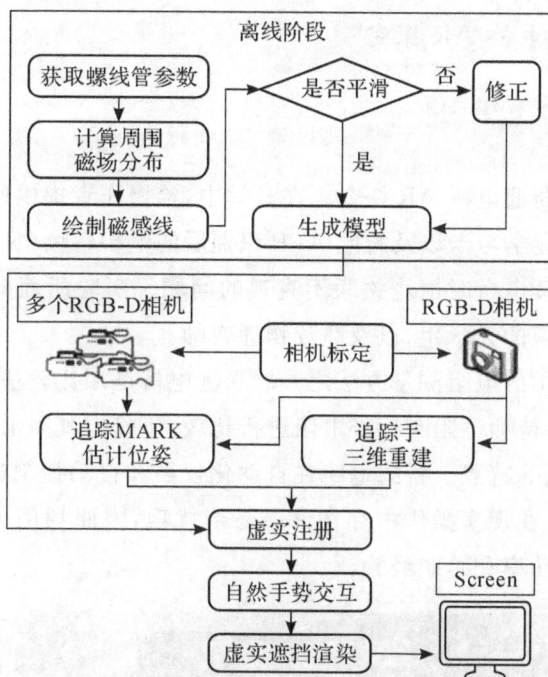

图 4-6　磁感线 AR 探究中的磁感线可视化流程

图 4-7　磁感线 AR 探究中的磁感线可视化元件

（二）惠斯通电桥 AR 探究

1. 案例简介和教学目标

（1）案例简介

该案例为惠斯通电桥 AR 探究。在教学中，给操作者提供的是带有多个电路元件的 AR 智能学习卡以及智能 APP 识别后的电桥解读（见图 4-8），重点解决传统多媒体解读电桥时情境关联不直观的问题。实验所面向的群体是具备一定电学基础知识的大学生，以及高校物理教师。

电桥法是常用的电阻测量方法之一。平衡电桥是用比较法进行测量的，即在平衡条件下，将待测电阻与标准电阻进行比较，以确定其阻值，它具有测试灵敏、精度高和方便等特点。桥式电路在自动化仪器和自动控制过程中有许多用途。但是，电桥法在现实操作中存在许多易干扰项，因而利用 AR 设备进行实验能有效提高成功率和总结经验。[①]

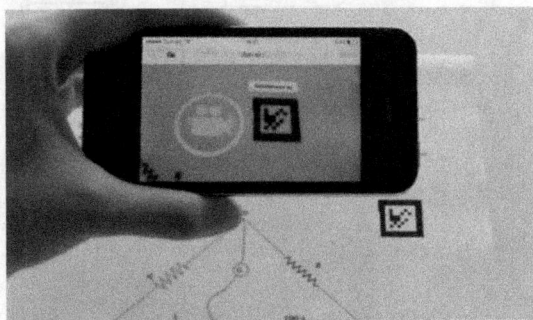

图 4-8　惠斯通桥 AR 探究实验

（2）教学目标

该虚拟探究的教学目标主要涉及知识技能、实验探究、问题解决、情感态度等 4 个维度，以及物理观念、实验探究、变化观念、数据分析、推理能力、运算能力、应用意识、科学态度与责任等 8 个核心素养。

①知识技能：掌握惠斯通电桥的原理和特点，强化物理观念。

②实验探究：利用 AR 智能学习卡，学习调节电桥平衡的操作方法，强化实

---

① Akcayir M, Akcayir G , Pektas H M, et al. Augmented reality in science laboratories: The effects of augmented reality on university students' laboratory skills and attitudes toward science laboratories[J]. *Computers in Human Behavior*, 2016, 57 (Apr.): 334-342.

验探究、变化观念。

③问题解决：理解并掌握电桥灵敏度的概念，学会用电桥法测量阻值，提高数据分析、推理能力、运算能力。

④情感态度：发展动手操作以及观察发现能力，体会精益求精的朴素思想，培养应用意识、科学态度与责任。

2. 虚实内容和探究流程

（1）虚实内容

虚拟内容：滑线式电桥、箱式电桥、检流计、电阻箱、滑动变阻器、待测电阻、电源、开关、导线。

实体内容：智能 AR 物理学习卡、智能平板设备等。

（2）探究流程

该虚拟探究实验包含多个步骤，具体如下：

实验第一步，利用智能设备扫描智能 AR 物理学习卡，加载相关 AR 插件。

实验第二步，用万用表粗测待测电阻。

实验第三步，连接电路。R_1、R_2 和 R_0 都用电阻箱充当，电源电压 E 取 3V。

实验第四步，根据被测电阻的粗测值，适当选取 R_1、R_2 的阻值。

实验第五步，由所取的 R_1、R_2 的阻值及粗测值估算出 R_0 值，然后将 R_0 调节到该阻值的位置上，将 R_n 调到最大。合上 K_1 和 K_2，调节 R_0，使检流计的指针指在零的位置上。再将 R_n 调至零，重新调节 R_0，使检流计的指针重新指在零的位置上，此时电桥处于平衡状态，记录下当前 R_0 值。

实验第六步，测电桥灵敏度。调节 R_0 使电桥达到平衡。记录下 R_0 值后，改变 R_0 的值，将改变的值记为 ΔR_0，使检流计偏转 2～3 格，并记录下 ΔR_0 值和 Δn 的值。

实验第七步，分别计算出 R_x、S、Δ_s、Δ_a 和 ΔR_x。

实验第八步，按仪器面板图示，在应用界面连接线路。

实验第九步，根据被测电阻 R_x（分别为 R_{x1} 和 R_{x2}）的粗测值，适当地选取比率臂 K 值（R_0 的旋钮都能利用上）和 R_0 值。

实验第十步，按顺序按下电源和测电计钮，此时检流计发生偏转，调节 R_0 直至检流计指零，记录 R_0 值。然后，按照自组式直流电桥所述测量电桥灵敏度的步骤测量次电桥灵敏度。

实验第十一步，处理数据。

三、AR 化学案例探究

(一)玻尔原子模型 AR 探究

1.案例简介和教学目标

(1)案例简介

本案例为玻尔原子模型 AR 探究。在教学中,给操作者提供的是带有多个原子模型的 AR 智能学习卡,以及智能 APP 识别后的原子模型解读[1](见图4-9),重点解决传统多媒体解读原子模型时的情境关联不直观和立体感不强等问题。实验所面向的群体是具备一定物理基础知识的中学生,以及高校物理师范生。

玻尔在卢瑟福模型的基础上,描绘了电子在核外的量子化轨道,解决了原子结构的稳定性问题,提出了完整而令人信服的原子结构学说。他指出:①电子在一些特定的可能轨道上绕核做圆周运动,离核愈远能量愈高;②电子的可能轨道由其角动量(必须是 $h/2\pi$ 的整数倍)决定;③当电子在这些可能的轨道上运动时,原子不发射也不吸收能量,只有当电子从一个轨道跃迁到另一个轨道时,原子才发射或吸收能量,而且发射或吸收的辐射是单频的。在该实验中,参与者利用 AR 智能学习卡中的 AR 插件,验证了玻尔原子模型的有效性和可靠性(见图 4-9)。

(2)教学目标

本虚拟探究的教学目标主要涉及知识技能、实验探究、问题解决、情感态度等 4 个维度,以及空间观念、物理观念、模型思想、实验探究、推理能力、变化观念、科学态度与责任等 7 个核心素养。

①知识技能:掌握玻尔原子模型的原理和特点,强化空间观念、物理观念、模型思想。

②实验探究:利用 AR 智能学习卡,思考和验证玻尔原子模型的方法和原理,强化实验探究、变化观念。

③问题解决:理解并掌握验证玻尔原子模型的方法,提高推理能力。

---

[1] Suprapto N, Nandyansah W, Mubarok H. An evaluation of the "Picsar" research project: An augmented reality in physics learning[J]. *International Journal of Emerging Technologies in Learning*, 2020, 15(10):113.

(a)　AR扫描　　　　　　　　　　　(b)　智能AR学习

图 4-9　玻尔原子模型 AR 探究学习卡

④情感态度：发展动手操作和观察发现能力，体会理论模型的提出需要得到实验验证的朴素思想，培养科学态度与责任素养。

2.虚实内容和探究流程

（1）虚实内容

虚拟内容：电子、单元素气体原子、可控电源、开关、导线。

实体内容：智能 AR 物理学习卡、智能平板设备等。

（2）探究流程

该虚拟探究实验包含 6 个步骤，具体如下：

实验第一步，利用智能设备扫描智能 AR 物理学习卡，加载相关 AR 插件。

实验第二步，调整电压导出设定，使发生器导出慢电子。

实验第三步，选取单元素气体原子。

实验第四步，测量碰撞前的电子和原子的能量。

实验第五步，执行碰撞，并测量碰撞后的电子和原子的能量。

实验第六步，比较前后能量。

（二）过氧化氢制取氧气 AR 探究

1.案例简介和教学目标

（1）案例简介

本案例为过氧化氢制取氧气 AR 探究。在教学中，给操作者提供的是带有多个化学实验设备及相关反应物的 AR 智能学习卡，以及智能 APP 识别后的制氧解读，重点解决传统多媒体解读过氧化氢制取氧气时的情境关联不直观的问题。实验所面向的群体是具备一定化学基础知识的中学生，以及高校化学师范生。

过氧化氢，化学式为 H_2O_2，一种无色透明液体，有微弱的特殊气味，常用作氧化剂、漂白剂、消毒剂、脱氯剂等。氧气的相关知识是化学中非常重要的一环，而实验室中常用过氧化氢来制取氧气。

（2）教学目标

本虚拟探究的教学目标主要涉及知识技能、实验探究、问题解决、情感态度等 4 个维度，以及实验探究、变化观念、创新意识、应用意识、科学态度与责任等 5 个核心素养。

①知识技能：理解实验室用过氧化氢制取氧气的方法，认识催化剂的作用和特征。

②实验探究：利用 AR 智能学习卡，学习制取氧气的操作方法，强化实验探究、变化观念。

③问题解决：通过小组合作 AR 学习，初步学习实验探究方法和运用比较学习法，增强创新意识、应用意识。

④情感态度：发展动手操作能力，形成分析、比较、归纳、迁移的思维过程，体会严谨求实的科学态度，培养科学态度与责任素养。

2. 虚实内容和探究流程

（1）虚实内容

虚拟内容：过氧化氢、二氧化锰、试管、水槽等。

实体内容：智能 AR 化学学习卡、智能平板设备等。

（2）探究流程

该虚拟探究实验包含 5 个步骤，具体如下：

实验第一步，利用智能设备扫描智能 AR 化学学习卡，加载相关 AR 插件。

实验第二步，根据装置图组装实验装置，并检查气密性。

实验第三步，把二氧化锰放入试管中。在试管口插上双孔橡皮塞，一个孔插分液漏斗，一个孔插导气管。

实验第四步，将过氧化氢倒入漏斗，用分液漏斗控制反应速度。

实验第五步，根据氧气的物理性质，用向下排水法收集氧气。

（三）单质和化合物 AR 探究

1. 案例简介和教学目标

（1）案例简介

本案例为单质和化合物 AR 探究。在教学中，给操作者提供的是带有多个某种单质及其化合物的 AR 智能学习卡，以及智能 APP 识别后的结构解读（见图 4-10），重点解决传统多媒体解读单质和化合物时的情境关联不直观和立体感不强等问题。实验所面向的群体是具备一定化学基础知识的中学生，以及高校化学师范生。

化合物是由两种或两种以上不同元素组成的纯净物（区别于单质）。[1] 化合物具有一定的特性，既不同于它所包含的元素或离子，也不同于其他化合物。在日常生活中，石墨、钻石、氧气均为常见的单质，氯化钠及蒸馏水（水）均为常见的化合物。

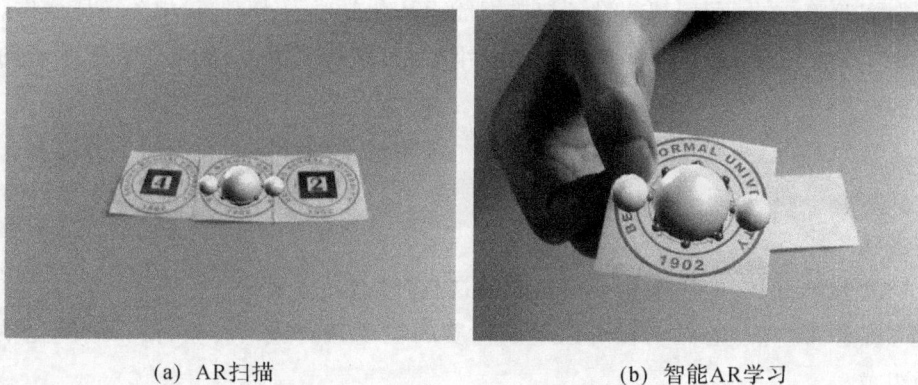

(a) AR扫描　　　　　　　(b) 智能AR学习

图 4-10　单质和化合物 AR 探究学习卡

（2）教学目标

本虚拟探究的教学目标主要涉及知识技能、实验探究、问题解决、情感态度等 4 个维度，以及模型思想、实验探究、变化观念、符号意识、模型思想、应用意识、科学态度与责任等 7 个核心素养。

①知识技能：了解单质、化合物的区别，理解以水为例的化合物原子组成方

---

[1] Cai S, Wang X, Chiang F K. A case study of augmented reality simulation system application in a chemistry course[J]. *Computers in Human Behavior*, 2014, 37(1):31-40.

式,强化模型思想。

②实验探究:利用 AR 智能学习卡,了解水分子的组成形式,强化实验探究、变化观念。

③问题解决:通过小组合作 AR 学习,初步学习实验探究方法和运用比较学习法,增强符号意识、模型思想、应用意识。

④情感态度:发展动手操作能力,形成分析、比较、归纳、迁移的思维过程,了解并体验水的组成过程和方法,培养科学态度与责任素养。

2. 虚实内容和探究流程

(1)虚实内容

虚拟内容:水分子、氢原子、氧原子、电子等。

实体内容:智能 AR 化学学习卡、智能平板设备等。

(2)探究流程

该虚拟探究实验包含 6 个步骤,具体如下:

实验第一步,利用智能设备扫描智能 AR 化学学习卡,加载相关 AR 插件。

实验第二步,通过不同标记物的三维模型,掌握氢原子、氧原子和水分子的结构。

实验第三步,使用标记的位置来表示结构的不同阶段和原子的各种组合。

实验第四步,将两个标记物靠近,形成一个新的分子(从 H_2O 分子结构变成水滴)。

实验第五步,使用碳原子和化学键,构造钻石晶体元素。

实验第六步,总结三种可以组成物质的粒子,解释水、石墨、钻石和氯化钠的组成。

第二节　增强现实探究课程开发

本节充分考虑 AR 资源及课程教学的诸多特点,说明 AR 探究课程的设计方案迭代的开发模式,并从数学、物理、化学、地理、生物等课程出发,列出 AR 探究课程框架。接着,本节从 AR 数学探究课程、AR 物理探究课程两方面出发,给出具体的课程计划表。

一、AR探究课程开发模式

(一)学生学情分析

中学生处于皮亚杰认知发展理论的逻辑运算阶段,该阶段的学生有着自己的认知特点。

在记忆方面,中学生记忆的容量日益增大,短时记忆广度接近成人;对直观形象的材料的记忆要优于抽象材料,对图像的记忆要优于词语;中学生能主动选择记忆方法,有意记忆逐渐占主导地位;随着年龄的增长,理解记忆逐渐成为主要的记忆手段;抽象记忆的发展速度较快,逐渐占据主导地位。

在思维方面,青少年的思维能力发展迅速,抽象逻辑思维逐渐处于优势地位;在整个中学阶段,形式逻辑思维逐渐发展,占据主导地位;辩证逻辑思维迅速发展。

受主观因素影响,青少年对于感兴趣和喜欢的事情注意力更集中,记忆持续时间更长。因此,急需设计对学生有吸引力的教学资源。

(二)AR探究课程开发模式

近年来,随着互联网和移动互联网大潮的来临,AR技术正在和传统的教育方法进行深度融合。AR是一种实时计算摄影机影像的位置及角度并加上相应图像的技术,是一种将真实世界信息和虚拟世界信息"无缝"集成的新技术,这种技术的目标是在屏幕上把虚拟世界叠加于现实世界并进行互动。AR越来越多地应用于各个行业,如教育、培训、医疗、设计、广告。AR以其丰富的互动性为课堂注入了新的活力,一些平时无法做的化学实验、物理实验也都可以通过AR来实现。

AR探究课程的开发模式需要充分考虑AR资源及课程教学的诸多特点,需要根据师生的实际需求进行动态优化,这与联通主义不谋而合。联通主义是适应数字时代发展的新型学习理论。在联通主义中,知识在动态网络中分布,在积极争取电子设备的支持下,将重要知识与信息源联结,在互动学习网络中开展合作和交流。[①]课程开发团队基于课程开发逐渐逼近模型,构建了包含准备、迭代设计、迭代开发三个阶段的AR探究课程开发模式,具体如图4-11所示。

---

① 王牧华,邱钰超. 联通主义视角下课程开发的未来走向[J]. 课程·教材·教法,2021(12):26-32.

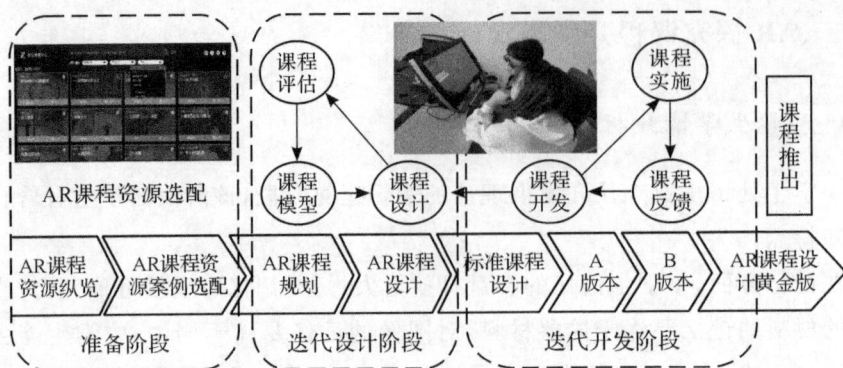

图 4-11　AR 探究课程开发模式

准备阶段的重点在于 AR 课程资源选配,课程开发团队借助 AR 课程资源并基于学生学情,选配合适的课程案例。在迭代设计阶段,进行 AR 课程规划,生成创意 1.0,构建课程开发模型,并通过不断评估迭代产出 A 版本、B 版本,乃至 AR 课程设计的最终版本。在这个阶段,课程开发团队通过收集学习者的反馈及时发现、解决相应问题。

二、AR 数学探究课程

(一)学生学情和相关教材分析

AR 数学探究课程主要面向具有一定数学实验基础知识的初中生和高中生,也可以面向对 AR 数学实验感兴趣的其他普通学生。借助 AR 技术,本次探究课程可以使每个学生沉浸式地体验实验过程,更加细致地进行观察与 3D 视觉感知,从而更加深入地对 AR 进行探究,促进学生创新思维能力的提升。

(二)AR 数学探究课程

AR 数学探究课程面向 7~9 年级的学生而设计,课程由实验准备、单人体验、双人体验、小组体验和实验总结 5 个模块构成,课程开展 16 周,每周 1 课时,授课教师可以根据实际情况调整安排具体的教学课时,具体课程计划详见表 4-1。

表 4-1　AR 数学探究课程计划

课程模块	课程小节	小节课时	小节描述
实验准备	AR 数学实验准备	第 1 课时	介绍 AR 相关知识,以及进行要做的 AR 数学实验的相关介绍。
单人体验	菱形的性质AR 探究	第 2~4 课时	通过 AR 应用作为探究式学习工具,在智能设备上进行平移、旋转、拖曳,从不同角度仔细观察菱形。使抽象内容具体化、形象化,从简单到复杂,观察菱形的性质。
双人体验	三视图AR 探究	第 5~7 课时	将两类卡片组合,如果组合正确,则可在平板电脑上看到几何体。学生可以拖曳、旋转几何体进行观察,也可以调整摄像头的位置,从不同角度进行观察。AR 技术实现了学生对任意几何体的观察,并且可以直接通过移动平板电脑的摄像头来从不同的角度进行观察。这对于学生理解投影、三视图等几何概念有很大的帮助。
	全等三角形AR 探究	第 8~10 课时	对两类三角形 AR 卡片进行拼接组合,如果组合正确,可在智能设备上看到全等的两个三角形。学生可拖曳、旋转三角形并进行观察,也可以调整摄像头的位置,从不同角度进行观察。AR 技术实现了学生对任意三角形的观察,并且可以直接通过移动平板电脑的摄像头,从不同的角度进行观察。这对学生理解三角形、全等三角形等几何概念有很大的帮助。
小组体验	频率和概率AR 探究	第 11~12 课时	通过实验进行总结。以经典的抛硬币实验为例,教师可以组织学生在课堂上完成抛硬币并绘制频率曲线图的探究式学习活动,学生使用 AR 应用作为探究式学习工具。用 AR 应用来记录结果。每次结果被成功记录后,系统会给出提示,应用会自动生成此时硬币正面朝上的频率曲线。
	复数及其运算AR 探究	第 13~15 课时	用两张标记卡片代表两个不同的复数。应用会捕捉两个标记的位置,并转化为两个复向量,给出复数表示形式。在向量的平行四边形法则的基础上,学生观察到两个向量和向量的表示法。学生改变两个标记的位置,可以观察到不同的复数及其相加之后的和的表示形式,并据此自己总结出复数的加法公式。
实验总结	AR 数学实验总结	第 16 课时	对以上数学实验进行总结以及成果展示。

三、AR 物理探究课程

(一)学生学情和相关教材分析

AR 物理探究课程主要面向的是具有一定物理基础知识的初中生和高中生,或者是对 AR 物理实验感兴趣的其他普通学生。本次探究课程借助 AR 技术,能够促进学生提升创新思维能力。

(二)AR 物理探究课程

AR 物理探究课程面向 8~12 年级的学生而设计,课程由实验准备、单人体验、双人体验、小组体验和实验总结 5 个模块构成,课程开展 16 周,每周 1 课时。授课教师可以根据实际情况调整教学课时的安排,具体课程计划详见表 4-2。

表 4-2   AR 物理探究课程框架

课程模块	课程小节	小节课时	小节描述
实验准备	AR 物理实验准备	第 1 课时	介绍 AR 相关知识,以及进行要做的 AR 物理实验的相关介绍。
单人体验	磁感线 AR 探究	第 2~3 课时	展示物理 AR 探究中的磁场可视化。通过调节滑动变阻器改变磁感线的疏密。可看到真实的手和虚拟的螺线管产生的磁感线在三维空间中相互遮挡的现象,同时另一只手可以"拿"起虚拟的小磁针。
	能量守恒 AR 探究	第 4~5 课时	可从生活中的实例入手,引导学生利用 AR 智能学习卡自己动手进行 AR 探究,找出光、电、热、机械运动等现象之间的联系,使学生理解能的转化这个重点内容。先后通过单摆摆动高度越来越低、过山车高低等现象,让学生思考能量的去向,从而引入能量守恒定律;最后,结合永动机的介绍,让学生分析得出永动机不可能制成的结论,从而进一步理解能量守恒的观点。

续表

课程模块	课程小节	小节课时	小节描述
双人体验	直流电动机模型 AR 探究	第 6～7 课时	在课堂的主要环节中,利用 AR 智能学习卡重点学习直流电动机,展示直流电动机的结构及电流的运行方向。在参与者观察电机时,可对电机进行自由拆解,通过双人交互式体验,增强对电机原理和电机工作机制的理解。
	玻尔原子模型 AR 探究	第 8～10 课时	玻尔在卢瑟福模型的基础上,提出了电子在核外的量子化轨道,解决了原子结构的稳定性问题,提出了完整而令人信服的原子结构学说。在本实验的 AR 环境下,可利用 AR 智能学习卡中的 AR 插件,验证和反思玻尔原子模型的可靠性及其他模型的合理性。
小组体验	平抛运动 AR 探究	第 11～12 课时	采用 AR 智能学习卡,为"平抛运动"教学设计理想的平抛运动实验环境,即一个没有空气阻力也没有摩擦力的理想环境。实验道具包括水平平抛运动仪、水平运动仪、自由落体运动仪和 3 个质量相同的小球,水平运动仪和平抛运动仪能够在水平方向向小球提供大小相同的力。同时释放 3 个小球,让它们分别做平抛运动、水平方向的匀速直线运动、竖直方向的自由落体运动。观察 3 个小球的运动情况,发现 3 个小球在同一点相碰。再通过回放,观察小球的运动轨迹,分析小球的速度及受力的变化情况。[①]
	惠斯通桥 AR 探究	第 13～15 课时	电桥法是常用的电阻测量方法之一。平衡电桥是用比较法进行测量的,即在平衡条件下,将待测电阻与标准电阻进行比较以确定其阻值。它具有测试灵敏、精度高和方便等特点。桥式电路在自动化仪器和自动控制过程中有许多用途。但是,电桥法在现实操作中存在许多易干扰项,因此,利用 AR 设备进行实验能有效提高成功率和总结经验。
实验总结	AR 物理实验总结	第 16 课时	对以上物理实验进行总结以及成果展示。

① 侯丹,宋昊泽. 3D 虚拟增强现实技术在中学物理教学中的应用研究[J]. 天津师范大学学报(基础教育版),2018(3):69-74.

第三节 增强现实探究教学实践

本节将先从 AR 探究教学方法建构、教学过程两个方面阐述 AR 探究教学模式;接着在 AR 数学探究和 AR 物理探究的教学设计中,对 AR 场域中的教学模式进行具体说明。

一、AR 探究教学模式

(一)教学方式的建构

基于对个性化深度教学生发逻辑的梳理,我们认为教师在教学中应当遵循学生的认知发展规律,合理运用交流认知要素。教师可以利用 AR 辅助教学,在带领学生经历知识的发生发展的过程中,与学生开展高质量的交流,提升学生的交流认知水平。具体而言,教师可以按照"AR 个性化情境导学—AR 个性化师生交互—AR 个性化学习评价"的个性化深度教学模式开展教学。

(二)教学过程及评价

1. AR 个性化情境导学阶段

AR 个性化情境导学阶段,创设合适的学习情境,有利于学生感悟、理解、形成和发展核心素养,并为新知的引出做好铺垫。为此,在开始 AR 教学之前,教师可发挥自己的教学智慧,进行指向 AR 教学环境的情境教学创意设计。该设计需要最大限度、最高效率地吸引学生的注意,从而激发学生的学习兴趣,培养学生的实际操作能力与思辨能力,并帮助学生在实验过程中完成学科知识的内化以及实验操作的优化。[①] 教师需要借助 AR 设备等媒介来搭建宏观情境,使学生置身于新知发现、探索的生活、社会背景中。由于学生和新知是陌生的关系,因此他们在教学过程之初只能简单地附和老师,难以对新知开展深层次的思考,师生间的交流停留在"呼应"层面。为有效帮助学生接受新知,融新知于自身的认知结构中,教师以适应学生认知结构的情境导入教学,引发学生的思考和"作为"。此时,师生间的交流认知水平处于对象水平,教师的教学为情

---

① 詹瑾. 初中物理家庭实验教学的创意设计[J]. 教育实践与研究,2021(6):42-43.

境架设、引出问题的传授式教学。

2.AR 个性化师生交互阶段

在 AR 个性化师生交互阶段,教师建构微观情境,根据学生的"最近发展区"精心设计例题,带领学生共同参与到新知的探索过程中,调动学生的积极性,使学生逐渐接受所学的新知。在这个阶段,教师借助智能 AR 学习卡和智能 APP 来展示例题,同时鼓励学生进行思考并与教师进行个性化交流,教师针对学生的疑惑进行个性化指导,帮助学生寻找解题线索,厘清解题思路。相较于传统在线教学模式,交流的过程不再只有学生的肯定,交流模式也达到了"作为"层面。

当学生逐渐熟悉新知后,教师可以借助手写板和学生在民主、平等的氛围中一起运用数学语言和符号等关键用语要素来解题,推动学生进入参与式学习。例题的设计是为了帮助学生更好地接受新知,教师在微观情境中提出难度适中的探究题,引发学生的交流认知冲突,进而带领学生运用视觉介体、关键用语等要素厘清思路,在交流中尝试理解未认同的叙述方式,尝试解决产生的交流认知冲突,实现知识的横向关联。此时学生除了单纯"作为",还针对教师的叙述,表达自己的观点,从而达到"探究"层面。

此时学生对新知的陌生感有所下降,思维得到了较大的拓展,开始理解新知背后的数学思想,将新知与固有认知结构进行融合,交流认知水平也由最初的对象水平发展到横向元水平,这也是在线个性化深度教学中教师创设学生交流认知结构的重要教学环节。

在这一过程中,AR 智能后台储备了大量可供学生自主学习探索所用的资源。结合历史数据图表,智能 App 可为学生推荐资源库中匹配具身体验的学习资源,充分发挥学生的主体性作用。学生亦可以结合实际的学习情况,在学习过程中选择不同层次的学习任务及提示性线索,以满足个体的发展需求。教师则充分发挥引导作用,在教学过程中结合 AR 智能输出设备实时把握学生的学习进程,针对学生的学习中的难点及薄弱环节进行重点讲解,帮助学生突破知识点的认知瓶颈,获得深层次认知。同时,教师协同机器的后台资源库筛选个性化学习任务,不断优化学生的学习路径,提升学习效率,提高最近发展区阈值。

3.AR 个性化学习评价阶段

基于学生在与教师深入探讨后对新知的深刻理解以及 AR 智能平台诊断,

在个性化学习评价阶段,教师应当"趁热打铁",引导学生自我反思并评价问题解决的全过程,鼓励学生运用新知解决不同情境下的问题。教师需要在问题的设计难度上由浅到深,呈现多种问题情境,通过变式训练来拓展学生思维的深度与广度。

深度教学是教师帮助学习者突破原有生活经验带来的思维定式,与数学理性思维碰撞而形成科学概念的过程。学生在教师的引导下,在不同情境下思考问题,自主运用视觉介体、关键用语等交流认知要素解决问题。学生在交流中有了更多自己的想法,但部分题目难度过大,仍需教师的讲解,因此交流模式元素时而表现为"作为",时而表现为"探究"。在线个性化深度教学中,随着问题逐渐变难,教师循序渐进地帮助学生反思问题解决过程,厘清知识框架,解决交流认知冲突,形成学生认同的叙述方式,学生的交流认知水平也巩固在横向元水平阶段。

在"探究"环节中,教师引导学生深入数学思维的本质特点,进行"自反抽象",将学习的内容抽象出或反射到新的层面,并重新建构,将之归入更大的结构的一部分;最后,鼓励学生积极开展自我评价,并采用教师形成性评价和结果性评价相结合的评价方式,帮助学生达成在线深度学习,学生的交流认知水平也最终到达纵向元水平。

二、AR 数学探究教学实践

(一)AR 数学场域中的个性化情境导学

个性化情境导学主要开始于 AR 教学之前,通过指向 AR 教学环境的个性化情境教学创意设计,极大地激发学生的学习兴趣。例如,简单几何体的表面展开图,教师可以通过借助 AR 设备或其他多种形式进行教学,并设计实际应用场景。

(二)AR 数学场域中的个性化师生交互

教师利用平板电脑、手写板等视觉展示介体,引入针对概念理解的例题,参与到学生对简单几何体的表面展开图这一概念的理解中,帮助学生慢慢接受新的知识。同时本节课需要给操作者提供 GeoGebra 展示的几何体及其展开图。教师以立方体为例,展示如何利用 GeoGebra 绘制立方体,接着利用 GeoGebra

的表面展开图功能,表示出立方体的表面展开图。在这个过程中,学生开始"作为",在教师的带领下尝试运用关键用语来组织自己的语言,从而与教师交流解题思路,慢慢参与到本节课的学习中来。但学生对新知的认识不够深入,没有将新知与自身原有认知进行同化,所以交流认知水平的提升并不显著,做题的错误率很高。

为促进学生对新知的理解,教师带领学生对探究题依次进行探讨。学生基于先前对新知的理解,逐渐能够运用关键用语表达自己的看法。在学生掌握立方体的一种展开方式后,教师可以展示不同的立方体展开图,让学生尝试分辨对错并总结规律。在此过程中,教师可利用 AR 智能系统诊断学生对知识点的掌握情况。当学生意识到自己的错误之后,交流认知冲突随之产生,未认同的叙述方式也随之出现。正是在这种矛盾的"挣扎"中,学生开始与教师分享自己的困惑,并试着寻找自己的误区,教师则给予积极正面的评价并适当指点,引导学生找到正确的思路,在这一阶段,学生的交流认知得分迅速上升,交流认识水平由对象水平向横向元水平进阶,教师的情绪也因此随之上升。在这一阶段,教师充分调动了学生的学习积极性,逐渐将走向迁移式教学。

(三)AR 数学场域中的个性化学习评价

通过前面教学环节的学习,学生已经初步掌握了本堂课的全部内容。为了帮助学生进一步巩固知识,教师基于学生先前题目的完成情况,检测学生对简单几何体的表面展开图的理解是否到位,并帮助学生查漏补缺,突破一些认知上的重难点。在变式训练的初始阶段,学生可能会对新题感到无所适从,教师在这时要一方面给予学生思路上的点拨,另一方面用言语和动作积极鼓励学生。通过和教师的交流互动,学生能够逐渐发现自己哪块内容没有掌握,并尝试运用视觉介体和关键用语来解题。随着学生对知识的理解更为全面,其在变式训练中的正确率得到了显著提升,与教师的交流也变得活跃,学生更愿意表达自己的看法。交流认知水平达到横向元水平后,学生在面对后续的探究题时真正做到了"举一反三",并在解题过程中获得了成功的喜悦感和成就感。由此可见,学生在变式训练中的表现有一个阶梯变化,交流从起初的"作为"发展到"探究",教学状态从最初的参与式教学发展为迁移式教学。在教学的最后环节,教师利用视觉介体带领学生回顾整节课的学习过程,鼓励学生进行回顾、反思和自我评价。教师将新授内容与学生已有认知结构相结合,引导学生将新知识从知识的横向并列转化为交流认知框架中的"子集",学生的交流认知水平在横向元水平阶段得到巩固,并朝着纵向元水平发展。

总体而言,在整个在线个性化深度教学过程中,以学生为主体的教学理念愈发强烈,教师的作用更多是引导学生进行思考,帮助学生解决困惑,完成在线深度学习。

三、AR 物理探究教学实践

结合 AR 实验环境和探究式学习的特点,在发挥 AR 实验学习平台与 AR 环境的功能和优势的基础上,AR 探究系统既能通过实验操作锻炼学习者的实践能力,又能生动、形象地呈现实验效果,从而提高学习者在 AR 实验环境中进行探究式学习的效果。

本教学设计的 AR 实验环境在操作步骤和流程上符合一般探究式学习的特点。因此,学生进行的"磁感线"科学探究实验学习的整个过程包括探究式学习的所有要素和流程。科学探究学习的具体操作流程如下。

(一)AR 物理场域中的个性化情境导学

在"磁感线"科学探究实验中,学习主要是利用 AR 物理实验学习平台进行的,这个平台为学生提供文字、图片、动画、视频等类型丰富的学习资源,包括实验介绍、概念性与原理性知识点、实验仪器使用、实验操作技能、操作方法讲解等,并创设个性化情境。学生在开展科学探究实验前,先在 AR 实验学习平台上进行本次"磁感线"学科知识和实验操作技能的学习,具体界面如图 4-12 所示。

(二)AR 物理场域中的个性化师生互动

磁感线科学探究实验的探索调查和实验操作过程主要在 AR 探究系统中完成。在进入系统前,教师需要根据学生的"最近发展区"精心设计例题,带领学生共同参与到新知的探索过程中,调动学生的积极性,使学生逐渐接受所学的新知。在这一阶段,教师可以借助 PPT 等视觉介体来展示例题,鼓励学生进行思考,与教师进行个性化交流,教师针对疑惑进行个性化指导,帮助学生寻找解题线索,完成科学探究实验方案的设计,在科学探究实验方案的设计完成之后,便可以进入 AR 探究操作系统。实验台上摆放了多种类型的嵌入微型传感

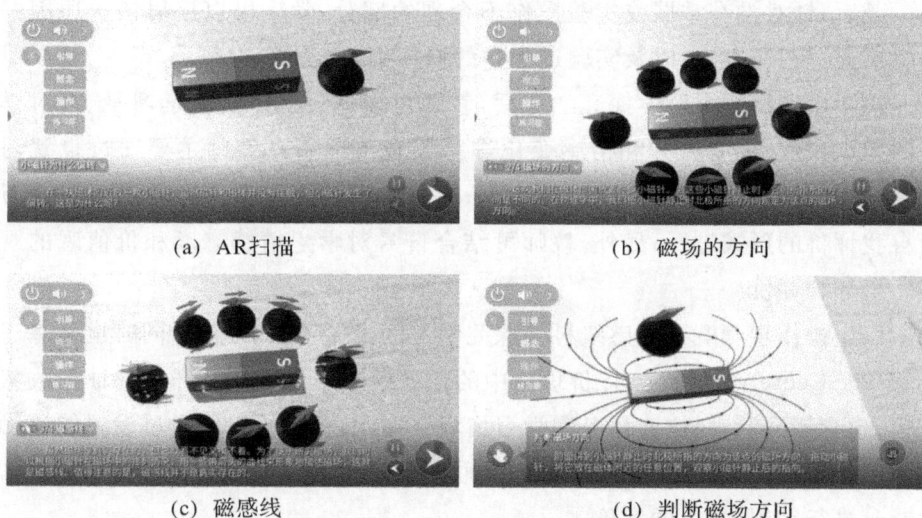

(a) AR扫描

(b) 磁场的方向

(c) 磁感线

(d) 判断磁场方向

图 4-12　探究式学习与学习行为分析实验平台界面

器的智能实验器材和药品,具有实时获取和传输学生实验操作信息的功能。学生可以通过语音交互控制实验的开始与结束,实验开始时屏幕上呈现学生设计的实验方案,以及计算机仿真的实验器材。系统根据学生的行为操作调用数据库,为学生提供多感官反馈信息,包括语音提示、实验现象和实验数据的实时显示等。在整个操作过程中,学生的实验操作行为都会被记录。教师也能通过观察学生的实验操作行为,给予一定的及时反馈。

(三)AR 物理场域中的个性化学习评价

基于学生在与教师深入探讨后对新知的深刻理解以及 AR 智能平台诊断,在个性化学习评价阶段,教师应当"趁热打铁",引导学生自我反思并评价问题解决的全过程,鼓励学生运用新知来解决不同情境下的问题。教师需要在问题的设计难度上由浅到深,呈现多种问题情境,通过变式训练来拓展学生思维的深度与广度。在科学探究实验操作完成并得出实验结论后,系统会对学生的整个科学探究过程进行系统评价,并将评估结果形象、直观、具体地反馈给学生,具体评价内容主要包括实验准备情况、实验前的知识理解与应用以及实验方案、实验行为操作和实验结论。同时,针对实验操作不当或知识点没有掌握的部分,系统会给出错误原因,并最终给出学习诊断和复习建议。学生根据系统自动评估报告中的实验反馈,与教师或同伴进行交流或讨论实验过程和实验结果。最后,针对没有掌握或实验操作不合理的部分,学生可以反思错误原因并调整探究过程与方法,以及实验过程中的操作细节、步骤,等等。

在学生经历整个科学探究学习后,教师可以通过 AR 实验学习平台,对学生的知识获取、技能提升和情感变化进行调查与分析。教师主要通过设置习题,对学生知识与技能的掌握进行检测;情感态度的发展和变化则主要以学习者自我评价的形式进行;另外,教师可结合自身对学生情感态度和价值观的观察做出综合评价。

以上操作步骤既是磁感线科学探究学习的操作步骤和流程,同时也是基于Evidence-Centered Design 评价理论中的任务模型进行设计和开发的证据收集过程,包含探究活动、探究任务和学习情境。在此过程中,教师通过设置能够触发学习证据的探究任务和问题情境,提取出证明学生知识、能力和情感的证据,以对其进行客观、有效的评价。

第五章 混合现实探究课程开发与教学实践

本章将从 MR 实验案例、MR 实验课程开发、MR 实验教学实践三方面进行阐述,通过探究 MR 在物理、化学、地理中的案例,基于学生学情分析,说明 MR 课程开发模式,以及 MR 实验教学模式,以便更好地说明 MR 在虚拟教学探究中的重要作用。

第一节 混合现实探究案例

本节基于各个知识领域的教学目标,对物理、化学、地理学科中的经典实验进行 MR 探究,并具体说明 MR 辅助实验时的虚拟场景和探究流程,从而使读者对 MR 实验教学有更深入的理解。

一、MR 物理实验

(一)物理保险丝熔断 MR 实验

1. 案例简介和教学目标

(1)案例简介

本案例为物理保险丝熔断 MR 实验。在教学中,给操作者提供的是虚拟保险丝、真实滑动变阻器等相融合的实验环境(见图 5-1),重点解决传统物理保险丝熔断实验中的保险丝高温和耗材等问题。实验所面向的群体是具备一定物理电路基础知识的初中生及高中生。

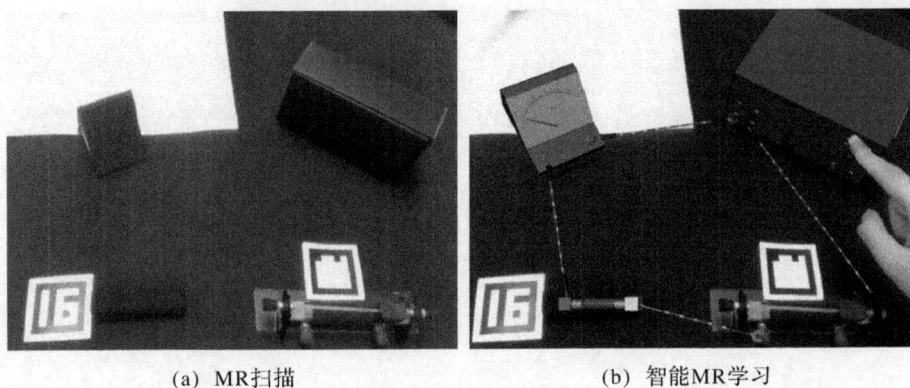

(a) MR扫描   (b) 智能MR学习

图 5-1　物理保险丝熔断 MR 实验虚拟前和虚拟后

（2）教学目标

本虚拟探究教学目标，主要涉及知识技能、实验探究、问题解决、情感态度等 4 个维度，以及实验探究、物理观念、应用意识、培养数据分析、推理能力、创新意识、科学态度与责任等 7 个核心素养。

①知识技能：理解物理保险丝熔断原理，掌握物理保险丝熔断实验的基本操作技能。

②实验探究：思考保险丝熔断的过程和控制方法，进一步培养实验探究、物理观念、推理能力等核心素养。

③问题解决：探讨现实场景中保险丝熔断的应用和问题解决方法，进一步培养数据分析、推理能力等核心素养。

④情感态度：培养用电安全以及过载熔断的意识和态度，进一步培养应用意识、科学态度与责任等核心素养。

2. 虚实内容和探究流程

（1）虚实内容

虚拟内容：电源、电流表、电线、保险丝等。

实体内容：滑动变阻器等。

（2）探究流程

物理保险丝熔断 MR 实验主要分为 7 个步骤，具体如下：

实验第一步，确定自己双手均已戴好手套，并观察实验仪器：电源、滑动变阻器、保险丝以及电流表。

实验第二步，将滑动变阻器滑至右侧最大阻值处，打开电源。

实验第三步,拿起保险丝插座,观察并口头报告:此时保险丝是否发红?电流大小是多少?然后将滑动变阻器的滑块滑动至距右侧 1/3 处。

实验第四步,观察并口头报告:此时保险丝是否发红?电流大小是多少?然后滑动滑动变阻器的滑块至距右侧 2/3 处。

实验第五步,观察并口头报告:此时保险丝是否发红?电流大小是多少?请时刻注意电流表数值,向左缓慢滑动滑动变阻器的滑块直至熔断(见图 5-2),口头报告保险丝熔断瞬间的电流大小。

图 5-2　物理保险丝熔断 MR 实验:向左缓慢滑动滑动变阻器的滑块直至熔断

实验第六步,关闭电源,拿起保险丝插座,观察保险丝熔断的地方(见图 5-3)。

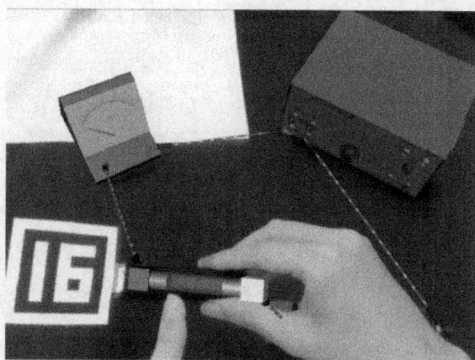

图 5-3　物理保险丝熔断 MR 实验:保险丝熔断后进行观察

实验第七步,实验结束,恢复实验器材的原始摆放,并回顾和思考本次操作的保险丝熔断 MR 实验。

3.虚拟探究技术实现原理

（1）技术简介

保险丝熔断实验能通过其"保险—触发"原理培养学生的思维发散能力，在教育学中具有重要意义。真实实验器材包含 J1202 高中学生电源、5Ω 滑动变阻器、3A 学生电流表、卡钳式熔断型保险丝以及底座和若干导线。与通电螺线管的磁场实验等其他电路实验不同的是，保险丝的大量消耗是该实验难以在全国中学全面展开的主要原因。所以，保险丝熔断实验更适合作为虚拟探究进行教学，而真实实验一般作为补充教学演示。该实验作为 MR 虚拟探究的难点在于保险丝熔断的物理仿真熔断点位置以及滑动变阻器的滑块控制的虚实对齐。

因此，在保险丝熔断实验中，我们运用了多相机技术来突破这一难点，下面将对多相机技术详细展开介绍。

（2）多相机技术——多相机协同置信度算法

在多个相机环绕的操作平台上，相机追踪 Mark，实时获取和计算 Mark 的位置和角度变化，并把变化的值赋给虚拟物体。这一过程中，对 Mark 的准确识别和追踪显得尤为重要，本研究提出的多相机协同置信度算法[①]旨在处理该问题。学生在动手操作实验器材时，经常移动和旋转贴有 Mark 的实物来进行观察，Mark 相对于相机的位姿也时常发生过近或过远的状况，这也有可能是倾斜角度太大的问题。另外，在某种情况下，若多个相机在同一帧中识别出一个 Mark，而每个相机估计出的 3D 位置都不相同，则将导致虚拟物体产生高频的抖动。多相机协同置信度算法思想如下：

在交互空间里存在 n 个 Mark[表示为 $b_r(1 \leqslant r \leqslant n)$] 和 3 个已标定相机 $p(p_1, p_2, p_3)$，根据每一帧的各个相机的置信度来注册 Mark b_r。这样，每个相机的置信度 $\mathrm{Con}(p, b_r)$ 为：

$$\mathrm{Con}(p, b_r) = \lambda \mathrm{Con}(p, b_r) + (1 - \lambda) \mathrm{Con}_p(p, b_r) \tag{5.1}$$

置信度 $Con(p, b_r)$ 由位置置信度 $Con_p(p, b_r)$ 和角度置信度 $Con_a(p, b_r)$ 组成，$g(p, b_r)$ 指相机和 Mark 距离的高斯分布值，Pixvis 表示视域的像素。公式如下：

---

① Luo T, Zhang M, Pan Z, et al. Dream-experiment: A mr user interface with natural multi-channel interaction for virtual experiments [J]. *IEEE Transactions on Visualization and Computer Graphics*，2020，26(12)：3524-3534.

$$\text{Con}_p(p,b_r) = g(p,b_r) \cdot \frac{\text{Pixvis}(p,b_r)}{\text{Pixvis}(p)} \qquad (5.2)$$

$$\text{Con}_p(p,b_r) = \min(1, \frac{1 - \text{Con}_\alpha^{\min}(p,b_r)}{1 - \text{Con}_\alpha^{\max}}) \qquad (5.3)$$

$\text{Con}_\alpha^{\max}$ 是定义的最大可信角的阈值。

（3）多相机技术——单相机下实物的 6-DoF 姿态估计

确定实物及虚物的呈现形式后,需要在实物上注册虚拟物体,如在烧杯中三维注册虚拟液体,这需要通过贴在实物上的标记来计算 6-DoF 姿态。本节的研究将基于单相机的追踪和 6-DoF 姿态估计算法。

本书中的标记采用 5×5 的海明编码设计。在每个相机的每帧图像下,追踪 Marker 的步骤如下。

①将彩色图像灰度化,并进行多边形近似搜索候选轮廓等操作。其中,多边形近似搜索候选轮廓的过程如下:通过判断多边形顶点数量是否为 4,四边形各顶点之间的相互距离是否满足要求（四边形是否足够大）,过滤非候选区域。然后,根据候选区域之间的距离进一步筛选,得到最终的候选区域,并使得候选区域的顶点坐标进行逆时针排列。

②识别每个标记的 4 个顶点,包括角度、轮廓周长。

③改进的 5×5 海明码编码标记码的识别:5 位代码中的 2 位信息,3 位奇偶校验错误检测码（对于海明距离,海明距离为 0 则为正方向）。

④为了后续进行更准确的姿态估计,本书使用亚像素级角点定位进行位置细化（见图 5-4）。这样就可以在牺牲少许实时性的同时大大提高后续注册的准确性。

⑤最后选择标记的四个边界角点,使用 PnP 算法估计 Marker 的 6-DoF 姿态。[1]

（4）多相机技术——多相机的标定

在离线阶段,我们部署了一个多相机阵列（本书中的相机个数为 3）,我们使用棋盘标定方法来标定相机的内参和外参。该方法只需要相机采集多个不同姿势的平面标定板图像,相机和标定板均可随意移动,来实现收集图像的效果。该方法克服了传统校准对象的高精度要求,也解决了自校准方法鲁棒性差的问题。校准过程仅需要使用印刷出的校准板,并从不同的方向拍摄几组照

---

[1]　蔡宁. 基于 Kano 理论的 MR 眼镜多相机虚拟实验平台研究[D]. 杭州:杭州师范大学,2021.

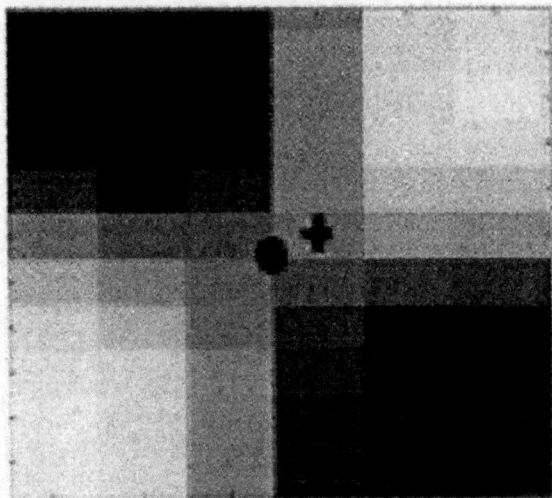

图 5-4 亚像素级角点（圆形标记）与像素级角点（加号标记）

片。该方法实用、灵活、方便、准确且鲁棒性强。因此，该方法成为标定相机领域的通用方法。盘格标定板是由黑白相间的小方格子组成的，其角点检测容易且稳定，由于利用平面标定板相较于传统采用两个或者三个正交平面组成的三维标定物缺少了一个维度的信息，因此我们通过多次改变棋盘格标定板在空间中的方位与距离来捕捉图像，以获得更加丰富的坐标信息，整个标定过程也变得更加简单、灵活、易于操作。

一个角点坐标能够提供两个约束方程，假设我们拍摄 K 个不同位姿的棋盘图像，每个棋盘有 N 个角点，于是就有了 $2KN$ 个约束方程。与此同时，在忽略畸变时，我们需要求解 4 个内参系数和 $6K$ 个外参系数；就是说，只有当 $2KN \geqslant 4 + 6K$，亦即 $K(N-3) \geqslant 2$ 时，才能求出内外参矩阵。同时，无论在一张棋盘上检测到多少角点，棋盘上角点的规则布置都使得真正能利用上的角点只有 4 个（在 4 个方向上可以延展成不同的矩形），于是当 $N=4$ 时，$K(4-3) \geqslant 2$，即 $K \geqslant 2$。也就是说，我们至少需要两张棋盘才能在不同方位的图像中求解出无畸变条件下的内参和外参。实际上，如果我们采集 10 张以上不同深度和方位的棋盘格图形，并且每张图像上可以检测到多个角点，那么通过最小二乘法就可求得最优解。

我们从单应性入手求取每个相机的内参。单应性为从一个平面到另一个平面的投影映射的关系。像素坐标系和世界坐标系下的坐标映射关系如公式（5.4）所示：

$$\begin{bmatrix} u \\ v \\ 1 \end{bmatrix} = s \begin{bmatrix} f_x & 0 & u_0 \\ 0 & f_y & v_0 \\ 0 & 0 & 1 \end{bmatrix} \begin{bmatrix} R & t \end{bmatrix} \begin{bmatrix} X_w \\ Y_w \\ Z_w \\ 1 \end{bmatrix} \tag{5.4}$$

其中，$\begin{bmatrix} f_x & 0 & u_0 \\ 0 & f_y & v_0 \\ 0 & 0 & 1 \end{bmatrix}$ 是相机的内参矩阵，$\begin{bmatrix} R & t \end{bmatrix}$ 是相机的外参矩阵。本书以平面标定板上左上角的点为世界坐标系的原点，其 XOY 平面与标定板平面重合，故标定板上的点其 $Zw = 0$。从物体平面到成像平面的单应矩阵 H 的计算如公式(5.5)所示：

$$H = s \begin{bmatrix} f_x & 0 & u_0 \\ 0 & f_y & v_0 \\ 0 & 0 & 1 \end{bmatrix} \begin{bmatrix} r_1 & r_2 & t \end{bmatrix} = sM \begin{bmatrix} r_1 & r_2 & t \end{bmatrix} \tag{5.5}$$

其中，s 为任意尺度的比例系数。单应性矩阵描述了物体在世界坐标系和像素坐标系之间的相对位置关系（包含了内参和外参）。在不考虑镜头畸变的情况下，我们求解内参和外参。我们在上面的推导已经知道了单应性矩阵的表达形式，化为 $H = \begin{bmatrix} h_1 & h_2 & h_3 \end{bmatrix}$，继续分解方程可得公式(5.6)：

$$\begin{cases} h_1 = sMr_1 \quad \text{or} \quad r_1 = \lambda M^{-1} h_1 \\ h_2 = sMr_2 \quad \text{or} \quad r_2 = \lambda M^{-1} h_2 \\ h_3 = sMr_3 \quad \text{or} \quad r_3 = \lambda M^{-1} h_3 \end{cases} \tag{5.6}$$

其中，$\lambda = s^{-1}$。旋转向量在构造中是相互正交的，即 r_1 和 r_2 相互正交，由此我们就可以利用正交的两个特性，得出每个单应性矩阵（即每个棋盘方位图像）提供的两个约束条件：

旋转向量点积为 0（两垂直平面上的旋转向量互相垂直）即 $r_1^T r_2 = 0$，对公式(5.6)替换可得公式(5.7)：

$$h_1^T (M^{-1})^T M^{-1} h_2 = 0 \tag{5.7}$$

旋转向量长度相等（旋转不改变尺度），则 $r_1^T r_1 = r_2^T r_2$，替换掉式(5.6)中的 r_1 和 r_2 得到公式(5.8)：

$$h_1^T (M^{-1})^T M^{-1} h_1 = h_2^T (M^{-1})^T M^{-1} h_2 \tag{5.8}$$

在这两个约束条件的基础上，假设 $C = (M^{-1})^T M^{-1}$，将两个约束条件进行化简后得到公式(5.9)：

$$\begin{cases} h_1^T C h_2 = 0 \\ h_1^T C h_1 = h_2^T C h_2 \end{cases} \tag{5.9}$$

其中,将 C 展开后得到公式(5.10):

$$C = (M^{-1})TM^{-1} = \begin{bmatrix} \dfrac{1}{f_x^2} & 0 & -\dfrac{c_x}{f_x^2} \\ 0 & \dfrac{1}{f_y^2} & -\dfrac{c_y}{f_y^2} \\ -\dfrac{c_x}{f_x^2} & -\dfrac{c_y}{f_y^2} & \dfrac{c_x^2}{f_x^2}+\dfrac{c_y^2}{f_y^2}+1 \end{bmatrix} = \begin{bmatrix} C_{11} & C_{12} & C_{13} \\ C_{21} & C_{22} & C_{23} \\ C_{31} & C_{32} & C_{33} \end{bmatrix}$$

$$\tag{5.10}$$

由公式(5.9)可知,两约束中的单项式均可写为 $h_i^T C h_j$ 的形式,同时易知 C 为对称矩阵,真正有用的元素只有 6 个(主对角线任意一侧的 6 个元素)。将 i 和 j 的值代入公式(5.10)中,写成关于 b 的方程,简化得到公式(5.11):

$$\begin{bmatrix} v_{12}^T \\ v_{11}^T - v_{22}^T \end{bmatrix} b = 0 \tag{5.11}$$

如果同时使用 N 个棋盘格图像,可以得到公式(5.12):

$$Vb = 0 \tag{5.12}$$

利用 SVD 分解求解出 b,根据矩阵 C 可直接求解相机的内参数。得到内参数后,可继续求得外参数,如公式(5.13)所示:

$$\begin{aligned} r_1 &= \lambda M^{-1} h_1 \\ r_2 &= \lambda M^{-1} h_2 \\ r_3 &= r_1 \times r_2 \\ t &= \lambda M^{-1} h_3 \end{aligned} \tag{5.13}$$

其中,由旋转矩阵性质 $\|r_1\| = \|\lambda M^{-1} h_1\| = 1$,得到公式(5.14):

$$\lambda = \frac{1}{\|M^{-1} h_1\|} \tag{5.14}$$

如果考虑相机的畸变,假设空间中的点的像在归一化图像上的理想位置是 (xp, xp),实际位置为 (xd, xd),那么只考虑相机的前三阶的径向畸变和前两阶的切向畸变,可以得到公式(5.15):

$$\begin{bmatrix} x_p \\ y_p \end{bmatrix} = (1 + k_1 r^2 + k_2 r^4 + k_3 r^6) \begin{bmatrix} x_d \\ y_d \end{bmatrix} + \begin{bmatrix} 2p_1 x_d y_d + p_2 (r^2 + 2x_d^2) \\ 2p_2 x_d y_d + p_1 (r^2 + 2y_d^2) \end{bmatrix}$$

$$(5.15)$$

为了提高精度,我们利用计算出的图像坐标相对于图像的实际坐标的重投影误差作为目标函数,并进行最大似然估计的非线性优化。目标函数如公式(5.16)所示:

$$F = \sum_{i}^{N} \sum_{j}^{M} \| I_{ij} - \dot{I}_{ij}(C, k_1, k_2, p_1, p_2, R_i, t_i) \|^2 \qquad (5.16)$$

本书采用在两两相机之间共同看到的地方放置棋盘格标定板的方式,来对多相机之间的相对位姿进行两两标定,然后通过连乘获得所有相机之间的位姿关系。用于外参标定的图像采集的方法为:每相邻的两个相机为一组,分别进行数据采集,在两相机的共同视野移动和旋转棋盘格标定板,采集20帧中不同位姿的棋盘格图像20对。为了保证棋盘格角点的匹配结果无误,该步骤需要注意两个相机在同一帧中所采集的图像对中的棋盘格都是完整的,然后对棋盘格图片进行角点检测与匹配。假设 P、Q 是两个相邻相机,P_i、Q_i 分别代表 P、Q 相机在第 i 帧$(i \in 1, \cdots, 20)$拍摄的棋盘格图片,分别将棋盘格图片进行角点检测。若某一时刻的棋盘格图片角点检测失败,则对 P、Q 两个相机都删除该时刻的图片;对于检测成功的棋盘格图像对,按照采集帧的顺序存储角点;然后,P、Q 相机保存下来的角点按照棋盘格角点规则的分布可一一匹配。本书使用 RANSAC 算法进行内点筛选并估计出相邻两相机之间的初始单应矩阵;通过这两相机之间的初始单应矩阵和标定得到的内参矩阵,计算出两相机之间的转换矩阵。对于这里的 A、B、C 三个相机,通过标定得到的 A、B 的外参矩阵转换关系为公式(5.17)所示:

$$\begin{bmatrix} x'_1 \\ y'_1 \\ z'_1 \end{bmatrix} = R_1 \begin{bmatrix} x \\ y \\ z \end{bmatrix} + T_1 \qquad (5.17)$$

其中,R_1 为 $A \to B$ 的旋转矩阵,T_1 为 $A \to B$ 的平移矩阵。通过标定得到的 A、C 的外参矩阵转换关系为公式(5.18)所示:

$$\begin{bmatrix} x'_2 \\ y'_2 \\ z'_2 \end{bmatrix} = R_2 \begin{bmatrix} x \\ y \\ z \end{bmatrix} + T_2 \qquad (5.18)$$

其中,R_2 为 $A \to C$ 的旋转矩阵,T_2 为 $A \to C$ 的平移矩阵。联立公式(5.17)和(5.18),则相机 B 与 C 的外参矩阵转换关系为公式(5.19)所示:

$$\begin{bmatrix} x'_1 \\ y'_1 \\ z'_1 \end{bmatrix} = R_1 R_2^{-1} \begin{bmatrix} x'_2 \\ y'_2 \\ z'_2 \end{bmatrix} - R_1 R_2^{-1} T_2 + T_1 \tag{5.19}$$

其中，$R_1 R_2^{-1}$ 为 $C \rightarrow B$ 的旋转矩阵，T_1-$R_1 R_2^{-1} T_2$ 为 $C \rightarrow B$ 的平移矩阵。至此三个相机 A、B、C 的位姿关系全部标定完成。

(二)投影式磁感线 MR 实验

1. 案例简介和教学目标

(1)案例简介

本案例为磁感线 MR 实验。在教学中，给操作者提供的是真实的条形磁铁以及小磁针，在虚实融合的环境下进行实验，并提供典型的虚拟探究交互装置，融合交互输入设备(如深度相机、RGB 相机、红外光源)、交互输出设备(投影仪)(见图 5-5)，重点解决磁感线无法直观地被学生看见以及判断磁感线方向等问题。实验所面向的群体是具备一定物理电与磁基础知识的初中生及高中生。

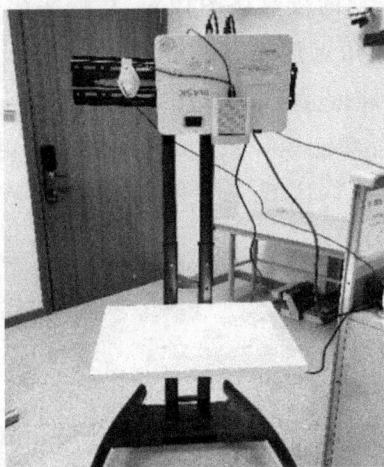

图 5-5 虚拟探究交互装置

本实验给操作者提供的是虚拟环境和真实环境相融合的环境。为了引导学习者，操作者需要在虚拟的实验环境里引导虚拟课堂的进行。本实验可以提高学习者模仿真实环境、快速掌握磁感线方向及其应用的基本能力，便于物理实验的高效推进。

实验操作者在参与磁感线 MR 实验实践后,也会参考团队在师生在线一对一辅导交流认知上的可视化研究[①],以及学生学习过程中情感体验的可视化研究[②]。

(2)教学目标

本虚拟探究的教学目标主要涉及知识技能、实验探究、问题解决、情感态度等 4 个维度,以及物理观念、数据分析、推理能力、创新意识、科学态度与责任等 5 个核心素养。

①知识技能:理解磁感线是客观存在的,掌握磁感线的方向及实验基本操作技能。

②实验探究:思考在条形磁铁转动的过程中磁感线的方向,进一步培养物理观念、推理能力等核心素养。

③问题解决:探讨现实场景中磁感线的应用和问题解决,进一步培养数据分析、推理能力等核心素养。

④情感态度:培养学生的动手操作和观察发现能力,进一步培养创新意识、科学态度与责任等核心素养。

2. 虚实内容和探究流程

(1)虚实内容

虚拟内容:动态虚拟磁感线和磁针等。

实体内容:条形磁铁、小磁针、投影仪、深度相机等。

(2)探究流程

物理磁感线 MR 实验探究流程主要分为 6 个步骤,具体如下:

实验第一步,鼠标点击桌面,打开实验操作平台,进入磁感线相关知识介绍页面,通过语音讲解,引导学生对磁感线进行初步认识和了解。

实验第二步,根据语音提示将条形磁铁放在桌面上,观察磁铁周围的磁感线(见图 5-6)。

实验第三步,点击磁场流动静止按钮,可以观察到磁感线由磁铁的北极指向南极,磁感线呈闭合曲线,磁感线的疏密程度表示该处的磁场强弱,磁感线不相交(见图 5-7)。

① 蔡苏,刘恩睿,吴超,等. 创造虚实结合的数学世界——增强现实(AR)在 K-12 教育的实证案例之一[J]. 中小学信息技术教育,2017(12):74-76.
② 蔡苏,王沛文,杨阳,等. 增强现实(AR)技术的教育应用综述[J]. 远程教育杂志,2016(5):27-40.

图 5-6　MR 磁感线

图 5-7　MR 磁感线移动

  实验第四步,点击磁感线 2D/3D 按钮,可观察到磁感线布满整个空间(见图 5-8)。为了便于观察和理解,本场景选取 4 个剖面绕轴运动来刻画磁感线的3D 效果。

  实验第五步,根据语音提示,分别放置指南针,可以观察到指南针的指向刚好为该点磁感线的切线方向,也就是磁场方向(见图 5-9)。移动指南针,可以观察到指南针的指向随之改变,这是因为不同位置的磁场方向不同。

  实验第六步,移动磁铁,可以观察到指南针的指向随之改变,这是因为磁场在随着磁铁位置的改变而改变(见图 5-10)。

(a)

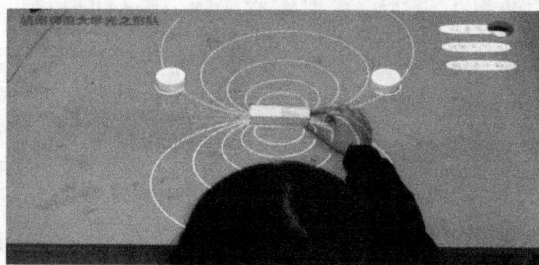

(b)

图 5-8　MR 实验画面

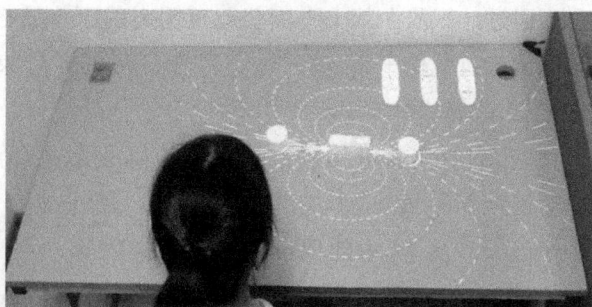

图 5-9　MR 磁感线分布

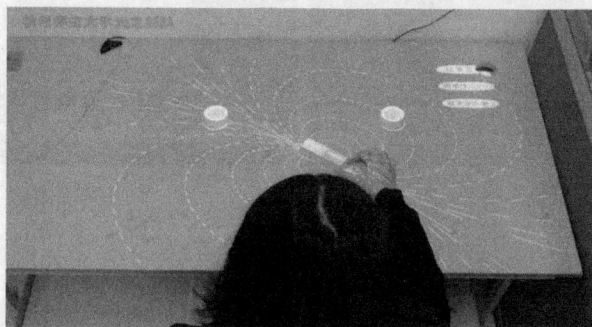

图 5-10　移动 MR 磁铁

3.虚拟探究技术实现原理

通过对深度图像进行前景与背景的分割、滤波和形态学、连通区域检测、轮廓提取和卡尔曼滤波等算法,求解桌面上的多个实物对象位姿。在空间增强现实系统中,投影可呈现虚拟探究现象,并精确配准实物交互对象的纹理。

(1)目标图像分割

　　由于用户在实验桌上面进行虚拟探究操作,因此实验桌以外的深度图像为无效的干扰信息。为了实现前景的提取,需要求解桌面所在的平面方程,本系统采用的是随机抽样一致算法(Random Sample Consensus,RANSAC)。该算法假设数据中包含正确数据和异常数据:正确数据是指能够用一组数学模型参数来解释的数据;异常数据是指不符合数学模型的数据,数据可能受到噪声的影响,来自噪声的极值偏离正确数据范围很远,或者来自错误的测量或关于数据模型解释的错误假设。简而言之,这里用到的 RANSAC 算法是将根据包含环境等噪声的原始数据的随机子集作为被观测数据集,使用最小二乘法将平面模型拟合到该子集,接下来,通过计算落在某个平面公差范围内的原始数据的数量来计算投票。每次使用不同的随机数据子集,重复该过程若干次,迭代结束时投票率最高的模型被选为最佳拟合,该算法的实现步骤如下:

　　①设置深度相机获取的实验操作场景中的所有深度数据(点云)为样本集 M,需要拟合的数学模型为平面模型,如图 5-11 所示,用于拟合该模型所需要的最小样本数为 n,$n < M$,从 M 中随机抽取满足样本数量。

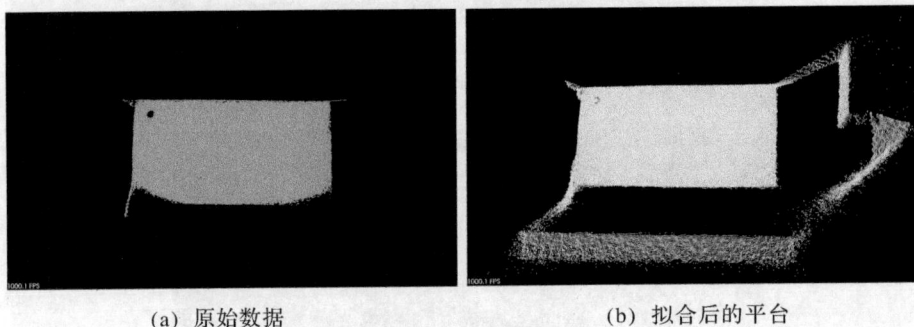

(a) 原始数据　　　　　　　　　　(b) 拟合后的平台

图 5-11　数据与拟合

　　②设置一个值判断数据是否满足模型的阈值 t,即对正常数据噪声均方差的假设,对于不同的输入数据需要通过实验来确定该参数合适的值,从而保证合理的概率水平。集合 M 的补集 U_i 中与模型 N 的误差小于 t 的样本集以及 U 构成 U_*。U_* 中的数据样本认为是正确数据集,它们构成 U 的一致集合,即认为是处在同一个平面模型的点云数据。

　　③利用集合 U_*,采用最小二乘法重新拟合平面模型,计算新的 Q_*;重新随机抽取新的样本集,同时更新算法的迭代次数,重复上述步骤,为了确保模型的精确性,需要足够多的一致样本集来估计。

④设置合适的随机抽样的次数。在完成一定的抽样次数后(即达到预设的迭代次数 k),由于随机抽样会受到异常数据的影响,随机抽样的次数也会直接影响样本参与模型参数的检验、适用于数据的模型,因此要设置合适的抽样次数。若未找到一致集合则 RANSAC 算法失败,否则根据抽样后得到的最大一致集合来判断正确数据与异常数据,通过估计正确数据与模型的错误率来评估模型,输出子集迭代后投票率最高的模型,最终求解模型参数,算法结束。

(2)基于八连通区域的目标提取

提取连通区域是后续图像中多目标对象识别的必要步骤。分析连通区域用的是八连通区域提取算法。八连通区域即同一像素在周围的 8 个方向均有相同的像素值(上、下、左、右、左上角、左下角、右下角、右上角),如图 5-12 所示。

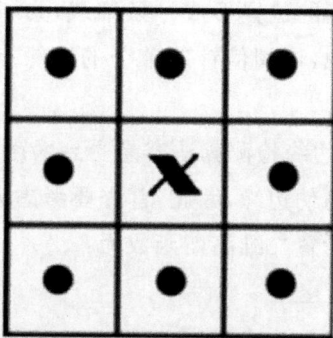

图 5-12　八连通区域

对二值化图像进行连通区域搜索,可以得到每个连通区域包含的像素点,彼此连通的点形成了一个区域。通过八邻域两遍扫描法算法提取出图像中所有的连通区域。下面给出简单步骤。

①第一次从左上到右下逐像素扫描图像:访问当前像素 $P(x,y)$,如果 $P(x,y)=1$,则分为两种情况。

a.如果 $P(x,y)$ 的邻域中像素值都为 0,则赋予 $P(x,y)$ 一个新的值(symbol):symbol $+=1,P(x,y)=$ symbol。

b.如果 $P(x,y)$ 所连接的 8 个邻域中有像素值 >1 的像素 N_i ,则将 N_i 中的最小值赋予 $P(x,y),P(x,y)=\min\{N_i\}$,此时记录 N_i 中各个标识(symbol)之间的相等关系,即这些 symbol 属于同一个连通区域。

②第二次从左上到右下逐像素扫描:访问当前像素 $P(x,y)$,如果 $P(x,y)>1$,则找到与 symbol $=P(x,y)$ 同属相等关系的一个最小的 symbol 值,赋予

$P(x,y)$。

完成扫描后，图像中具有相同 symbol 值的像素就组成了同一个连通区域。

（3）对象的边缘检测

边缘是图像最基本的特征，包含了图像的有用信息，用于识别图像。边缘可以定义为图像强度函数的梯度达到局部极大值的地方，它是图像中局部亮度变化最明显的部分，是图像中实物对象目标区域与操作背景之间的边界线。本系统中针对上述得到的连通区域，用坎尼（Canny）边缘检测算法检测出目标对象的边缘，从而可以寻找到目标区域的轮廓。

在 Canny 边缘检测算法中，为了消除伪边缘，图像应该是无噪声的，Canny 算子采用高斯平滑技术来降低噪声；为了在正确的位置检测边缘，使用非极大值抑制来完成，从而在正确的位置形成一条细线；为了消除单个边缘的多个响应，可通过滞后阈值来实现，该阈值针对单个的边缘点响应亮度变化。该算法的主要步骤如下：

①平滑图像。Canny 边缘检测算法容易受到噪声的影响，噪声的灰度值变化较大，导致其易被识别为伪边缘，因此，首先要考虑去除噪声。使用高斯函数的一阶导数平滑图像，并设置二维高斯函数为：

$$G(x,y) = \frac{1}{2\pi\sigma^2} e^{-\frac{x^2+y^2}{2\sigma^2}} \tag{5.20}$$

(x,y) 表示图像的横坐标和纵坐标，σ 为高斯分布的标准差，代表着数据的离散程度，可以控制图像的平滑效果。x^2 和 y^2 表示邻域内其他像素与邻域内中心像素的距离。

②增强图像。梯度算子通过增强边缘轮廓，从而提高边缘的质量，本质上是通过梯度向量，可以找到这个像素梯度方向上的邻接像素，此步骤包含所有可能是边缘的集合。梯度向量用两个维度上的偏导数来表示：

$$\nabla G = \begin{bmatrix} \partial G/\partial x \\ \partial G/\partial y \end{bmatrix} \tag{5.21}$$

③阈值分割。梯度计算完成后，可以将图像中的边缘拟合为轮廓，为了后续处理，需要将边缘细化，在非最大值抑制之后，可以设置双阈值以保留局部灰度变化最大的地方，并补充一些点，尽可能地闭合目标区域的边缘图像，如图 5-13 所示。

（4）目标轮廓的最小外接矩形和圆形拟合

由于环境因素的影响，目标对象的轮廓可能会出现较为复杂的形状，进而

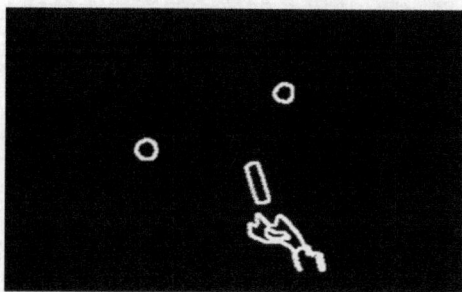

图 5-13　目标区域的边缘图像

不利于后续步骤对图像的识别匹配,因此,需要将对象的轮廓拟合成规则的几何形状。本系统在检测到边缘后,基于每一个轮廓边缘提取目标对象的最小外接矩形和最小外接圆形,通过计算外接矩形或外接圆形的中心点坐标和旋转角度,获得目标物体的位置和位姿信息。

OpenCV 提供了 minAreaRect 函数,用来求取轮廓最小外接矩形。最小外接矩形的四个边都与轮廓相交,通过输入二维像素点集合,函数可以根据输入的二维像素点集合计算最小的外接矩形。求点集的最小外接圆使用 minEnclosingCircle 函数。通过输入目标区域轮廓的点集,得到最小外接圆的中心坐标和半径。用这两个函数对每一个对象拟合出最小外接矩形和最小外接圆形,为绘制后的目标区域拟合出最小外接矩形和最小外接圆(见图 5-14)。

(5)基于卡尔曼滤波算法的跟踪数据稳定

卡尔曼滤波是一种线性序列动态系统的状态最小方差估计算法。本系统

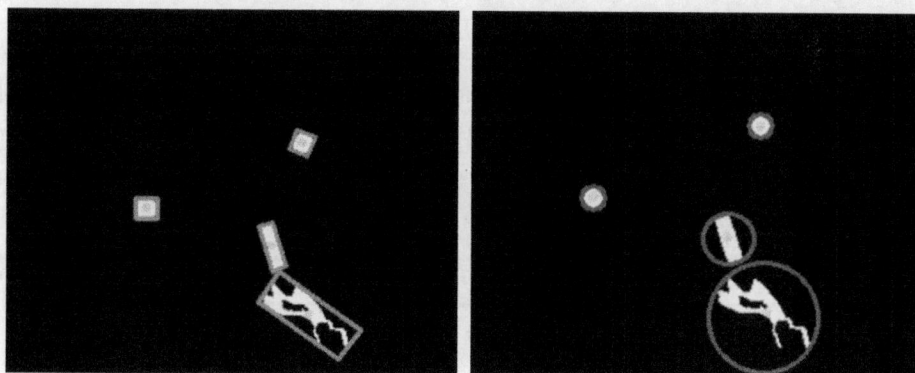

(a)　最小外接矩形拟合　　　　　(b)　最小外接圆形拟合

图 5-14　目标物体几何形状的拟合

经过上述步骤检测到目标后,利用卡尔曼滤波算法对目标的位置进行预测和估计,进而提高数据的鲁棒性和稳定性。卡尔曼滤波器的算法核心是动态调整权值来估计当前时刻的状态值。在对目标实物对象跟踪时,可运用卡尔曼滤波算法提高稳定性,主要由 3 部分构成:①建立卡尔曼滤波器;②利用卡尔曼滤波器预测实物对象的位置;③处理实物对象位置变化的情况。

使用 9×1 维状态向量 $[x,y,z,\dot{x},\dot{y},\dot{z},\ddot{x},\ddot{y},\ddot{z}]^{\mathrm{T}}$,其中 $[x,y,z]^{\mathrm{T}}$ 是位置向量,$[\dot{x},\dot{y},\dot{z}]^{\mathrm{T}}$ 是速度向量,$[\ddot{x},\ddot{y},\ddot{z}]^{\mathrm{T}}$ 是加速度向量。

$$x_{\bar{k}} = Ax_{k-1} + Bu_k + w_{k-1} \tag{5.22}$$

$$
\begin{bmatrix} x_{\bar{k}} \\ y_{\bar{k}} \\ z_{\bar{k}} \\ \dot{x}_{\bar{k}} \\ \dot{y}_{\bar{k}} \\ \dot{z}_{\bar{k}} \\ \ddot{x}_{\bar{k}} \\ \ddot{y}_{\bar{k}} \\ \ddot{z}_{\bar{k}} \end{bmatrix} =
\begin{bmatrix}
1 & 0 & 0 & \Delta t & 0 & 0 & \frac{1}{2}(\Delta t)^2 & 0 & 0 \\
0 & 1 & 0 & 0 & \Delta t & 0 & 0 & \frac{1}{2}(\Delta t)^2 & 0 \\
1 & 0 & 0 & 0 & 0 & \Delta t & 0 & 0 & \frac{1}{2}(\Delta t)^2 \\
0 & 0 & 1 & 0 & 0 & 0 & \Delta t & 0 & 0 \\
0 & 0 & 0 & 1 & 0 & 0 & 0 & \Delta t & 0 \\
0 & 0 & 0 & 0 & 1 & 0 & 0 & 0 & \Delta t \\
0 & 0 & 0 & 0 & 0 & 0 & 1 & 0 & 0 \\
0 & 0 & 0 & 0 & 0 & 0 & 0 & 1 & 0 \\
0 & 0 & 0 & 0 & 0 & 0 & 0 & 0 & 10
\end{bmatrix}
\begin{bmatrix} x_{k-1} \\ y_{k-1} \\ z_{k-1} \\ \dot{x}_{k-1} \\ \dot{y}_{k-1} \\ \dot{z}_{k-1} \\ \ddot{x}_{k-1} \\ \ddot{y}_{k-1} \\ \ddot{z}_{k-1} \end{bmatrix} + w_{k-1}
\tag{5.23}
$$

在公式(5.22)中,过程模型将前一时刻 $k-1$ 的状态线性映射到当前时刻 k 的状态。$n \times n$ 阶增益矩阵 A 为状态转换矩阵,$n \times 1$ 阶矩阵 B 代表可选的控制输入,w 表示具有协方差 Q 的正态分布过程激励噪声,可选控制输入 B 在公式(5.23)中被丢弃。

$$z_k = Hx_{\bar{k}} + v_k \tag{5.24}$$

$$\begin{bmatrix} x_k \\ y_k \\ z_k \end{bmatrix} = \begin{bmatrix} 1 & 0 & 0 & 0 & 0 & 0 & 0 & 0 & 0 \\ 0 & 1 & 0 & 0 & 0 & 0 & 0 & 0 & 0 \\ 0 & 0 & 1 & 0 & 0 & 0 & 0 & 0 & 0 \end{bmatrix} \begin{bmatrix} x_{\bar{k}} \\ y_{\bar{k}} \\ z_{\bar{k}} \\ \dot{x}_{\bar{k}} \\ \dot{y}_{\bar{k}} \\ \dot{z}_{\bar{k}} \\ \ddot{x}_{\bar{k}} \\ \ddot{y}_{\bar{k}} \\ \ddot{z}_{\bar{k}} \end{bmatrix} + v_k \tag{5.25}$$

在公式(5.24)中,测量模型用矩阵 H 将当前状态与测量 z_k 联系起来。v 是具有协方差 R 的正态分布测量噪声。

研究内容是利用目标对象前一帧位置的状态值,递推得到当前帧的位置,结合当前帧位置的观测值,得到估计的当前帧目标对象的位置,从而达到更稳定的跟踪效果。

(6)基于几何约束的对象位姿求解

已知真实场景中实物对象的尺寸,定义以下 4 个约束条件需要同时满足:

①定义检测到的目标区域最小外接圆的半径满足的误差范围,比如:场景中真实长方体长为 10 厘米,宽为 3 厘米,圆柱体的半径为 3 厘米。如果检测到目标区域为长方体,那么需要设置该区域最小外接圆的半径在 4 厘米至 6 厘米之间;如果检测到的目标区域为圆柱体,那么需要设置该区域的最小外接圆半径在 2 厘米至 4 厘米之间。不满足此误差范围的被舍弃,否则保留该区域。

②定义检测到的目标区域轮廓的最小外接矩形的长轴与短轴和真实对象的长与宽所能接受的误差范围,比如:场景中真实长方体长为 10 厘米,宽为 3 厘米,圆柱体的半径为 3 厘米。如果检测到目标区域为长方体,则需要设置该区域最小外接矩形的长轴的长度在 9 厘米至 10 厘米之间,短轴的长度在 2 厘米至 4 厘米之间。如果检测到目标区域为圆柱体,则需要设置该区域最小外接矩形的长轴和短轴均在 5 厘米至 7 厘米之间。不满足此误差范围的被舍弃,否则保留该区域。

③定义检测到目标的体态比需要满足的误差范围。比如:场景中真实长方

体长为 10 厘米,宽为 3 厘米,圆柱体的半径为 3 厘米。如果检测到目标区域为长方体,则需要设置该区域最小外接矩形的长轴与短轴的比值在 2.5 至 4 之间。如果检测到目标区域为圆柱体,则需要设置该区域最小外接矩形的长轴和短轴的比值在 0.9 至 1.1 之间。不满足此误差范围的被舍弃,否则保留该区域。

④为每个目标区域设置一个置信度。在目标检测算法中,不可避免地需要评价多个目标区域之间的相似性,可利用公式(5.26)计算出最终的目标区域置信度,通过此约束可找出最满足条件的目标对象。

$$ss. sat = sat\_dist * sat\_edge * sat\_dir \tag{5.26}$$

其中 sat_edge、sat_dist 和 sat_dir 分别为系统设置的目标区域最小外接矩形的边长权值、距离权值和方向权值。

根据以上 4 个约束条件,即可分别判断出图像中目标区域中的长方体和圆柱体。如图 5-15 所示,绿色框选的为长方体,红色框选的为圆柱体,不满足任一个约束条件被舍弃的区域为用户的手。

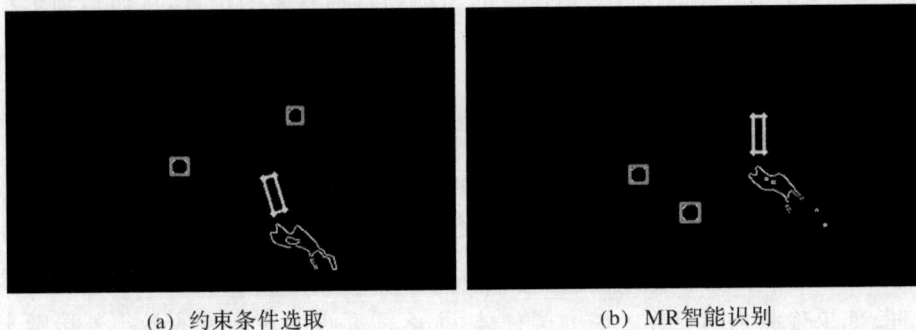

(a) 约束条件选取   (b) MR智能识别

图 5-15　目标物体的识别

针对桌面式交互中的实物对象的位姿包括位置和旋转角度。目标区域的最小外接矩形的求解中,函数的返回值包含矩形的中心位置、矩形的宽和高以及矩形旋转的角度。因此,可实时得到实物对象的位姿状态。由于实物对象在移动过程中与相机的相对位姿不断变化,不同位置图像的畸变程度不同,因此不同位置目标区域的最小外接矩形的面积不同。如图 5-16 所示,实物对象放置位置的不同导致深度相机捕获的目标区域不规则,蓝色的 4 个顶点为检测到实际图像中轮廓的 4 个顶点。

为了更精确地得到实物对象的位置,可采取以下方法求解目标区域的中心

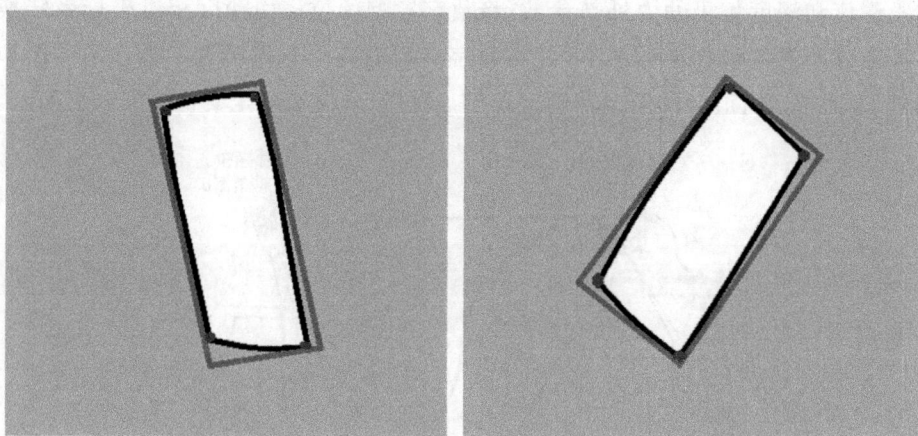

(a) 不规则矩形拟合　　　　　　　　(b) 不规则图形拟合

图 5-16　不规则区域的最小外接矩形

位置。目标区域最小外接矩形的 4 个顶点的像素点坐标 Rect $point\ s(X_i,Y_i)$
$(i=0,1,2,3)$ 可通过函数 cv.$BoxPoint\ s$ 获得，通过 Canny 边缘检测算法可
以得到目标区域轮廓上所有点集的像素点坐标 Contour $point\ s(X_j,Y_j)$
$0 < j < m,m$ 为目标区域轮廓上点集的个数），依次遍历轮廓上的点集坐标，
根据公式(5.27)计算轮廓上点坐标与矩形每个顶点的距离，保留最小值以及索
引信息，进而可以找到与矩形区域最近的 4 个有效边界点，根据公式(5.28)计
算出轮廓的中心点坐标(X_{center},Y_{center})，其中 n 的值为 4。实际检测到目标区
域轮廓中心点的坐标即为实物对象的位姿，此外，由于目标区域的最小外接矩
形的求解中函数的返回值包括矩形旋转的角度，因此可以实时得到实物对象的
位姿状态。

$$Dis\tan ce = \sqrt{(X_i - X_j)^2 + (Y_i - Y_j)^2} \tag{5.27}$$

$$(X_{center},Y_{center}) = (\frac{\sum_{k=1}^{n} X_k}{n}, \frac{\sum_{k=1}^{n} Y_k}{n}) \tag{5.28}$$

为了实现数字空间视觉呈现与物理空间交互控制的高度融合，以及交互通
道与呈现通道的一致，需要根据上述步骤求解，得到物理空间中实物对象的位
姿信息，在数字空间建立与物理空间实物对象一致的数字模型，实时调整数字
空间中数字模型的位姿状态，使其与物理空间实物对象的状态保持一致，进而
实现物理模型与数字模型的精确配准，配准流程如图 5-17 所示。然后通过标

定投影仪和深度相机的内外部参数,将数字模型的位姿由深度相机坐标系转换至投影仪所在的世界坐标系下,并在数字空间内建立与投影仪参数一致的虚拟相机,进而将实时渲染的图像精确配准后,通过投影仪输出至实物对象和桌面上。

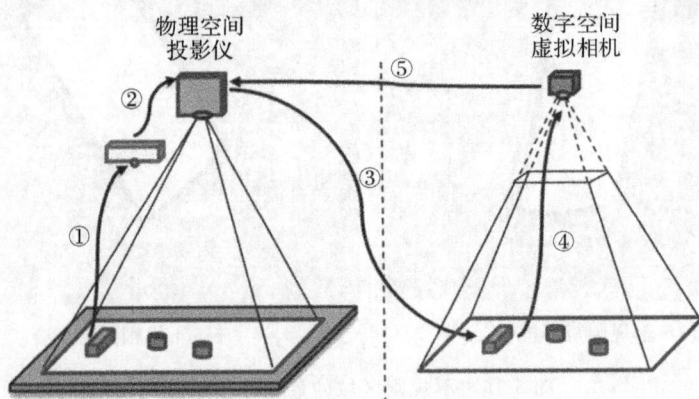

图 5-17　数字孪生法配准的实现流程

数字模型的位姿由深度相机坐标系转换至投影仪所在的世界坐标系下时,涉及两个空间坐标系的旋转转换。可以通过采用罗德里格旋转公式来处理虚拟模型的三维旋转问题,罗德里格旋转如公式(5.29)所示:

$$V_{\text{rot}} = \cos\theta V + (1 - \cos\theta)(V \cdot K)K + \sin\theta(K_x V) \qquad (5.29)$$

其中,θ 为旋转角度,V 为待旋转向量,K 为旋转轴(单位向量),V_{rot} 为旋转后的向量。先将虚拟模型所在虚拟场景中的三维坐标系中 Z 轴转至真实场景中 Z' 轴,再分别转换 X 轴,X 轴与 Z 轴的叉积即为 Y 轴,通过坐标系的旋转即可将数字空间中的数字模型——映射到物理空间。

投影仪和深度相机的标定采用基于结构光的方法,由于 RGB-D 深度摄像头无法拍摄到投影仪结构光内容,以彩色摄像头作为系统标定的媒介。图 5-18是标定过程,主要实现步骤如下。

(1)以平面棋盘为校准工具,分别用彩色摄像头及深度摄像头拍摄图像,并分别对每个平面方向检测棋盘格角点位置。

(2)利用 Gray Code 和 Phase Shift 编码方法,对棋盘格投射结构光,并解码。

(3)利用 OpenCV 的 calibrateCamera 方法,对投影仪和深度摄像头进行内参标定。

（4）用 OpenCV 的 stereoCalibrate 方法，对投影仪和深度摄像头进行外参标定。

图 5-18　结构光标定

通过以上步骤将实物对象转换至世界坐标系，经过精确配准纹理贴图后的场景如图 5-19 所示。整体实现流程如图 5-20 所示。

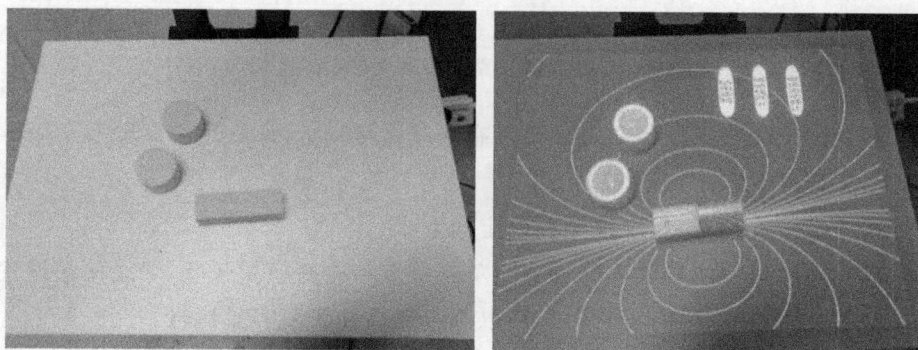

（a）原始实验场景　　　　　　　　　（b）MR智能场景

图 5-19　实物对象转换至世界坐标系纹理贴图后效果

（三）桌面多相机 MR 和移动 MR 磁感线探究

1.案例简介

此需求针对物理学科的电路相关实验，作为虚拟探究，参与调查的受访者却有着不同的看法。教育学专业的受访者大多认为"线路连接判定"在探究教学中的意义较大，不可忽视。然而，非教育专业的受访者却并不重视此功能需求。在与相关教师进行交流后发现，该功能的重要性确实被非教育专业的人们忽视了，因为他们在电路实验中更多的关注了电磁效应或保险丝熔断等实验现

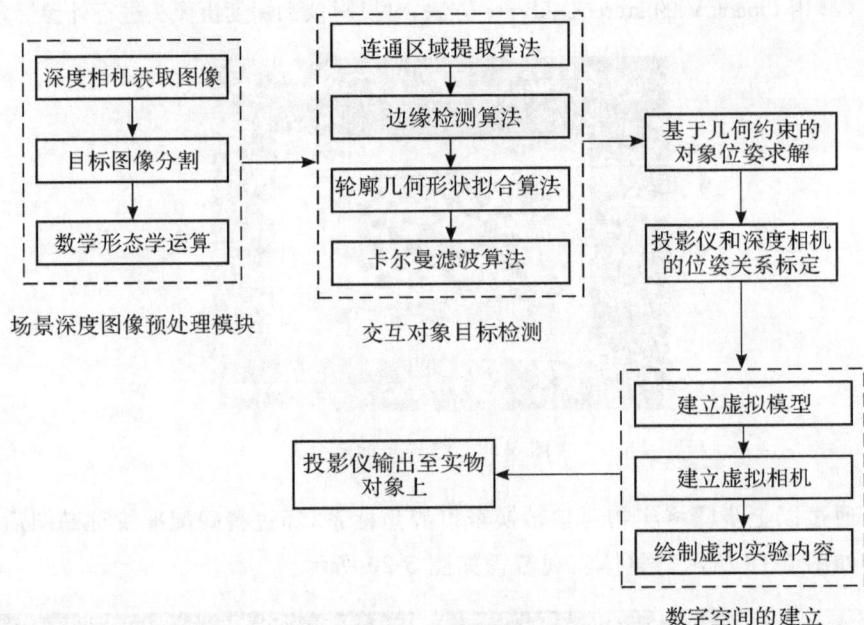

图 5-20　整体实现流程

象。设计物理电路虚拟探究时如果没有线路连接判定,那么用户体验及学生学习效果将明显下降。

对于线路连接判定,系统流程设定如下:

①在虚拟器材的接线柱都设置正负连接点和碰撞检测区域,导线两端设置无正负的连接点和碰撞检测区域,用以判定连接导线和实验器材。

②判断滑动变阻器接线是否正确。

③根据滑动变阻器阻值来计算电路的电流。

④根据电源正负极判断电路的电流方向,同时基于实时电流大小,改变导线的材质属性(基于 speed 值滚动 UV)。

在真实物理实验中,实验人员通过观察磁针的指向来判断磁场。而在虚拟探究中,有更好的学习方式将磁感线可视化。

为帮助用户更好地理解磁场,本研究分别在桌面多相机 MR 和移动 MR 眼镜环境中绘制磁感线,计划呈现多种磁感线样式。图 5-21(a)和图 5-21(b)呈现的是桌面多相机 MR 平台中的磁感线。

图 5-21(c)和图 5-21(d)则是 MR 眼镜中呈现的两种不同样式的虚拟磁感线。目前,使用本平台开发的代表性实验都是来源于中学物理学科的电路实

验,尤其是本节所介绍的通电螺线管的磁场实验。现实生活中无法观察到的磁感线可以用移动 MR 的方式进行可视化和自由的多角度观察,从而让学生理解磁感线及其变化。

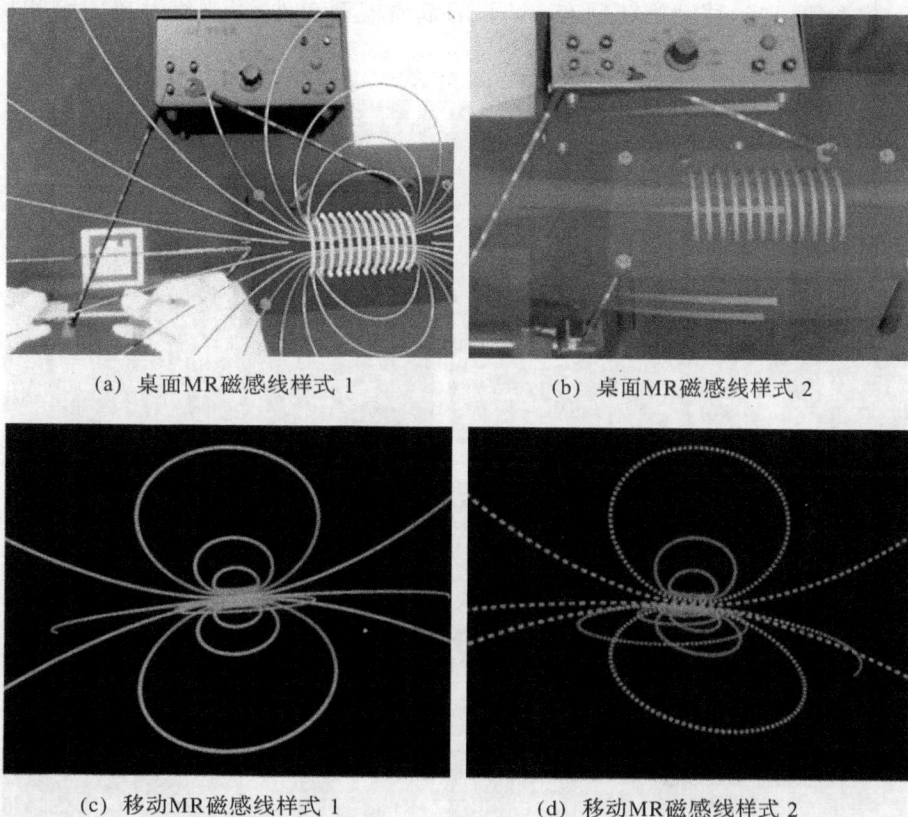

(a) 桌面MR磁感线样式 1　　　　　(b) 桌面MR磁感线样式 2

(c) 移动MR磁感线样式 1　　　　　(d) 移动MR磁感线样式 2

图 5-21　桌面 MR 和移动 MR 眼镜环境下的多种磁感线场景

通电螺线管的磁场实验依据对于整个实验电路的虚拟化程度可以分为两种:

①实验的电路全为虚拟,即导线为虚,实验不存在真实接通的电流,只保留滑动变阻器和贴有 Mark 的纸质模型套件。在 MR 眼镜中,可呈现电流流动和磁感线变化,以帮助学生掌握该实验。这种情况下,安全性更高,但实物接触操作学习不足。

②基于真正连接电源的电路实验,加入带有 RS-485 串口通信的电子读数电流表。在此套实验的基础上进行 MR 增强,以帮助观察磁感线变化,具备该

实验全部所需真实仪器,对于学生动手能力的培养具有较大意义。

2. 探究案例

虚拟电路探究案例程序运行在 MR 眼镜上,实验分为以下步骤:

实验第一步,移动旋转贴有 Mark 的纸质模型套件,以观察并确定多相机追踪效果[见图 5-22(a)]。

(a) 多相机追踪

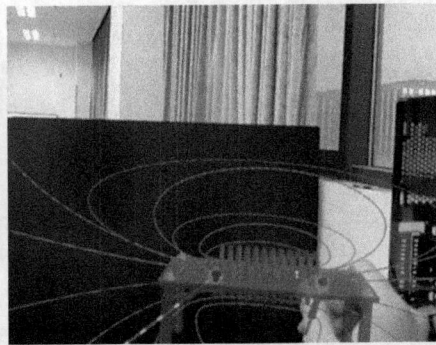

(b) 虚拟磁感线

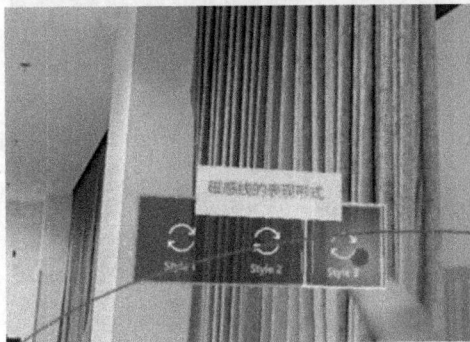

(c) 虚拟按钮交互

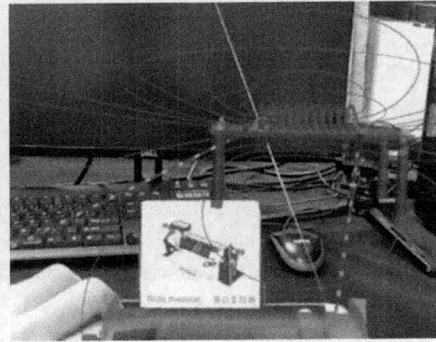

(d) 虚实对其改变阻值

图 5-22　虚拟电路探究案例

实验第二步,连接虚拟导线和虚拟仪器,系统会进行线路连接判定。连线正确后按下虚拟电源按钮会呈现虚拟磁感线[见图 5-22(b)],可以拿起螺线管观察。

实验第三步,使用自然手势触发虚拟按钮[见图 5-22(c)],或通过语音交互方式切换磁感线样式。

实验第四步,拿起滑动变阻器,虚实对齐后改变阻值[见图 5-22(d)],观察磁感线的疏密变化。

（四）基于真实电路的移动 MR 磁感线探究

1. 案例简介

真实电路实验加入了带有 RS-485 串口通信的电子读数电流表。RS-485 是一个电气标准，通过差分线的压差传输数据，可以极大地减少传输过程中的共模干扰[①]。由其串口通信连续发送一个 8 位的读取命令（0x01，0x03，0x00，0x2A，0x00，0x02，0xE5，0xC3），同时不断接收十六进制 byte 数组，并按大端浮点转十进制在 PC 端获取电流表读数。数据传输通过 RS-485 转 USB 完成［见图 5-23(a)]。

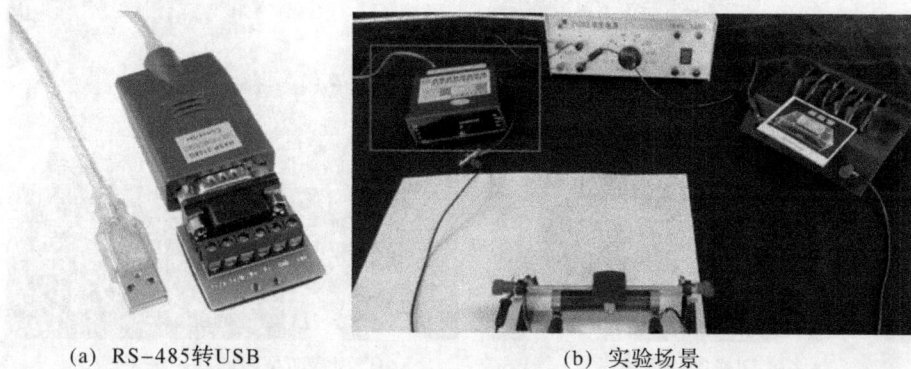

(a) RS-485转USB　　　　　　　　　(b) 实验场景

图 5-23　含 RS-485 通信电流表的实验场景

2. 探究流程

这个案例基于真正连接电源的中学物理电路实验，电流大小通过电子电流表而获取。至于虚拟探究部分，它更注重的是螺线管和磁感线的虚实结合，磁感线方向可以和真实的螺线管周围的小磁针指向做比较，能更好地加深理解。实验操作步骤如图 5-23 和图 5-24 所示。

实验第一步，连接整个电路，打开电源，根据电流表的示数判断连接是否正确（例如滑动电阻器未置于最大电阻处，超过最大电流 2A，学生电源自动断电并蜂鸣）。

实验第二步，放置并移动小磁针，同时观察其指向的变化是否与虚拟磁感线相符［见图 5-24(a)]。

---

① 陈航，严帅，刘胜，等. 基于 RS485 总线的分布式高精度数据采集系统[J]. 仪表技术与传感器，2021(2)：71-74，79.

| (a) 观察小磁针和磁感线方向 | (b) 调节阻值观察磁感线疏密 |
| (c) 切换磁感线样式 | (d) 观察两个线圈的磁场干扰 |

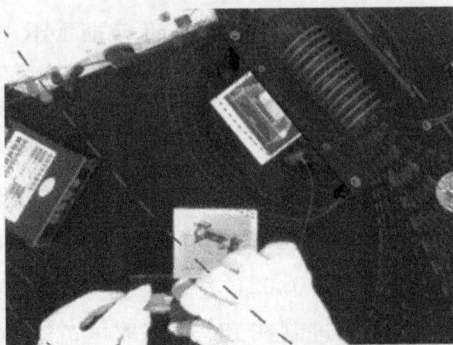

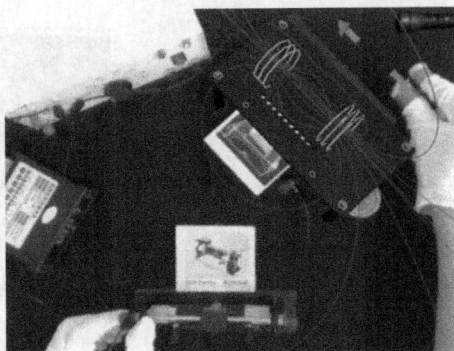

图 5-24　真实电路探究案例

实验第三步,调节滑动变阻器,观察单线圈磁感线的变化[见图 5-24(b)]。

实验第四步,观察单线圈磁感线的不同形态(语音交互:选择实线、虚线、动态线)[见图 5-24(c)]。

实验第五步,语音交互切换线圈,虚拟螺线管完全覆盖真实螺线管,并增强出两套虚拟线圈,观察两个线圈的磁场干扰。触摸虚拟箭头实时调节线圈的位置,磁感线也会相应地改变[见图 5-24(d)]。

（五）投影式平抛运动 MR 实验

1. 案例简介和教学目标

（1）案例简介

本实验内容为平抛运动 MR 实验。给操作者提供的是虚拟环境和真实环境的融合，操作者需要在虚拟的实验环境里引导虚拟课堂的进行（见图 5-25）。帮助引导学习者模仿实境，获得快速掌握平抛运动原理及其应用的基本能力，便于普及和应用。实验所面向的群体是具备一定物理平抛运动基础知识的初中生及高中生。

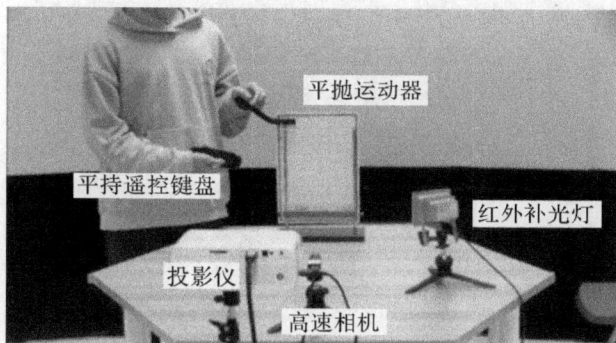

图 5-25　平抛运动实验平台环境

（2）教学目标

本虚拟探究的教学目标主要涉及知识技能、实验思考、问题解决、情感态度等 4 个维度，并涉及实验探究、物理观念、数据分析、推理能力、创新意识、科学态度与责任等 6 个核心素养。

①知识技能：掌握平抛运动原理及其应用的基本能力，能结合生活场景思考平抛运动的融入。

②实验思考：思考平抛运动过程中抛物线下降的方向及原理，进一步培养实验探究、物理观念、推理能力等核心素养。

③问题解决：将探究教学应用于平抛运动 MR 实验之中，引导学生拓展思考和应用，进一步培养其数据分析、创新意识等核心素养。

④情感态度：培养学生的动手操作能力，以及观察发现能力，进一步培养数据分析、科学态度与责任等核心素养。

2.虚实内容和探究流程

(1)虚实内容

虚拟内容:小球虚拟运动轨迹和描点等。

实体内容:高速相机、投影仪、小球等。

(2)探究流程

物理平抛运动 MR 探究流程主要分为 6 个步骤,具体如下。

实验第一步,双击"可执行程序.exe",进入如下界面,如图 5-26 所示。

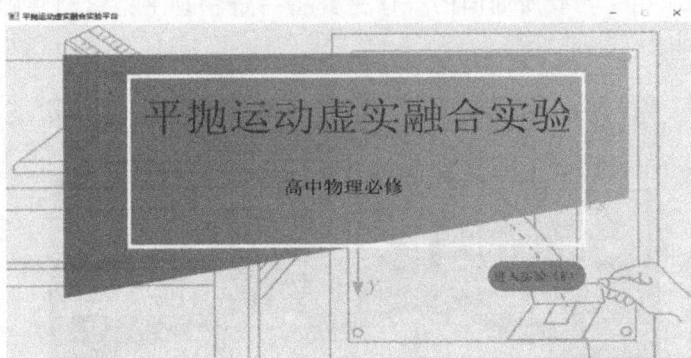

图 5-26　进入实验

实验第二步,点击"进入实验",显示"实验目的",如图 5-27 所示。

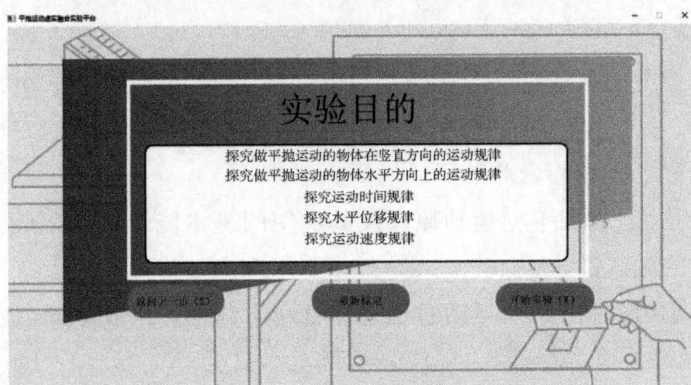

图 5-27　实验目的

实验第三步,点击"返回上一步",跳转至上一页面,点击"重新标定",进入投影仪标定界面,按照如图 5-28 所示步骤进行标定,则标定完成后可以点击"继续实验",回到实验步骤中。

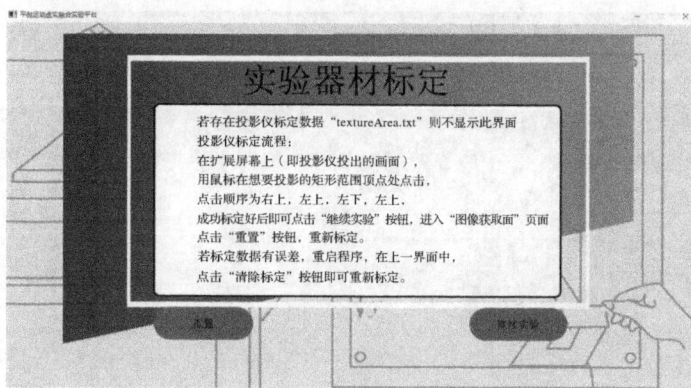

图 5-28　实验器材标定

实验第四步，点击"开始实验"，跳转至下一页面来进行图像获取，如图 5-29 所示。

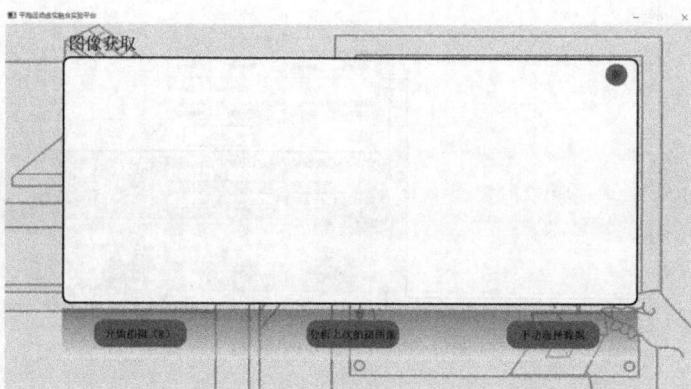

图 5-29　图像获取

实验第五步，点击"开始拍摄"，拍摄图像并分析，分析结束后将跳转至"图像分析"界面，如图 5-30 和图 5-31 所示。

实验第六步，点击"分析上次拍摄图像"，直接读取上次拍摄保存后的图像并分析，分析后跳转至下一界面"图像分析"。点击"手动选择数据"按钮出现提示框，如图 5-32 所示。选择"Yes"，分析上次分析后获得的图像，选择"No"则浏览可选择的目录，选择文件即可，如图 5-33 所示。

实验第七步，在图像分析界面（见图 5-34）中先选择需要分析的曲线类型，再选择"点迹下落""点图连线""曲线拟合"，可在左侧显示对应的图像，右侧上

图 5-30　图像分析过程

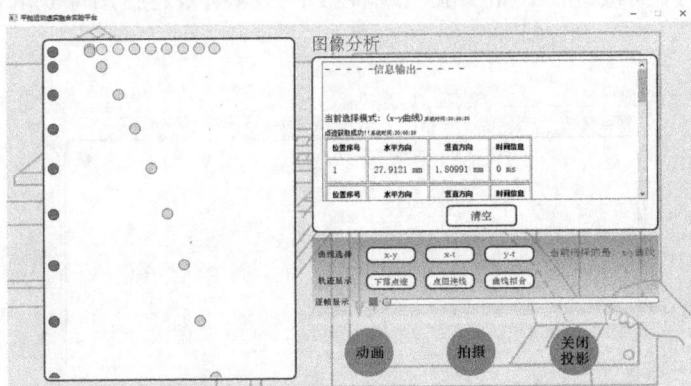

图 5-31　图像分析页面

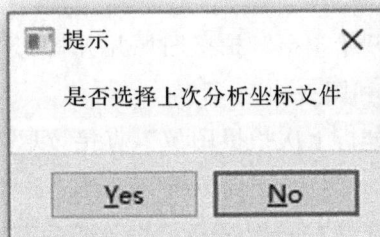

图 5-32　图像提示框

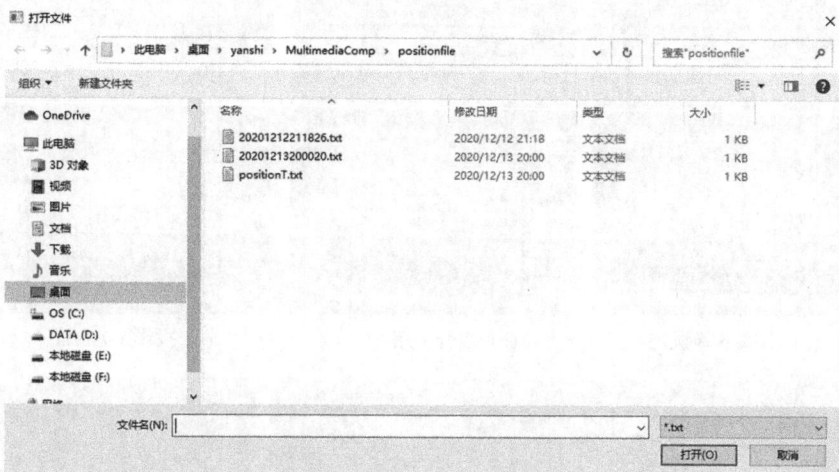

图 5-33　保存文件

方窗口输出相应信息。拖动滑块可逐帧显示图像，点击"动画"按钮，播放下落动画，点击"拍摄"跳转至图像获取页面，点击打开"投影"，可打开和关闭投影在平抛运动实验器上的图像（见图 5-35）。

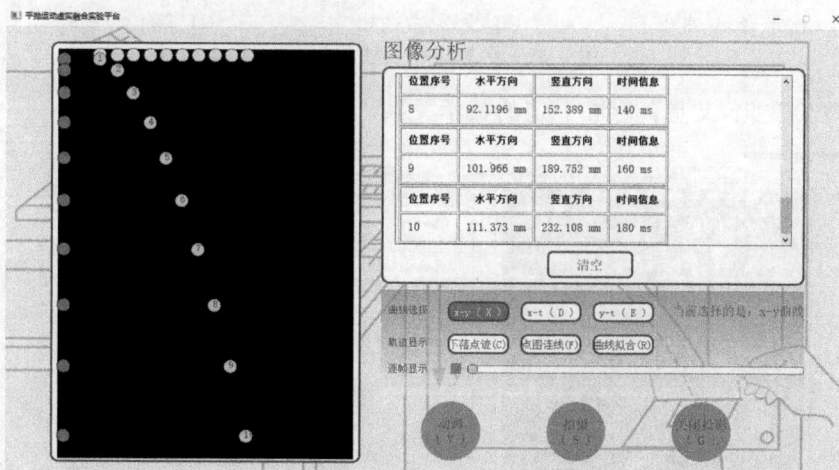

图 5-34　分析界面

此外，结合软件界面记录的具体小球位置、时间等具体信息，可以详细计算小球的初速度、加速度等精确信息，可支持实验的探究性，如图 5-36 所示（改变小球的下落高度、改变小球的材质、改变小球的大小，下落轨迹与原轨迹相比是

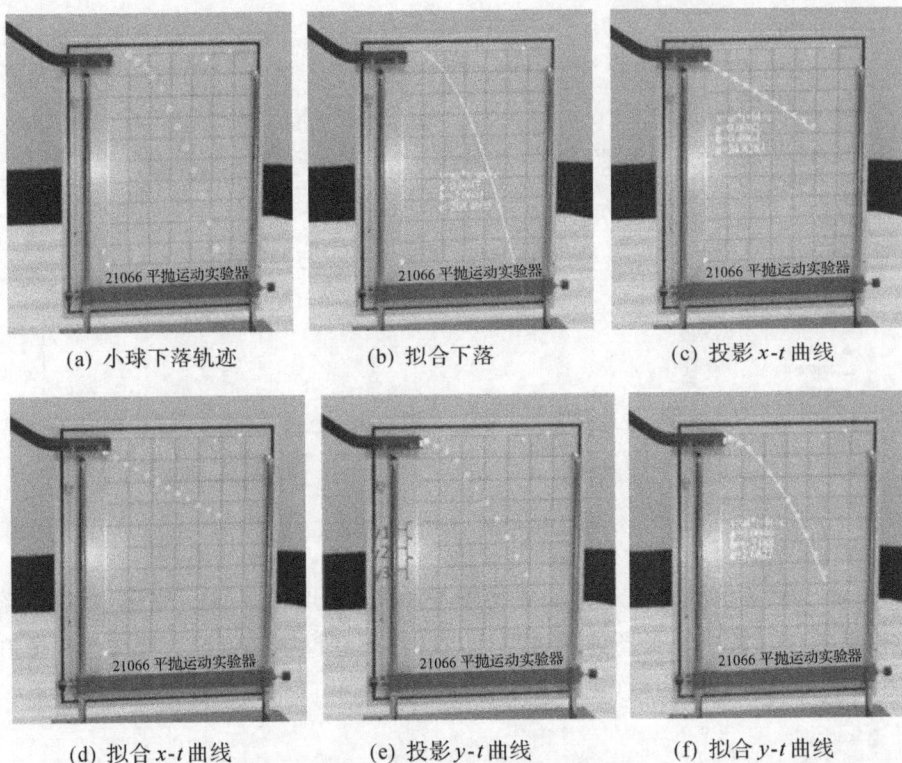

(a) 小球下落轨迹　　　　　(b) 拟合下落　　　　　(c) 投影 x-t 曲线

(d) 拟合 x-t 曲线　　　　(e) 投影 y-t 曲线　　　　(f) 拟合 y-t 曲线

图 5-35　平抛运动实验投影呈现

否会发生变化,又是否存在一定的数学关系)。

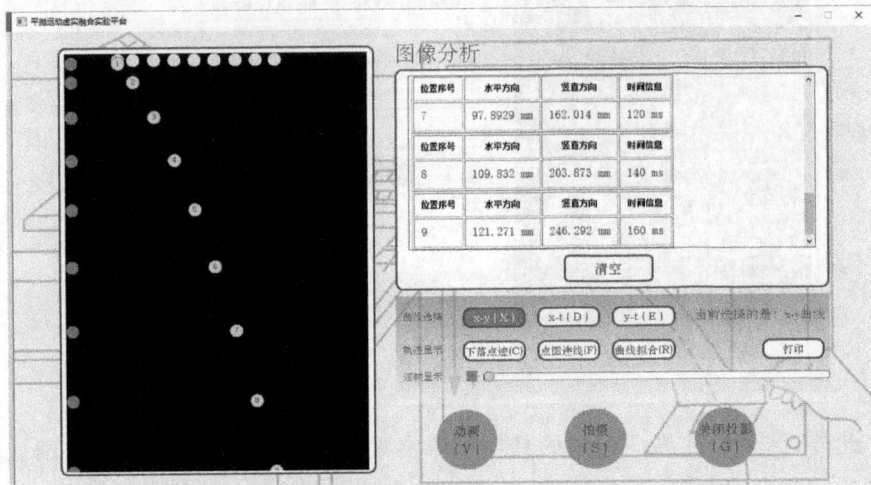

(a) 实验拟合界面

支持打印功能,点击界面上的打印按钮,学生可用尺子测量小球平抛时的

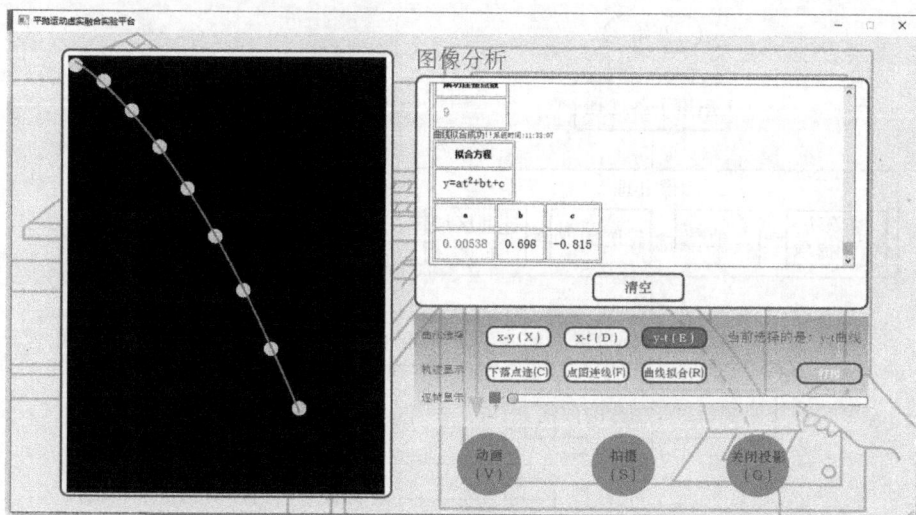

(b) 拟合效果

图 5-36　软件界面

轨迹,探究小球平抛运动的特点。

3.虚拟探究技术实现原理

利用高速相机拍摄小球下落的视频,采用帧差法检测高速相机拍摄的 RGB 图像的运动目标,分割前景与背景像素,对运动目标的图像进行二值化处理,突出重点区域。通过对轮廓点和非轮廓点做出不同处理,选取有效区域,对有效区域进行轮廓周长、面积以及横纵比过滤,来实现目标轮廓提取。然后对所述轮廓的形状进行检测判断,识别实物对象的位姿,进而得到对应时刻小球在高速相机拍摄图像中的中心点坐标。

标定高速相机、投影仪、平抛运动仪之间的单应关系,得到单应矩阵。将计算机获取的小球各时刻在相机图像坐标系中的点,通过单应矩阵转换至小球在投影仪图像坐标系中的点坐标。接着,计算机根据获得的每帧图像中对象的二维坐标,在 Qt 制作的虚拟探究软件界面的虚拟坐标系中进行下落轨迹的曲线拟合与描绘。图 5-37 为整个实验的算法流程。

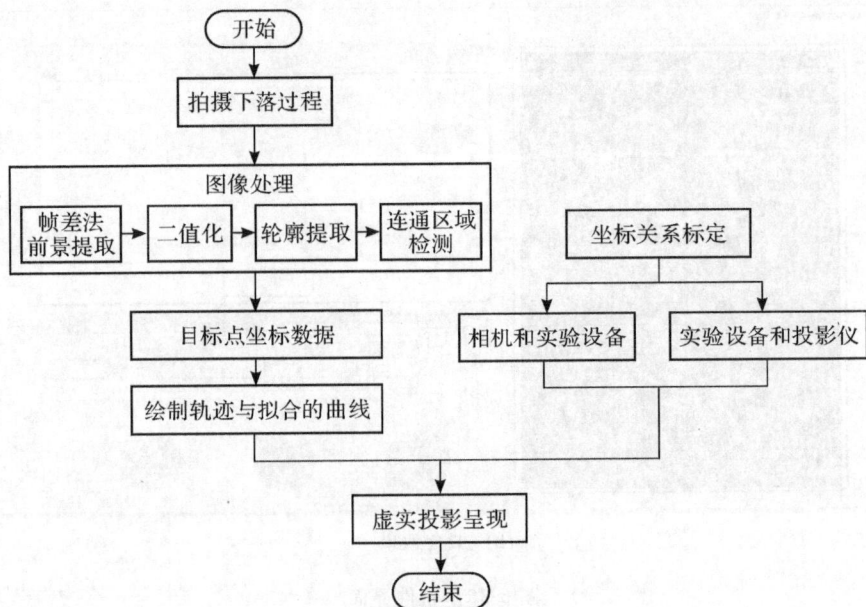

图 5-37　平抛运动实验算法流程

（六）投影式色光混合 MR 实验

1.案例简介和教学目标

（1）案例简介

色光混合 MR 实验,给操作者提供的是虚拟原色投影及房屋涂色、真实圆柱体交互件等相融合的实验环境(见图 5-38),重点解决传统物理色光混合实验的交互性差等问题。实验所面向的群体是具备一定物理色光混合基础知识的初中生及高中生。

（2）教学目标

本虚拟探究教学目标主要涉及知识技能、实验探究、问题解决、情感态度等 4 个维度,并涉及实验探究、物理观念、数据分析、推理能力、创新意识、应用意识、科学态度与责任等 7 个核心素养。

①知识技能:掌握色光混合原理及其应用的基本能力,能结合生活场景思考色光混合的融入。

②实验探究:思考色光混合原理的形成过程,进一步培养实验探究、物理观念、推理能力等核心素养。

图 5-38　色光的混合投影实现

③问题解决:探究教学应用于色光混合 MR 实验之中,引导学生拓展思考和应用,进一步培养数据分析、推理能力、应用意识等核心素养。

④情感态度:培养学生的动手操作能力,以及观察发现能力,进一步培养学生的创新意识、科学态度与责任等核心素养。

2.虚实内容和探究流程

(1)虚实内容

虚拟内容:原色投影及房屋涂色等。

实体内容:圆柱体交互件等。

(2)探究流程

投影式色光混合 MR 实验操作主要分为 4 个步骤,具体如下:

①运行程序后进入实验操作页面,将分别代表蓝色、绿色、红色的圆柱体摆放到交互桌面上,移动圆柱体,观察三原色混合的实验效果。

②收到语音提示"首先请给小房子的屋顶上色",观察左边示例图片的颜色,通过按键调节三原色的 RGB 值,以及混合三原色调出所需要的颜色。

③点击"上色"按钮,给右边的小房子上色,系统会判断上色是否准确,如上色准确则可对小房子的下一部分进行上色,不准确可点击"提示"按钮,查看标准 RGB 值。

④分别给小房子的屋顶、窗户框、烟囱、门、窗户、灯上色后,完成实验。

3.虚拟探究技术实现原理

本虚拟探究技术实现原理如图5-39所示。

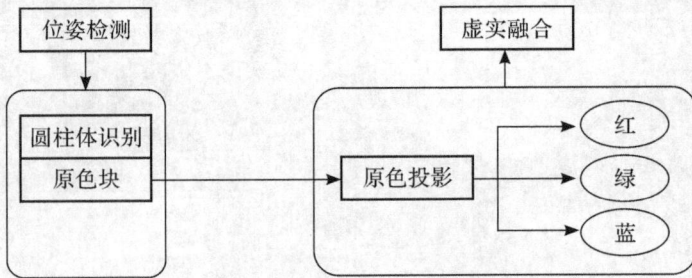

图 5-39　虚拟探究技术实现原理

①位姿数据坐标转换

这里所利用的配准技术需要将对象在检测设备中的坐标转化至投影仪空间坐标系下的三维坐标。其中,位姿检测设备下的物体坐标与投影仪坐标系下的坐标转换关系可由一个旋转变换矩阵 R 和一个平移变换矩阵 T 来表示。假设投影仪坐标系下三维点为 $P_1(X_p, Y_p, Z_p)$,该点在位姿检测设备坐标系中对应点为 $P_2(X_c, Y_c, Z_c)$,则有以下转换关系,如公式(5.30)所示。

$$\begin{bmatrix} X_p \\ Y_p \\ Z_p \end{bmatrix} = R \begin{bmatrix} X_c \\ Y_c \\ Z_c \end{bmatrix} + T \tag{5.30}$$

由于本配准算法采用深度相机检测位姿,因此位姿检测设备坐标系下的三维坐标 $P_2(X_c, Y_c, Z_c)$ 需要由图像中的像素点坐标 $P_i(u, v)$ 计算得到,对应关系由公式(5.31)描述。

$$Z_c \begin{bmatrix} u \\ v \\ 1 \end{bmatrix} = \begin{bmatrix} a_x & 0 & u_0 \\ 0 & a_y & v_0 \\ 0 & 0 & 1 \end{bmatrix} \begin{bmatrix} X_c \\ Y_c \\ Z_c \end{bmatrix} \tag{5.31}$$

其中,a_x、a_y、u_0、v_0 为深度相机的内参。由公式(5.30)和公式(5.31)可知,在位姿检测设备所获取图像中,像素点坐标与投影仪下三维坐标的矩阵变换关系如公式(5.32)所示。

$$
\begin{bmatrix} X_{\mathrm{p}} \\ Y_{\mathrm{p}} \\ Z_{\mathrm{p}} \end{bmatrix} = Z_{c}\boldsymbol{R} \begin{bmatrix} \dfrac{1}{a_{x}} & 0 & -\dfrac{u_{0}}{a_{x}} \\ 0 & \dfrac{1}{a_{y}} & -\dfrac{v_{0}}{a_{y}} \\ 0 & 0 & 1 \end{bmatrix} \begin{bmatrix} u \\ v \\ 1 \end{bmatrix} + \boldsymbol{T} \qquad (5.32)
$$

由公式(5.32)即可计算出,在位姿检测设备所获取图像中,每个像素点在投影仪坐标系下的空间位置信息。

②虚拟图像渲染生成

真实场景中的投影仪是一种将数字图像投射到一个表面的装置,它的工作原理是经过光学器件形成光学图像并将其投影到屏幕上。光路具有可逆性,因此投影仪本质上相当于一个逆向相机,在数字空间中,根据投影仪的内外部参数,设置虚拟相机的内外部参数。相机组件中提供了可以模拟真实相机的设置方式,控制摄像机视觉的两个主要属性是焦距的大小和传感器的尺寸。为了保证虚拟场景中模型通过投影仪投影出来的位置和真实物体位置一致,在虚拟场景中,设置虚拟相机的参数为投影仪的参数。投影仪的内参矩阵可表示为下列矩阵。

$$
\boldsymbol{K} = \begin{bmatrix} \dfrac{f}{d_{x}} & 0 & c_{x} \\ 0 & \dfrac{f}{d_{y}} & c_{y} \\ 0 & 0 & 1 \end{bmatrix} \qquad (5.33)
$$

公式(5.33)中,f 为投影仪的焦距,单位为毫米,d_{x}、d_{y} 为像素方向宽度,f/d_{x} 为使用像素描述 X 轴方向焦距的长度,f/d_{y} 为使用像素描述 Y 轴方向焦距的长度,c_{x}、c_{y} 为投影仪光轴在图像坐标系中的偏移量,以像素为单位。

在物理空间中,我们将投影仪坐标系作为世界坐标系,因此其外部参数可忽略。同样,在数字空间中,我们将虚拟相机放置于世界坐标系的原点,并保持与投影仪一致的方向。利用上述内外部参数的虚拟相机,渲染虚拟场景,生成投影图像。

③深度相机坐标系与投影仪坐标系的配准

采用 Kinect 传感器中的深度相机,对真实世界中的物体进行检测识别,将 Kinect RGB 相机作为系统标定的媒介,利用结构光标定投影仪和 Kinect RGB 相机(见图 5-40 和图 5-41)。

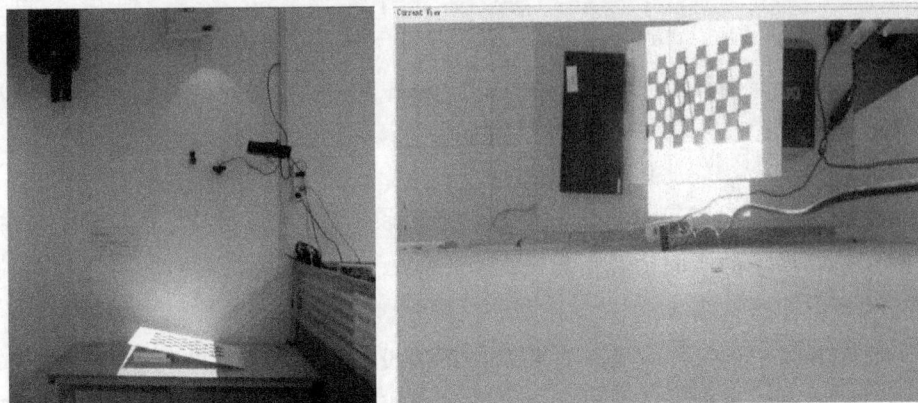

(a) RGB相机   (b) 投影仪

图 5-40 结构光标定 Kinect RGB 相机和投影仪

(a) 格雷码解码   (b) 解码后图像

图 5-41 格雷码解码后的图像

在标定过程中,将一系列格雷码图案投影到静态平面棋盘上,并由 RGB 相机拍摄每一个模式下的棋盘格图像,如图 5-42 所示。

将它们存储在同一个目录中。变换棋盘姿势重复此步骤,共拍摄 9 组图像。然后,执行校准软件并选择包含所有 9 组图像的文件,输入棋盘尺寸,点击标定按钮,就可以自动解码所有序列,求取棋盘格网格角点,根据结果和针孔成像模型,实现对角点三维坐标的计算,进而完成对投影仪的标定。标定完成后,输出标定结果,即可得到其内部参数及外部参数变换矩阵:

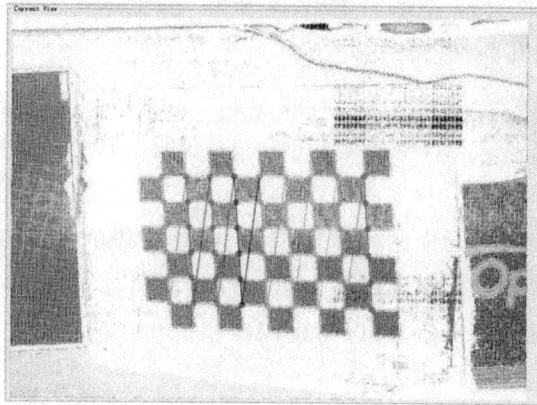

图 5-42 转换为投影仪模式下的图像

$$[\boldsymbol{R}_1 \mid \boldsymbol{T}_1] = \begin{bmatrix} -0.9998568 & -0.005632 & -0.053188 & -210.52937 \\ -0.000316 & -0.993800 & 0.111177 & 45.034136 \\ -0.053484 & 0.111034 & 0.992376 & 829.75574 \end{bmatrix}$$

$$(5.34)$$

利用 Matlab 双目相机标定工具箱标定 Kinect RGB 相机和 Kinect 深度相机时,先在桌面放置包括 10 行 7 列的矩形棋盘格,摆放不同位姿采集 22 组图像,剔除掉其中一些特征不全或不明显的图像,将剩余的深度图像集加载到工具箱中,然后依次单击选择图像中的 4 个角点,会得到检测到的角点信息,如图 5-43 所示。

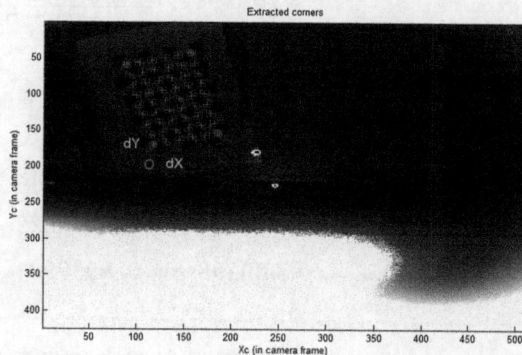

图 5-43 运用 Matlab 工具箱检测角点

这是通过 detectCheckerboardFiles 函数实现的。全部检测完成后,根据多幅图像角点之间的对应关系计算深度相机与标定板之间的位置关系，如图 5-44 所示，得到其内部参数矩阵 K_c。

$$[\boldsymbol{K}_c] = \begin{bmatrix} a_x & 0 & u_0 \\ 0 & a_y & v_0 \\ 0 & 0 & 1 \end{bmatrix} = \begin{bmatrix} 367.412 & 0 & 254.495 \\ 0 & 367.510 & 205.629 \\ 0 & 0 & 1 \end{bmatrix} \qquad (5.35)$$

对彩色图像集进行同样的操作后，计算彩色相机的内部参数矩阵（在选择每幅图像的角点时和前面深度图像的点击顺序相同）。然后将两组图像一同加载到工具箱的双目立体标定，可以得到深度相机和彩色相机在空间中的相对位置关系，如图 5-44 和图 5-45 所示。

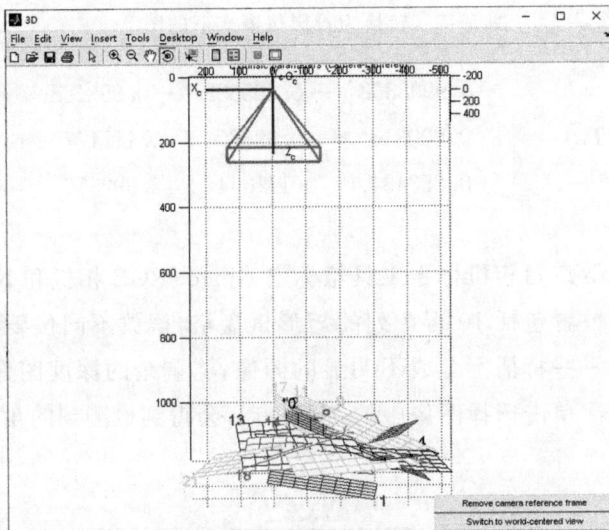

图 5-44　深度图像与标定板的相对位置

其深度相机外部参数变换矩阵如式(5.36)所示。

$$[\boldsymbol{R}_2 \mid \boldsymbol{T}_2] = \begin{bmatrix} 0.999923 & -0.012250 & -0.001948 & -51.9256 \\ 0.012249 & 0.999925 & -0.000322 & -0.54232 \\ 0.001952 & 0.000298 & 0.999998 & -0.28507 \end{bmatrix}$$

$$(5.36)$$

按照以上配准原理中的公式推导，即可得到深度相机深度图像中像素点 $P_i(u,v)$ 到对应投影仪坐标系下三维坐标信息点 $P_1(X_p, Y_p, Z_p)$ 的转换关系，如公式(5.37)所示。

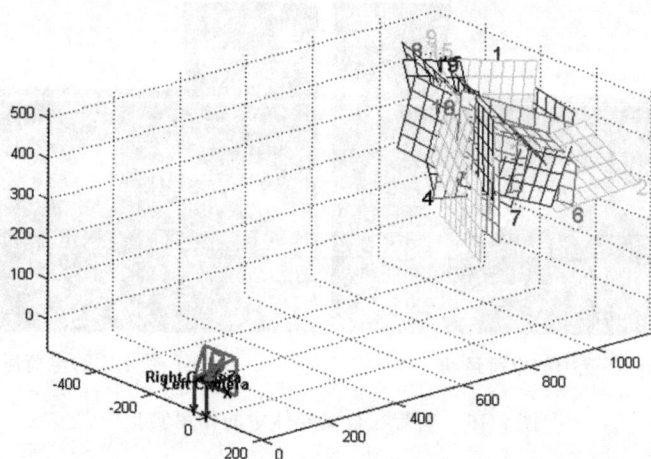

图 5-45　深度相机、彩色相机与多组标定板的相对位置

$$\begin{bmatrix} X_p \\ Y_p \\ Z_p \end{bmatrix} = \mathbf{Z}_c \mathbf{R}_1 \mathbf{R}_2 \begin{bmatrix} \dfrac{1}{a_x} & 0 & -\dfrac{u_0}{a_x} \\ 0 & \dfrac{1}{a_y} & -\dfrac{v_0}{a_y} \\ 0 & 0 & 1 \end{bmatrix} \begin{bmatrix} u \\ v \\ 1 \end{bmatrix} + \mathbf{R}_1 \mathbf{T}_2 + \mathbf{T}_1, \qquad (5.37)$$

把 Kinect 深度相机获取到的深度数据,利用标定出的转换矩阵经过公式 (5.37)进行坐标系的转换,便可计算出深度图中每个点在投影仪坐标系下的空间位置信息。

(七)探究电荷在金属导体中作用的 MR 实验

实验第一步,用手拿取规则/不规则形状的金属导体(虚拟),观察不受外力影响的金属导体(虚拟)中的自由电荷运动,如图 5-46(a)所示。

实验第二步,一只手拿取橡胶棒/玻璃棒(实物替代品),另一只手拿取毛皮/丝绸(实物替代品)摩擦橡胶棒/玻璃棒(实物替代品),使其带有正/负电荷。

实验第三步,将橡胶棒/玻璃棒靠近规则/不规则形状的金属导体(虚拟),移动金属导体(虚拟)和橡胶棒/玻璃棒(实物替代品)并观察金属导体(虚拟)内电荷(虚拟)的移动,如图 5-46(b)所示。

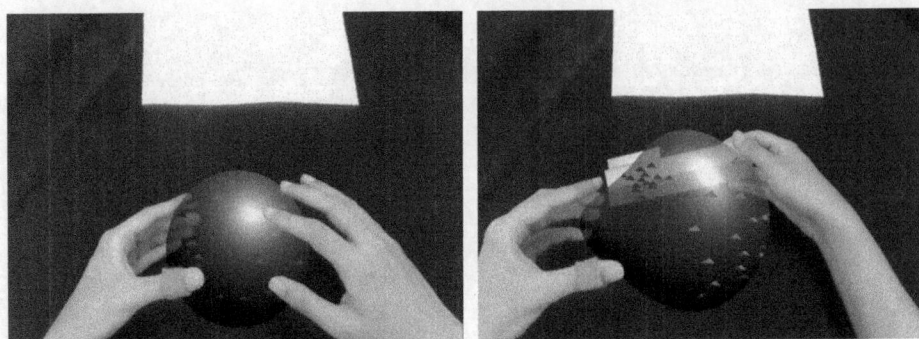

(a) 不受力的电荷运动　　　　　　　(b) 受电力的电荷运动

图 5-46　电荷在金属导体中的作用实验

二、MR 化学实验

(一)高锰酸钾制氧气 MR 实验

1. 案例简介和教学目标

(1)案例简介

本实验内容为高锰酸钾制氧气 MR 实验,旨在介绍高锰酸钾制氧气的反应原理、实验装置、实验步骤、收集方法及检验方法,最后在掌握基本原理的基础上,在 MR 环境中进行操作(见图 5-47),将理论与实践完美结合。实验所面向的群体是具备一定高锰酸钾制氧气基础知识的初中生及高中生。

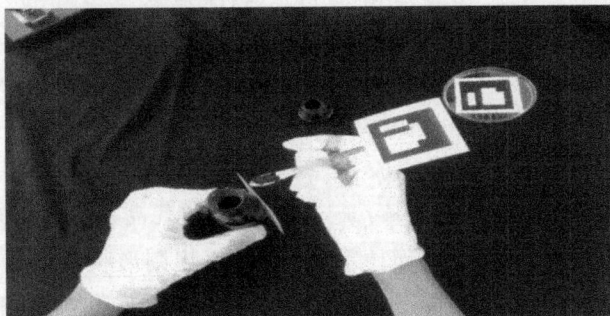

图 5-47　实物药匙从实物药瓶中挖取虚拟高锰酸钾

(2)教学目标

本虚拟探究教学目标主要涉及知识技能、实验探究、问题解决、情感态度等

4个维度,并涉及实验探究、物理观念、数据分析、推理能力、创新意识、应用意识、科学态度与责任等7个核心素养。

①知识技能:掌握高锰酸钾制氧气原理及其应用的基本能力,能结合生活场景思考高锰酸钾制氧气的融入。

②实验探究:思考高锰酸钾制氧气的形成过程,进一步培养实验探究、物理观念、推理能力等核心素养。

③问题解决:探究氧气的制作过程,进一步培养数据分析、推理能力、应用意识等核心素养。

④情感态度:培养学生的动手操作能力,以及观察发现能力,进一步培养创新意识、应用意识、科学态度与责任等核心素养。

2.虚实内容和探究流程

(1)虚实内容

虚拟内容:虚拟的水和火、高锰酸钾、试管、火柴、水槽、导管、棉花、集气瓶等。

实体内容:烧杯、铁架台、药匙、火柴盒、酒精灯等。

(2)探究流程

实验者的语音提示可以使显示屏中出现相对应的虚拟物象。例如,实验操作员说:"试管。"显示屏中就出现了虚拟试管,此时便可用此试管进行虚拟现实交互并进行虚拟现实实验。此外,虚实融合技术较好地采用了虚拟遮挡技术,可增加实验的真实感,如图5-48所示。

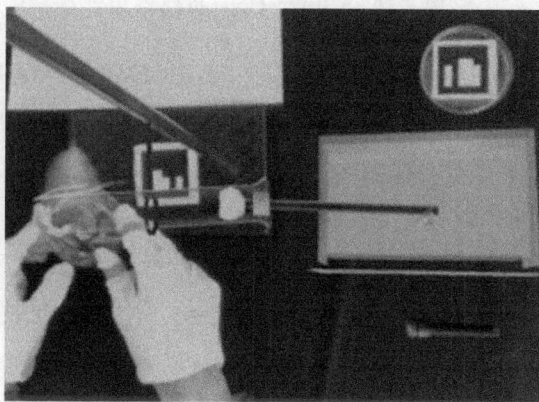

图 5-48　运用虚实融合技术进行高锰酸钾制氧气的过程

3.虚实遮挡技术

本部分介绍了一个完整的虚实遮挡处理算法,支持不透明和半透明对象之间的多层次遮挡关系,实现了像素级准确、连续、多层次的虚实物体遮挡的一致性关系。

(1)前景物体的像素域分割

为了实现多层次的虚实遮挡,需要获取深度图上每种类型的前景对象的准确像素区域。为了更快、更准确地分割多类前景对象,我们提出由特征编码器网络和特征解码器网络等两部分组成的 CBAM-UNet 网络结构,如图 5-49 所示。

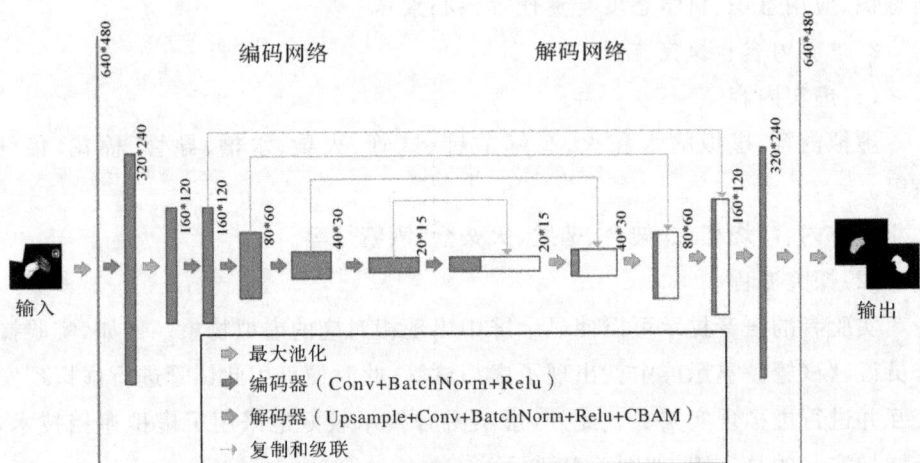

图 5-49　CBAM-UNet 网络结构

对于 CBAM-UNet 中的编码器,则使用 ResNet34。ResNet34 最初是为 256 像素×256 像素尺寸的中分辨率图像上的分类任务而设计的,但是现在的任务是分割 640 像素×480 像素尺寸图像的半透明器材的像素区域。我们删除了完全连接的层,并用 512 个单个通道的卷积层替换了它们,它们是网络的中心部分。要构造解码器,我们只需使用上采样将特征图的大小加倍即可,然后将输出与解码器相应部分的输出连接在一起。然后,我们通过卷积层集成了特征图。

除了 UNet 本身之外,我们还使用被称为卷积注意力模块的机制(见图 5-50)。我们依次应用通道和空间注意力模块,以便我们可以学习在通道和空间轴上进行"什么"和"在哪里"。通过在我们的网络中使用 CBAM,我们的模型显著提高了收敛性和推理速度,但增加了一些参数。我们将所有半透明器材归为一类,并将每种类型的不透明物体各归为一类。原因在于,在下一步矫正前景对象的深度信息时,半透明器材具有参考虚拟模型的深度,不透明物体则没有,只能依赖于原始深度进行矫正。而多层次不透明物体之间的深度数据错误较多,各物体不同的深度之间需要明确的边界。因此,我们使用每种不透明物体的准确的像素区域,来矫正该区域中的噪声深度。网络的输入是真实场景的彩色图,分割的输出是多种类型的前景对象。

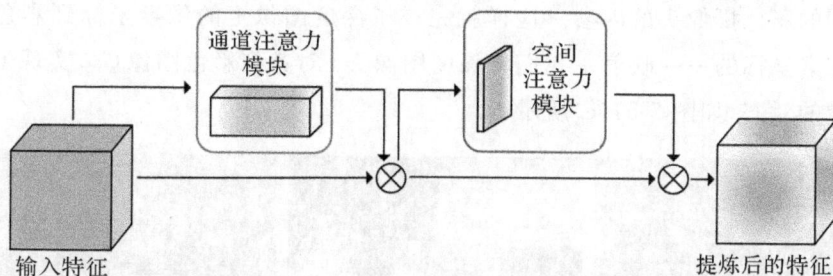

图 5-50　卷积注意力模块

(2)对齐虚拟图像和真实图像

真实的主相机(RGB-D 相机)获取的彩色图像和深度图像分别表示为 C_r 和 D_r。但是,由于 RGB-D 相机中的深度摄像头和彩色摄像头有一定的间隔距离,因此获取的 C_r 和 D_r 没有对齐。而我们需要对齐的彩色图像和深度图像来矫正深度。对齐 C_r 和 D_r 的图像的算法如下:如公式(5.38)所示,根据像素坐标系、图像坐标系、相机坐标系、世界坐标系的转换关系,将深度图的像素点还原到深度摄像头的坐标系下。

$$P_{dc} = zK_d^{-1}P_{u,v}^d \tag{5.38}$$

其中,P_{dc} 表示深度图下某点像素还原到深度坐标系下的空间点,K_d 表示通过标定得到的深度摄像头的内参矩阵。$P_{u,v}^d$ 表示深度图下某点在深度图像坐标系下的二维点坐标。然后,按照公式(5.39)将深度空间坐标系下的深度点转换到世界坐标系下。

$$P_w = T_{w2d}^{-1}P_{dc} \tag{5.39}$$

其中,P_w 表示深度图转换到世界坐标系下的点,T_{w2d} 表示通过标定得到的世界坐标系转换到深度摄像头坐标系的外参矩阵。然后,按照公式(5.40)将世界坐标系的深度点转换到彩色摄像头坐标系。

$$P_{cc} = T \sum_{w2c} P_W \tag{5.40}$$

其中，P_{cc} 表示由世界坐标系转换到彩色坐标系下的空间点，T_{w2c} 表示世界坐标系转换到彩色摄像头坐标系的外参矩阵。最后，按照公式(5.41)将彩色摄像头坐标系下的深度点映射到 $Z=1$ 的彩色平面上：

$$P_{u,v}^c = K_c \left(\frac{P_{cc}}{z} \right) \tag{5.41}$$

其中，$P_{u,v}^c$ 表示彩色图下某点在彩色图像坐标系下的二维点坐标，K_c 表示标定得到的彩色摄像头的内参。这样就完成了深度图像上的像素坐标到彩色图像的像素坐标的一一映射。我们将深度图像 D_r 对齐到彩色图像 C_r，实现了两幅图像的对齐，如图 5-51(c)所示。

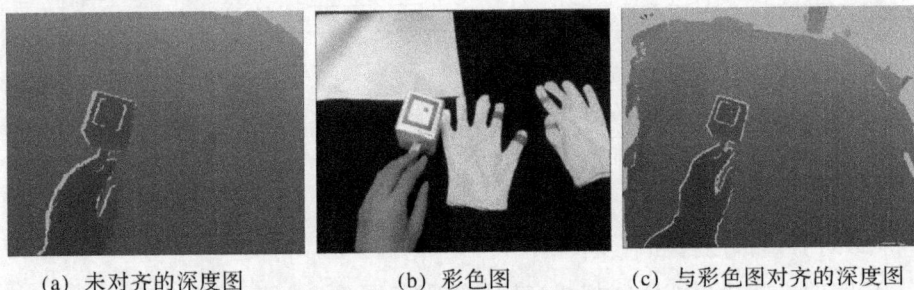

(a) 未对齐的深度图	(b) 彩色图	(c) 与彩色图对齐的深度图

图 5-51　真实场景的 RGB-D 相机的彩色图像和深度图像的对齐

我们在虚拟场景中建立了对应于真实场景中多相机的虚拟映射摄像机(位置、姿态和相机内参一致)。虚拟主相机渲染的虚拟彩色图像和深度图像分别表示为 C_v 和 D_v。我们对齐 C_r、D_r、C_v、D_v 4 幅图像。

(3)修复真实场景的深度图

我们使用 3Dmax 软件，在离线阶段根据实物半透明器材的几何大小构建虚拟 3D 模型(记为 M_t)。当 M_t 通过多相机协同注册到虚拟主相机空间中后，M_t 的虚拟深度图由虚拟主相机计算并记为 D_t，如图 5-52 中的"半透明器材的深度图矫正"所示。

通过 CBAM-Unet 网络分割，得到 m 种不透明前景物体的像素区域。D_k 代表在 D_r 上 $Mask_t$ 的对应像素区域。$\omega[D(x,y)]$ 和 $\overline{\omega[D(x,y)]}$ 表示深度值是否因为噪声而出现错误。$Nbor(x,y)$ 表示像素 (x,y) 的邻域像素。D_{bg} 代表背景深度。对于半透明器材，我们使用 $Mask_t$ 去限定半透明物体的像素区域，以实现准确的深度边缘。不直接使用注册后 M_t 的深度数据的原因是 M_t 存在建模误差，以及相邻帧之间的三维注册的轻微误差导致的 M_t 在虚拟相机图像上的像素区域与实物半透明器材在真实相机图像像素区域不完全匹配,导致边缘附近有的小区域没有深度,如图 5-52 所示。对于这些没有深度的小区域,我们用其最近邻域的注册后的 M_t 的深度数据来进行填充。类似地,我们使用 $Mask_1, \cdots, Mask_m$ 来限定 m 种不透明前景物体的像素区域。对于判断某个物体像素区域内的深度值是否错误,我们设定一个阈值,当某个深度值与同一物体的整个像素区域的有效深度值的均值差距小于该阈值(同一物体的深度值一般在遮挡关系中属于同一层次)时,我们认为该深度值是正确的;反之则为错误的深度值,我们使用其领域的正确深度值的均值来进行矫正。为了矫正背景中由于噪声而错误地显示为前景物体的深度数据,我们将不在 $Mask$ 中的像素区域的非前景物体的像素的深度值全部置为背景桌面的深度,以消除前景对象边缘之外的错误深度。矫正后输出的深度图 $Dout$ 如图 5-52 所示。

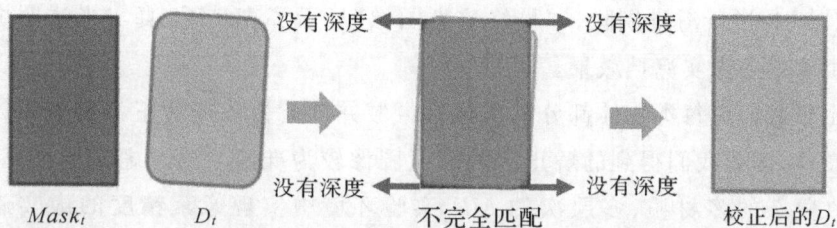

图 5-52　半透明设备的深度图矫正

(4)虚拟和真实物体的遮挡关系渲染

为了在 MR 实验环境中实现支持多材质、多层次前景物体、像素级准确的虚实遮挡渲染效果,我们设计了一种逐像素渲染虚拟和真实物体的遮挡关系的算法,并改进了传统的图形渲染管线。输入是前文分割得到的半透明器材的像素区域 $Mask_t$、真实场景的彩色图 C_t 和前文矫正后的深度图 $Dout$、虚拟场景的彩色图 C_v 和深度图 D_v。对于每一个像素,根据是否为实物非透明器材进行不同的渲染策略。在片元着色器中,当一个像素坐标不在 $Mask_t$ 中,且真实场景深度值小于或等于虚拟场景深度值时,则证明该像素处为不透明物体的相互遮挡且真实物体近于虚拟物体(真实像素应遮挡虚拟像素),该像素渲染为真实场景彩色图对应像素点;当一个像素坐标不在 $Mask_t$ 中,且真实场景深度值大于虚拟场景深度值时,则证明该像素处为不透明物体的相互遮挡且真实物体远于虚拟物体(虚拟像素应遮挡真实像素),该像素渲染为虚拟场景彩色图对应像素点;当一

个像素坐标在 $Mask_t$ 中,且真实场景深度值小于等于虚拟场景深度值时,则证明该像素处存在半透明物体的相互遮挡且真实半透明物体近于虚拟物体(真实像素应半透明遮挡虚拟像素),该像素的颜色渲染为真实场景彩色图对应像素点与虚拟场景彩色图对应像素点的 $alpha$ 混合颜色,其中 $1 > \alpha > 0.5$ 可确保半透明混合后距离相机近的真实半透明物体的颜色深于被其遮挡的虚拟物体;当一个像素坐标在 $Mask_t$ 中,且真实场景深度值大于虚拟场景深度值时,则证明该像素处存在半透明物体的相互遮挡且真实物体远于虚拟物体(虚拟像素应半透明遮挡真实像素),该像素的颜色渲染为虚拟场景彩色图对应像素点与真实场景彩色图对应像素点与 $alpha$ 的混合颜色,其中 $1 > \alpha > 0.5$ 可确保半透明混合后距离相机近的虚拟半透明物体的颜色深于被其遮挡的真实物体。

为了保证正确的渲染效果,提高渲染效率,采用的渲染顺序是从近到远渲染不透明的对象,然后从远到近渲染半透明的对象。此外,M_t 只用于深度计算,所以 M_t 进行渲染剔除。"最终渲染图像"显示了真实手、真实半透明烧杯和虚拟水槽的虚实遮挡效果。

由于我们对每类物体都分割出像素区域并以此为依据矫正了每类物体的深度图像,因此我们得到的矫正后的深度图像较为准确。通过虚实遮挡算法,可以在复杂的多材质、多层次的 MR 实验环境中实现像素精度的虚实遮挡效果。

(二)钠与水的反应 MR 实验

1. 案例简介和教学目标

(1)案例简介

本实验内容为钠与水的反应 MR 实验。给操作者提供的是虚拟钠与水反应现象等,以及实体水槽、镊子、滤纸、玻璃片、小刀等相融合的 MR 实验环境,重点解决金属钠与水的危险反应和耗材等问题。实验所面向的群体是具备一定钠与水反应知识的初中生及高中生。

(2)教学目标

本虚拟探究教学目标,主要涉及知识技能、实验探究、问题解决、情感态度等 4 个维度,并涉及实验探究、物理观念、数据分析、推理能力、创新意识、科学态度与责任等 6 个核心素养。

①知识技能:掌握钠与水反应的原理及其应用的基本能力,能够明确钠与

水反应后出现的现象。

②实验探究：思考钠与水反应原理及其现象，进一步培养实验探究、物理观念、推理能力等核心素养。

③问题解决：探究金属钠的活泼性，进一步培养数据分析、推理能力等核心素养。

④情感态度：培养学生的动手操作能力，以及观察发现能力，进一步培养创新意识科学态度与责任等核心素养。

2. 虚实内容和探究流程

（1）虚实内容

虚拟内容：钠与水反应现象等。

实体内容：水槽、镊子、滤纸、玻璃片、小刀等。

（2）探究流程

在我们的实验系统中，实验步骤并不唯一，步骤不同所产生的实验现象不同，得到的最终结果也不同，系统可以支持学生对每个步骤反复进行实验。在这里，选取统计实验中出现次数最多的步骤流程进行介绍，主要分为以下 5 个步骤：

实验第一步，首先通过语音识别选择钠与水反应实验，接下来系统会进入钠与水反应实验场景，此时会有语音播报"您现在选择的是钠与水反应实验，请按步骤进行实验"（见图 5-53a）。用户通过触摸倾倒烧杯上的触摸传感器对实验烧杯内的物质进行选择，如果选择的是上方按钮，则会选中蓝色硫酸铜溶液（图 5-53a），此时会通过智能导航系统对用户行为进行纠错，也会通过播报语音"您现在选择的是硫酸铜溶液，不能完成该实验，请选择水"的方式对用户进行提示。接下来可以选择触摸倾倒烧杯下方按钮来选择水溶液（见图 5-53b）。

实验第二步，选择完试剂后，开始移动倾倒烧杯至反应烧杯上方，通过 SLAM 轨迹识别与烧杯自身态势感知方式完成倾倒动作（见图 5-53c），反应烧杯上会显示倾倒液体刻度。倾倒溶液多少与倾倒速度和时间有关，如果倾倒液体过多或者过少，则会有语音提示其重新进行倾倒。

实验第三步，接下来我们拿起镊子，将钠块取出（见图 5-53d）。然后通过语音命令学生拿出胶头滴管，在反应烧杯中滴加酚酞溶液，此时会有语音播报"此时烧杯中溶液没有变色，证明溶液呈中性"（如果这一步在反应后进行，则会发生溶液标变红的效果），如图 5-53e 所示。

实验第四步,对钠块进行切割(这里用户在不同行为下所切割的钠块也不相同),切割钠块左侧位置,此时会切下 10 克钠(见图 5-53f),语音会提示"你现在切割的钠为 10 克,放入水中会发生危险,是否要继续"。如果用户选择将 10 克钠放入水中,则会产生爆炸效果(见图 5-53g),如果用户选择重新切割,则可以返回上一步进行切割操作。当切割的钠块大小合适时,再将其放入反应烧杯里并盖上盖子,得到正确的实验现象,系统此时会自动截图,保存在实验界面(见图 5-53h)。

实验第五步,进行气体检测,检测实验成功后是否收集到了气体,检测方式是使用火柴在试管口点燃,如果收集到了氢气,则会产生淡蓝色的火焰(见图 5-53i)。

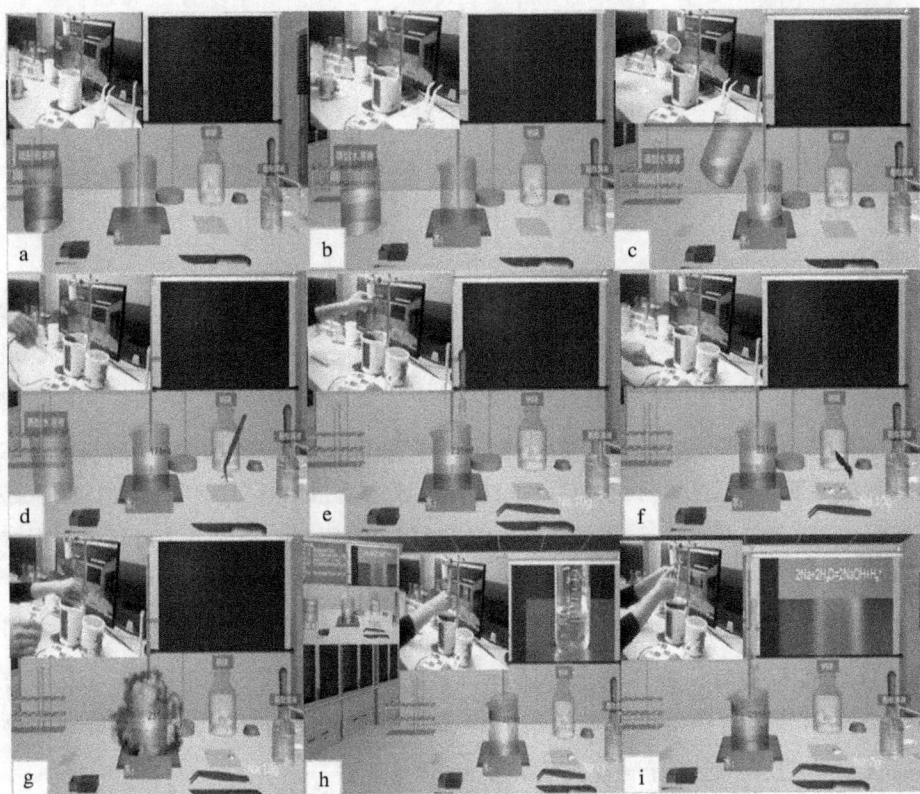

图 5-53 钠与水反应实验步骤

（三）碳酸钙与酸反应的 MR 实验

1. 实验目的与实验设计

本探究实验创新性地引入了虚拟教师来引导学生进行实验，更具人性化且有助于学生无障碍学习实验。实验目的在于探究碳酸盐（本实验中钟乳石的主要成分是碳酸钙）与酸的反应，不同浓度、不同种类的酸液腐蚀钟乳石的现象有些许不同（腐蚀速度、气泡等）。

实验总共分为三部分：分别将虚拟钟乳石、盐酸、硫酸和二氧化碳与水反应，观察现象。虚拟教师将全程提供语音指导和动作反馈，在每一步中，虚拟教师都会语音讲解反应原理和步骤规范，过程如图 5-54 所示。

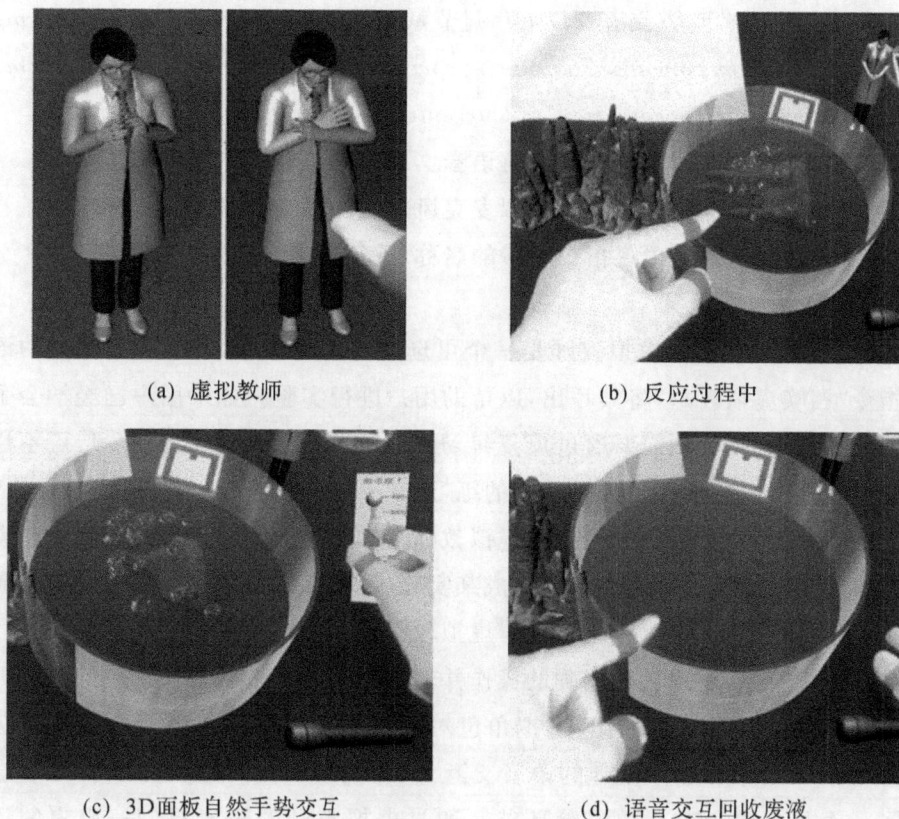

(a) 虚拟教师　　　　　　　　　　(b) 反应过程中

(c) 3D面板自然手势交互　　　　　(d) 语音交互回收废液

图 5-54　碳酸钙与酸的反应实验

2. 探究流程及开发

本实验同样采用步进($Step$)顺序进行结构开发。虚拟钟乳石按与盐酸—硫酸—与二氧化碳、水反应,具体流程及程序细节设置如下:

实验第一步,虚拟教师介绍该实验,等待用户触发虚拟麦克风并说出语音指令"加盐酸"。

实验第二步,虚拟水体的水面插值上升($water.\ transform.\ parent.\ localPosition$)$= Vector3.\ Lerp\ (water.\ transform.\ parent.\ localPosition,$ $waterP2.transform.localPosition,\ Time.deltaTime\ *\ 2f)$。

实验第三步,等待用户触发虚拟麦克风并说出语音指令"钟乳石群"。

实验第四步,用户手势交互取虚拟钟乳石样品。

实验第五步,手势交互 $3D\ UI$ 调节酸浓度($shuicaoStone1.\ transform.$ $GetChild.\ GetComponent<Corrode>.corrodeSpeed = shouBing.\ transform.$ $GetComponent\ <Concentration>.CurrentConcentration$)。

实验第六步,播放虚拟教师讲解语音。

实验第七步,等待用户触发虚拟麦克风并说出语音指令"回收废液"。

实验第八步,替换语音指令中酸的名称,重复以上步骤。

3. 虚拟人交互技术

根据用户的喜好,虚拟教师是一个可选的辅助虚拟人,可以通过用户的语音指令"召唤虚拟教师"将其呼出,以帮助用户进行实验。如果用户已经学会了实验的操作和原理,则需要通过反复练习来强化实验操作步骤的学习,可不用语音交互呼出虚拟教师而进行独立的练习。

在虚拟教师的行为交互方面,虚拟教师会对用户的操作步骤的正确或错误进行行为上的反馈。当用户正确完成某实验步骤后,虚拟教师会根据实验步骤的重要程度进行点头或鼓掌。反之,虚拟教师会进行摇头或双手比叉的交互行为动作,重新引导用户进行正确的操作并辅以语音的鼓励。

与普通的独白教学相比,虚拟角色对话教学方法可以增强学习者的积极情感因素。故除了虚拟教师的语音交互外,我们还在用户进行完实验之后设计了一个具有语音交互的测验环节。通过虚拟教师的语音提问—用户的语音回答,可以模拟真实实验课堂中师生的问答,以帮助用户检验实验的学习效果。

笔者认为,学生平时学习实验操作及原理的时候也是一边听老师讲解原理一边操作,在完成实验后也会有课堂提问来考查掌握情况,更易接受这种视听触一致的实验学习方式。虚拟教师的交互模式不仅可以让用户减少孤独感,从而更快地进入学习和实验状态,还可以让用户一步一步体验到自己完成实验的过程,即使用户表现不佳,虚拟教师也会进行鼓励而不是通过批评教育来增强用户的学习动机。

(四) 硫酸铜与氢氧化钠溶液反应 MR 实验

1. 案例简介和教学目标

(1)案例简介

硫酸铜与氢氧化钠溶液反应 MR 实验给操作者提供的是虚拟硫酸铜溶液、氢氧化钠溶液及其反应,以及与实体烧杯等相融合的实验环境,重点解决传统硫酸铜与氢氧化钠溶液反应危险性和耗材等问题。实验所面向的群体是具备一定硫酸铜与氢氧化钠溶液反应知识的初中生及高中生。

(2)教学目标

本虚拟探究教学目标主要涉及知识技能、实验探究、问题解决、情感态度等4 个维度,并涉及实验探究、物理观念、数据分析、推理能力、创新意识、科学态度与责任等 6 个核心素养。

①知识技能:掌握高锰酸钾制氧气原理及其应用的基本能力,能结合生活场景思考高锰酸钾制氧气的融入。

②实验探究:思考色光混合原理的形成过程,进一步培养实验探究、物理观念、推理能力等核心素养。

③问题解决:探究教学应用于色光混合 MR 实验之中,引导学生拓展思考和应用,进一步培养数据分析、推理能力、应用意识等核心素养。

④情感态度:培养学生的动手操作能力,以及观察发现能力,进一步培养创新意识、科学态度与责任等核心素养。

2. 虚实内容和探究流程

(1)虚实内容

虚拟内容:硫酸铜溶液、氢氧化钠溶液及其反应等。

实体内容:烧杯等。

（2）探究流程

硫酸铜与氢氧化钠反应 MR 实验，主要分为以下 4 个步骤：

实验第一步，通过语音识别来选择硫酸铜与氢氧化钠溶液反应界面，实验开始时系统会对学生进行化学常识提问。第一个问题为"请问硫酸铜溶液是什么颜色的"，第二个问题为"请问氢氧化钠溶液是什么颜色的"，学生通过语音交互进行回答，如果回答错误，系统会给出正确答案。

实验第二步，对倾倒入烧杯中的物质进行选择，在这里倾倒入烧杯中的两个按键对应硫酸铜与氢氧化钠两种试剂，学生可以随意进行选择。

实验第三步，进行倾倒操作，先对倾倒烧杯的倾倒位置进行判断，如果学生把烧杯移动到偏左的位置进行倾倒，则黑板上会出现提示并进行语音播报："您倾倒的位置偏左，请调整位置。"如果学生把烧杯移动到偏右的位置进行倾倒，则黑板上会出现提示并进行语音播报："您倾倒的位置偏右，请调整位置。"如果学生把烧杯移动到烧杯正上方的位置进行倾倒，则黑板上会出现提示并进行语音播报"倾倒位置正确"，液体会顺利倒入反应烧杯。

实验第四步，倾倒结束后需要重新选择倾倒入烧杯中的溶液，通过触摸倾倒烧杯上的触摸传感器，选择氢氧化钠溶液，并将溶液倒入盛有硫酸铜溶液的反应烧杯。在出现反应结果之前，系统将会针对相关知识点提问，问题为"硫酸铜与氢氧化钠反应的实验现象是什么"，学生回答后出现反应结果。

（五）试管气密性检查 MR 实验

1. 案例简介和教学目标

（1）案例简介

试管气密性检查 MR 实验给操作者提供的是虚拟试管、水、气泡，以及与实体烧杯等相融合的实验环境，重点解决传统试管气密性检查的稳定性等问题。实验所面向的群体是具备一定试管和烧杯等使用基础知识的初中生及高中生。

（2）教学目标

本虚拟探究教学目标，主要涉及知识技能、实验思考、问题解决、情感态度等 4 个维度，并涉及实验探究、物理观念、数据分析、推理能力、创新意识、应用意识、科学态度与责任等 7 个核心素养。

①知识技能：掌握试管气密性检查原理及其应用的基本能力，能结合生活

场景思考试管气密性检查的操作。

②实验思考：思考试管气密性检查的过程，进一步培养实验探究、物理观念、推理能力等核心素养。

③问题解决：探究试管气密性检查步骤中存在的不足，引导学生拓展思考和应用，进一步培养其数据分析、推理能力、应用意识等核心素养。

④情感态度：培养学生的动手操作能力，以及观察发现能力，进一步培养其创新意识、科学态度与责任等核心素养。

2. 虚实内容和探究流程

（1）虚实内容

虚拟内容：试管、水、气泡等。

实体内容：烧杯等。

（2）探究流程

在交互设计方面，化学实验强调动手操作，虚拟探究应像真实实验一样强调自然的手直接拿取的交互操作，这需要手部更灵活多变地运动，导致基于闭包运算、指尖曲率等的传统算法的准确性大大降低，当前 MR 主流的交互方式特定的手势识别在做化学实验时显得不够自然。此外，虚拟 MR 探究也应该包括一些拿取器材等具有触感的操作，但传统的 MR 探究只是单纯与空气交互，缺乏触感。

考虑到上述原因，我们的 MR 化学实验分为两种主要交互形式：多相机协同下贴有标记的实物套件与虚物无死角的交互，在传统的真实化学实验中佩戴的手套上做少量标记的手直接拿取虚物的交互。

我们设计了一种需要在大拇指和食指上佩戴指定颜色指环的方法进行交互，在深度相机的视角下，大拇指和食指一般不会被完全遮挡，而大拇指和食指也是拿取物体时最主要的两个手指，故我们在手套的食指和大拇指处做蓝色标记，进行追踪，恢复出三维位姿和三维重建，以便在虚实内容中与虚拟物体碰撞交互，进而实现虚实对齐的手直接拿取虚物的自然交互。

基于上文的多相机协同下的无死角 MR 方法，我们在实物套件上增强显示虚拟物体。我们制作的实物套件一般为易于贴标记以及用来装药品、化学试剂的容器，如烧杯、装药品的瓶子、药匙、铁架台，而药品、试剂等是在这些实物上增强显示出来的虚拟内容，这样考虑的原因是，如在实物烧杯中增强显示虚拟液体，则能让用户在拿烧杯时有和现实一样的交互触感，但不会发生危险，也不会污染环境。

　　本书设计了满足需求模型的 MR 实验环境,图 5-55 展示了最终研究的虚实融合呈现及交互的方法应用于化学实验中检查气密性的交互场景。本书使用一个 RGB-D 相机作为主相机,使用两个 RGB 相机作为辅相机。其中,主相机的位置位于人眼前方,与人眼朝向桌面的方向平行来模拟人眼视角。所有相机都用于追踪交互空间中附加在实物上和手上的标记的 6-DoF 位姿,并将虚拟物体注册到主相机的坐标系中。此外,主相机的图像还用于渲染虚实空间的遮挡关系和光照一致性。

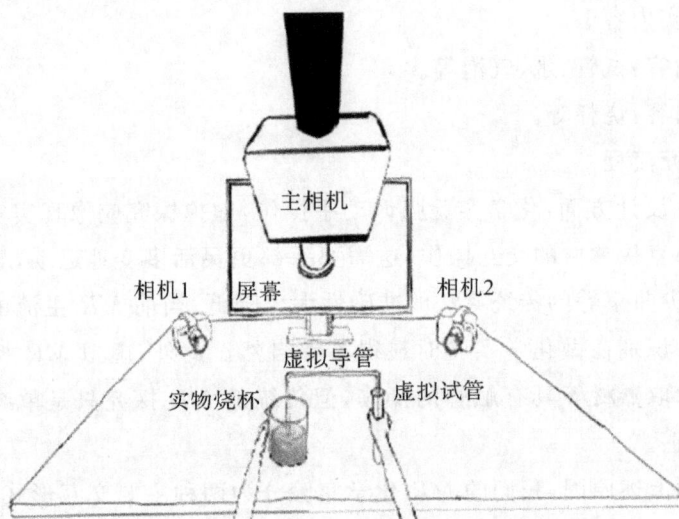

图 5-55　以检查试管的气密性为例的交互式场景

　　图 5-56 展示了对应交互场景的一帧渲染在电脑屏幕上的 MR 图像:真实的左手拿着一个装有虚拟水的实物烧杯,真实的右手握着一个虚拟试管,以检查试管的气密性,虚拟气泡在虚拟导管的末端生成,证明气密性良好。本交互方式经过测试,在本实验环境下具有较高的精度,这对于虚实对齐要求较高的 MR 探究实验来说是一种不错的选择。

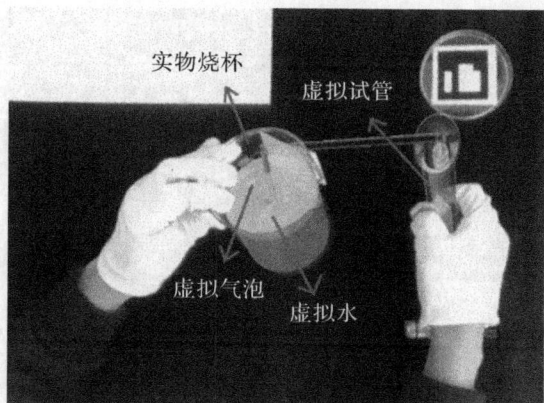

图 5-56 真实的左手拿着一个装有虚拟水的实物烧杯

三、MR 地理实验

(一)等高线 MR 实验

1. 案例简介和教学目标

(1)案例简介

本实验内容为地理等高线 MR 实验(见图 5-57)。重点是让学生根据等高线地形图的原理来判读区域地形、地势特征。实现目标的关键是建立平面图和立体地形地势的关联。等高线是相同高度连线在平面上的垂直投影。实验所面向的群体是具备一定地理等高线基础知识的初中生及高中生。

(2)探究教学目标

本虚拟探究教学目标,主要涉及知识技能、实验探究、问题解决、情感态度等 4 个维度,并涉及实验探究、数据分析、推理能力、创新意识、应用意识、科学态度与责任等 6 个核心素养。

①知识技能:掌握等高线地形图表达区域地形地势的方法。

②实验探究:思考探究不同地形类型的等高线地形图特征,进一步培养实验探究、推理能力等核心素养。

③问题解决:探究等高距在等高线地形图中的作用及相关应用,进一步培养数据分析、推理能力、应用意识等核心素养。

④情感态度:培养学生的动手操作能力和实验操作分析能力,进一步培养应用意识、创新意识、科学态度与责任等核心素养。

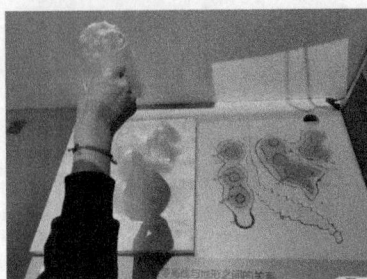

(a) 盆地

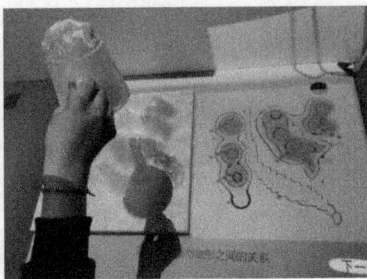

(b) 山谷

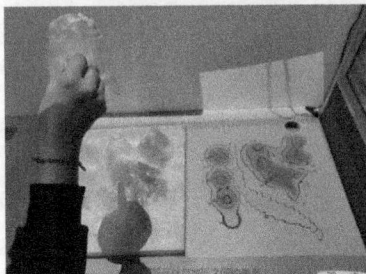

(c) 山脊

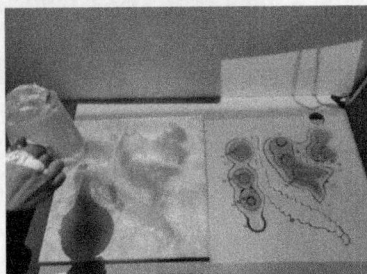

(d) 山峰

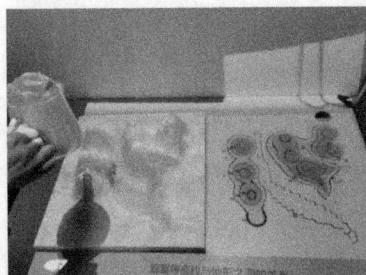

(e) 鞍部

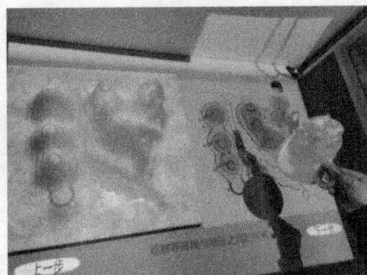

(f) 河流

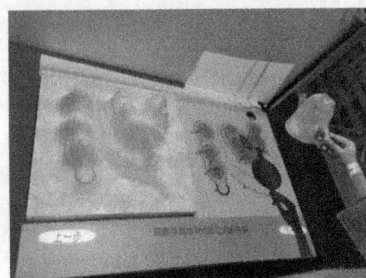

(g) 盆地

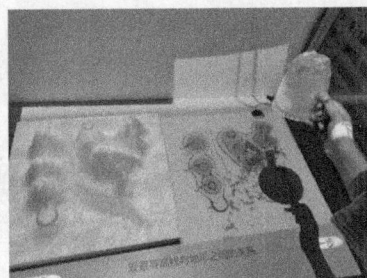

(b) 山峰

图 5-57　*MR* 山脉水流

2.虚实内容和探究流程

(1)虚实内容

虚拟内容:等高线、河流、山川等。

实体内容:水壶、山川 3D 打印件等。

(2)探究流程

MR 实验课程面向 7~9 年级的学生而设计,课程由实验准备、单人体验、双人体验、小组体验和实验总结 5 个模块组成,课程开展 16 周,每周 1 课时,授课教师可以根据实际情况调整安排具体的教学课时。

实验第一步,鼠标点击桌面,打开实验操作平台,首先进入等高线相关知识介绍页面,通过语音讲解引导学生对不同地形的等高线地形图进行初步的认识和了解。

实验第二步,进入实验界面,将 3D 打印的实体山脉放置在指定位置上,可以观察到等高线在真实山脉上的呈现效果以及等高线地形图的平面效果。

实验第三步,学生观察等高线地形图上标记点对应的真实山脉上的位置,随后跟随语音指令选择不同地形对应的等高线位置。

实验第四步,学生拿起并移动水壶,观察水流在真实山脉上不同位置的流动趋势,以加深对不同地形的理解。

实验第五步,点击下一步,进入实验随堂小测,学生通过鼠标操作,完成课本上关于等高线地形图相关知识的课后习题。

3.虚拟探究技术原理

空间式实物交互技术利用深度信息来估计物体的姿态,主要是将描述对象所使用的特征、解决问题的数学方法和所给出的数据格式作为输入,用算法来表示对象的模型来查找。为此,我们提出了一种基于迭代最近点算法的姿态估计算法,该算法的实现基于点云库(point cloud library,PCL)。在获得三维场景点云数据后,对点云数据进行预处理以降低点云数量及其噪声。然后,利用欧氏聚类算法从背景中检测目标。捕获目标后,对点云进行配准,得到目标的六自由度信息。最后通过 SAR 的方式,投影呈现虚拟的实验现象,并精确配准实物交互对象的纹理。实现流程框图如图 5-58 所示。

(1)基于场景语义的三维点云数据转化

深度相机直接捕获实际实验场景的深度数据为深度图像中每个像素点到相机平面的垂直距离。利用公式(5.42),我们根据深度相机的内部参数,将深

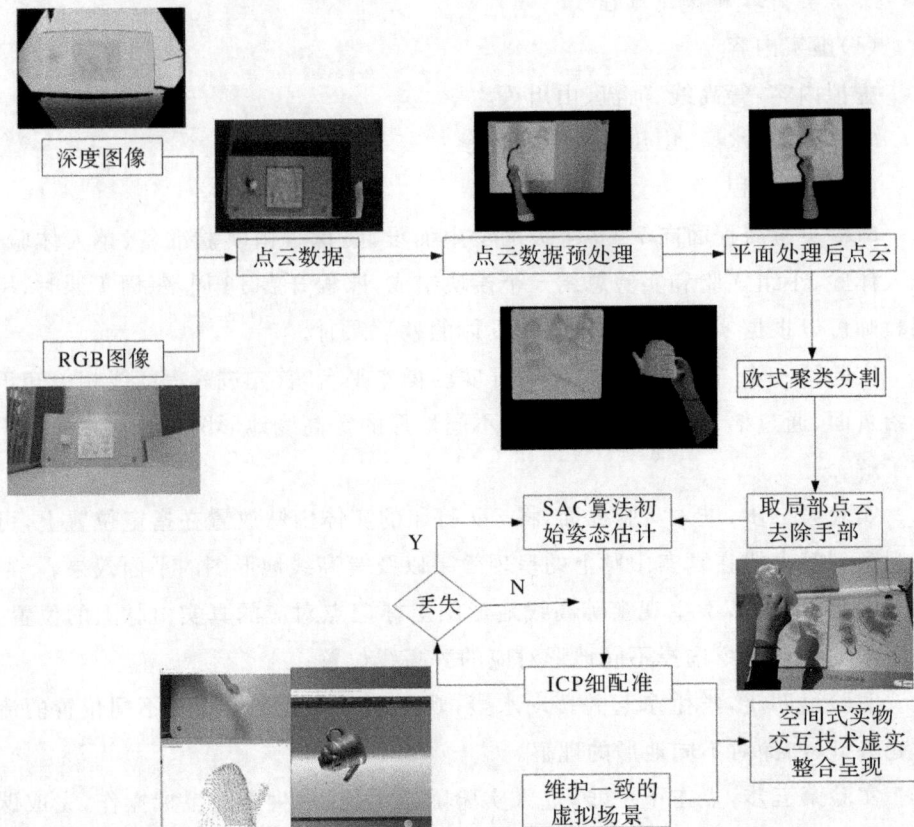

图 5-58　实现框图

度图像中的像素点坐标 $P_i(u,v)$ 转化为三维空间中点云坐标 $P(X_c,Y_c,Z_c)$，进而将深度数据实时转化为点云数据，每个点云数据都将存储关于 X 坐标、Y 坐标和 Z 坐标深度的信息，是三维物体形状的稀疏空间表示。

$$Z_c\begin{bmatrix}u\\v\\1\end{bmatrix}=\begin{bmatrix}d_x&0&u_0\\0&d_y&v_0\\0&0&1\end{bmatrix}\begin{bmatrix}X_c\\Y_c\\Z_c\end{bmatrix} \tag{5.42}$$

其中，Z_c 为空间点到相机平面的垂直距离，a_x、a_y、u_0、v_0 为深度相机的内部参数，其内部参数为与深度相机自身特性相关的参数，包括焦距 f 和相邻像素点 a_x、a_y，a_x 和 a_y 分别表示图像上水平和竖直方向的一个像素所占的单位数量；u_0 和 v_0 表示图像的中心像素坐标和图像原点像素坐标之间相差的横向和纵向像素数。图 5-59 为实验场景的彩色图像和深度图像，图 5-60 是转化后的点云数据图。

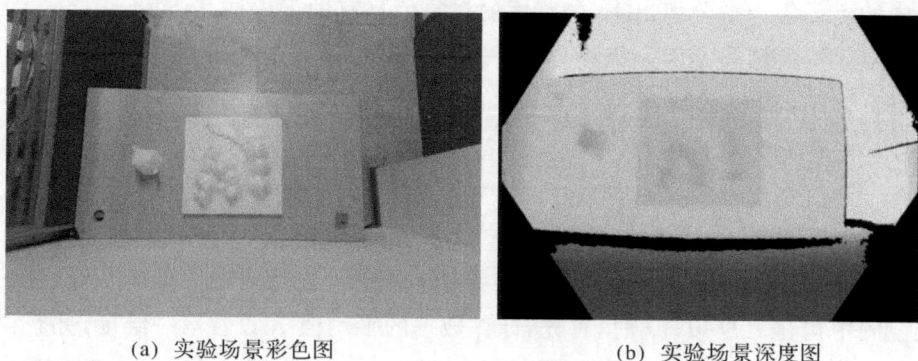

(a) 实验场景彩色图　　　　　　　　　　(b) 实验场景深度图

图 5-59　实验场景图

图 5-60　实验场景点云数据

（2）交互对象的实时分割算法

点云数据是一种高冗余度、不均匀且缺少拓扑信息的数据。点云分割是基于点云的空间、几何和纹理特征，使同一划分的点云具有相似的特征，点云的有效分割是目标特征提取的前提。常用的点云分割算法有随机样本一致性算法和聚类算法。随机样本一致性分割算法通常适用于一个模型的特定数据的分割，对于包括多个模型的场景具有一定的局限性。欧氏聚类分割算法把距离在某一阈值内视为一个类。考虑到效率和实时性的要求，我们选择欧氏聚类算法进行点云分割。在空间式实物交互技术中，对象分割的目的是将交互对象从场景中的点云集合中分离出来,分割后的对象信息有助于评估其姿态。

    欧氏聚类算法是多元统计分析中一种重要的分类方法,它通过对阈值内的点进行排序,将点云聚类为一类,阈值为欧几里得距离,如公式(5.43)中的 $(p_i,q_i)\in P$,P 为点云集合。

$$d(p_i,q_i)=\sqrt{\sum_{k-1}^{n}(p_{ik}-q_{ik})^2} \tag{5.43}$$

    离散点之间的拓扑关系可以用三维 $KD\text{-}Tree$ 进行描述。具体来说,在三维空间中构建 $KD\text{-}Tree$ 时,首先,计算数据的平均值 X 设在第一维度,并获得分界线基于中值数据点的维度,以便使三维空间的第一子空间分为 2 个部分。同样,在 Y 轴上找到分界线,在第一次划分的基础上进行第二次划分,将两个子空间划分为 4 个子空间。最后在 Z 轴上进行同样的操作,在第三维找到划分线后进行第三次划分,将 4 个子空间划分为 8 个子空间。这样,通过对 X、Y、Z 轴的分割过程,可以建立空间数据的拓扑关系,然后根据空间拓扑关系进行邻居搜索,从而加快了对应点的收缩速度,如图 5-61 所示。

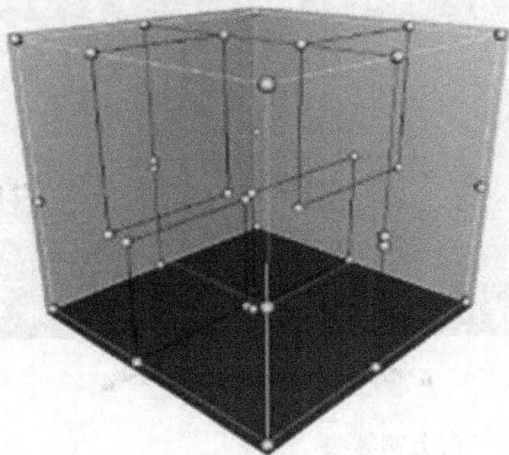

图 5-61 $KD\text{-}Tree$

    欧氏聚类分割算法的步骤如下:

    ①为输入点云数据集 P 创建一个 $KD\text{-}Tree$ 来表示。

    ②设置一个空的聚类集合 A,以及建立一个队列 Q 来存储待测试的点云数据。

    ③对于任意点 $p_i \in P$,执行以下步骤。

将 p_i 添加到当前队列 Q 中。对于每个点 $p_i \in Q$，执行以下步骤。

a. 设置搜索半径 d_{th}，以 p_i 为中心，进行 K 邻域搜索得到 p_i^k，欧式距离满足阈值的被归为一类。

b. 检查每个点是否执行上述步骤。如果没有，则将剩余的点添加到队列 Q 中。

当 Q 中的所有点完成上述步骤后，将这些点添加到集合 A 中。

④当所有点 $p_i \in P$ 都经过处理并成为集合 A 的一部分后，算法结束。

分割前的实验场景如图 5-62 所示，经过上述分割步骤，用欧式聚类算法将场景中的交互对象分割为两个聚类，如图 5-63 所示。

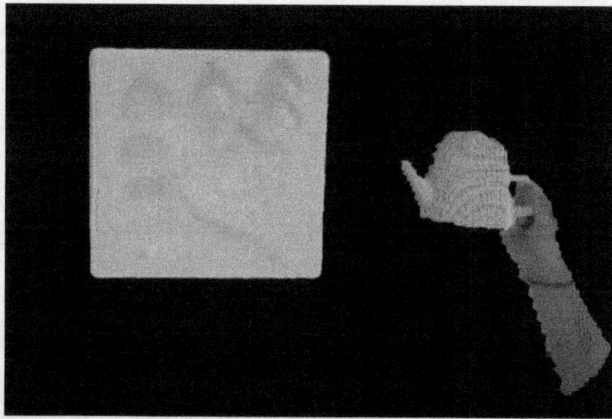

图 5-62　分割前的实验场景

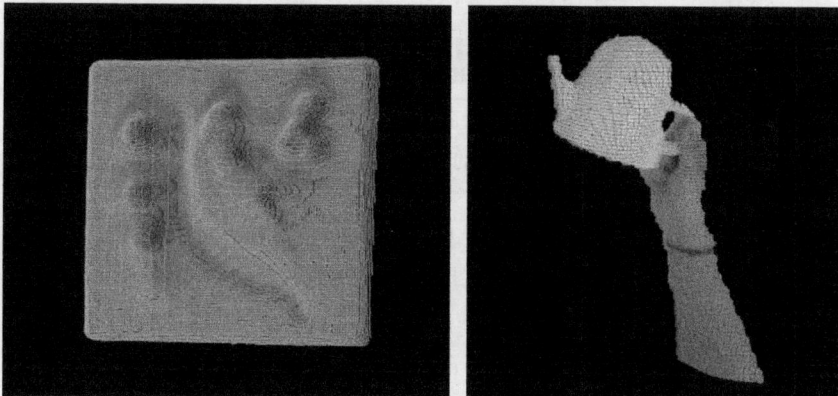

(a) 交互对象 1　　　　　　　　(b) 交互对象 2

图 5-63　分割后的目标对象

（3）世界坐标系下实物对象的位姿求解

首先，可通过点云配准算法得到目标对象在深度相机下的实时位姿信息。为了实现交互通道与呈现通道的融合与一致，可通过数字孪生法建立与维护每个对象的参数与状态，该过程和桌面式实物交互技术中实物对象的位姿求解方法一致。在数字空间建立与物理空间一致的对象模型，同时在数字空间建立与物理空间中的投影仪内外参一致的虚拟相机，使用罗德里格旋转公式，将虚拟探究场景中的数字模型从虚拟场景坐标系转换至深度相机坐标系下，维护一致的数字空间和物理空间，如图 5-64 所示。

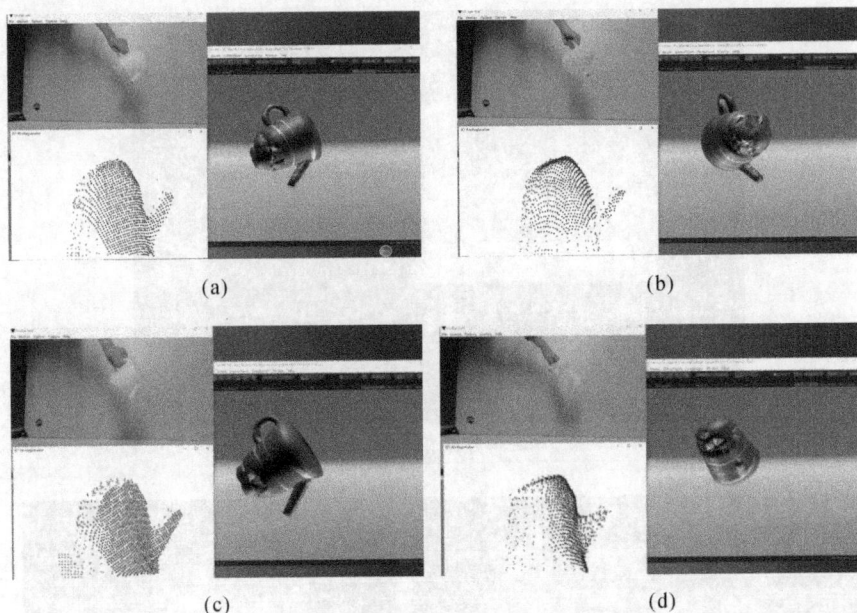

图 5-64　一致的数字空间和物理空间

其次，可通过基于结构光的标定方法得到深度相机和投影仪坐标系之间的位姿数据，结合所述的实物对象在深度相机坐标系下的位姿数据，再次使用罗德里格旋转公式，将数字模型从深度相机坐标系下转换至投影仪世界坐标系下，通过坐标系的旋转即可将数字空间中的数字模型一一映射到物理空间，即实时求解，得到实物对象在投影仪世界坐标系下的位姿数据。通过虚拟相机进行虚拟内容的渲染生成，最终将实时渲染的图像精确配准后通过投影仪输出至实物对象上。经过配准转换至投影仪坐标系下的实物对象上色后效果如图 5-65 所示。

(a) 场景原始场景　　　　　　(b) 精确纹理贴图后

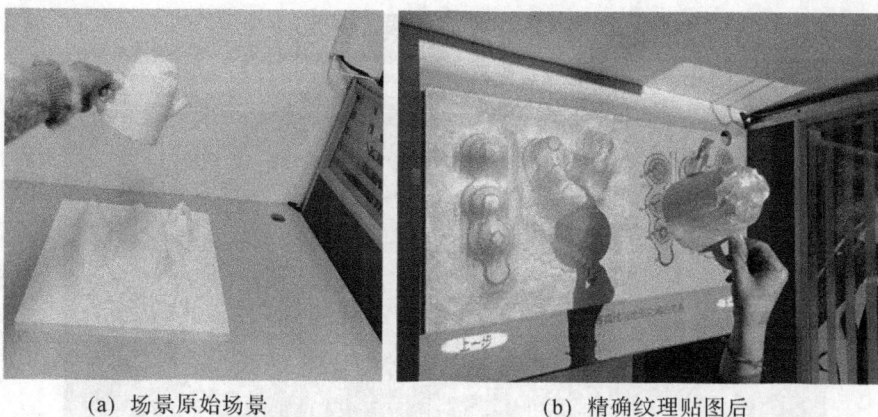

图 5-65　转换至世界坐标系下的实物对象上色后效果

（4）基于位姿的交互语义实现

本系统选择的实物对象为水壶和山体，需要实时求解出水壶相对水平面倾斜的角度，进而计算出水流状态。具体求解方法为：由于水壶初始状态底面处于水平面，因此本系统采用 $RANSAC$ 算法拟合出水壶底面所在的平面方程，拟合结果如图 5-65 所示，即水壶底面所在平面的平面方程为：$5.0169 \times 10 - 5X - Y - 0.000140624Z - 0.0617614 = 0$，根据平面方程得知平面法向量 A 为 $(5.0169 \times 10^{-5} - 1 - 0.000140624)$。得到水壶底面所在平面方程后，在 $Geomagic\ Studio$ 软件中找到水壶模型中壶嘴处两点的坐标 Pt_1 和 Pt_2（见图 5-66），从而得到壶嘴的方向向量，令其为 B，则 $B = Pt_2 - Pt_1$。根据两个向量之间的夹角公式，如公式（5.44），可求解得到壶嘴和平面法向量的角度，进而可以求解出壶嘴初始与水平面之间的夹角（见图 5-67）。

$$\cos(\vec{A}, \vec{B}) = \frac{\vec{A} \cdot \vec{B}}{|\vec{A}| |\vec{B}|} \tag{5.44}$$

上文已通过点云配准算法得到实物实时的变换位姿，接着，将壶嘴坐标乘以变换矩阵可得到实时的壶嘴位置，进而可实时求解出实时的壶嘴向量，得到实时壶嘴相对水平面倾斜的角度，并通过设置不同的角度范围来得出流水声音的不同以及水流状态的不同。比如，当水壶倾斜的角度较大时，水流的速度和水花的大小会比较大；当水壶倾斜的角度比较小时，水流的速度和水花的大小会比较小；当水壶水平放置或者往反方向倾斜时，没有水流。

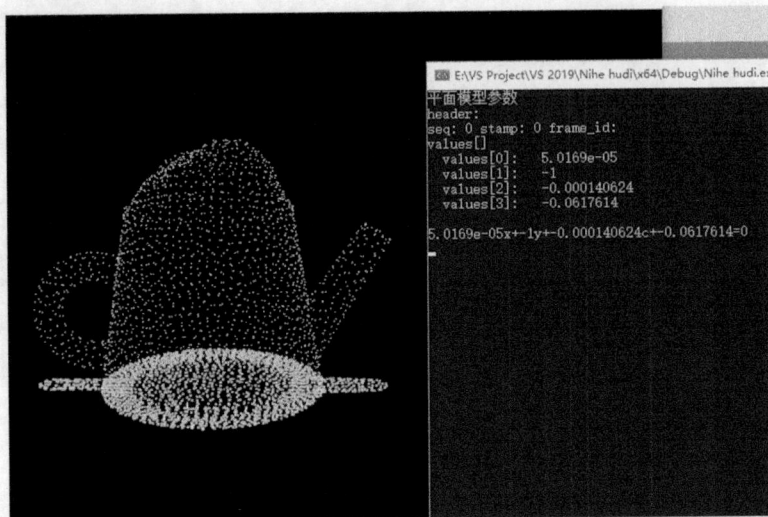

图 5-66　水壶底面平面模型参数

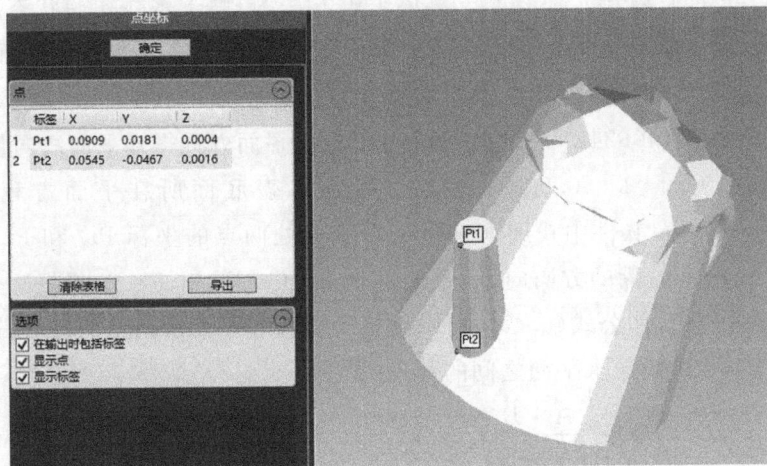

图 5-67　求解壶嘴方向向量

第二节　混合现实探究课程开发

本节将基于学生学情的分析,充分说明 *MR* 实验课程的设计方案迭代的开发模式,并从物理和化学两门学科出发列出 *MR* 实验探究课程框架,从而使得读者对 MR 实验的课程开发有更明确的感知。

一、MR 实验课程开发模式

(一)学生学情分析

MR 实验课程主要面向的学生为对物理、化学等实验感兴趣以及想要学习 MR 实验的学生,当然也可以面向普通学生开展综合实践活动。近年来,新技术的革新与应用正带来学习空间、学习场所的重构与融合,其中以虚拟现实技术、仿真技术、传感技术、3D 打印技术等为代表,尤其是混合现实等技术在教学中的应用,开启了课堂教学新一轮的交互革命。[1] 当前,很多中小学也已经结合智慧学习空间、智能学习平台和智能课堂软硬件等,开展人机协同课堂教学。[2] 新技术、新场所、新体验共同构建起一种全新的"多模态+人机协同"的教学范式,因此,我们有必要对其进行研究与探讨。

目前,中小学课堂中应用 VR、AR 进行学科教学探索的情况已经很多,但基于 MR 开展探究教学,同时聚焦于视觉、听觉和触觉等多模态数据表征,从而探索"多模态+人机协同"新教学范式的研究还比较稀缺。我们认为,这种研究更加有利于借助多维数据,精确感知学习过程,更加深入地理解与分析学习者[3],为学习发生机理的探索提供新的视角。与此同时,这种研究还有利于将学习者分析的重心由行为、互动、结果等外部因素,逐渐向学习者大脑认知、情感体验、创新能力等内部因素[4]过渡。

(二)MR 实验课程开发模式

MR 实验课程开发模式,不仅要考虑 MR 资源及课程教学特点等多方面因素,而且要根据师生的实际需求进行动态优化,这些要求与敏捷课程开发理念相匹配。敏捷课程开发的本质就是主动、有效且高效地响应学习者个性化且

[1] 孔玺,孟祥增,徐振国,等. 混合现实技术及其教育应用现状与展望[J]. 现代远距离教育,2019(3):82-89.
[2] 高琼,陆吉健,王晓静,等. 人工智能时代人机协同课堂教学模式的构建及实践案例[J]. 远程教育杂志,2021(4):24-33.
[3] 牟智佳,符雅茹. 多模态学习分析研究综述[J]. 现代教育技术,2021(6):23-31.
[4] 牟智佳. 多模态学习分析:学习分析研究新生长点[J]. 电化教育研究,2020(5):27-32,51.

不断发展变化的学习需求,快速为学习者提供契合学习需求的可用课程。[①] 笔者基于敏捷课程开发逐渐逼近模型(*Successive Approximation Model*,简称 *SAM*),建构起包含准备、迭代设计、迭代开发等三个阶段的 *MR* 实验课程开发模式,具体如图 5-68 所示。

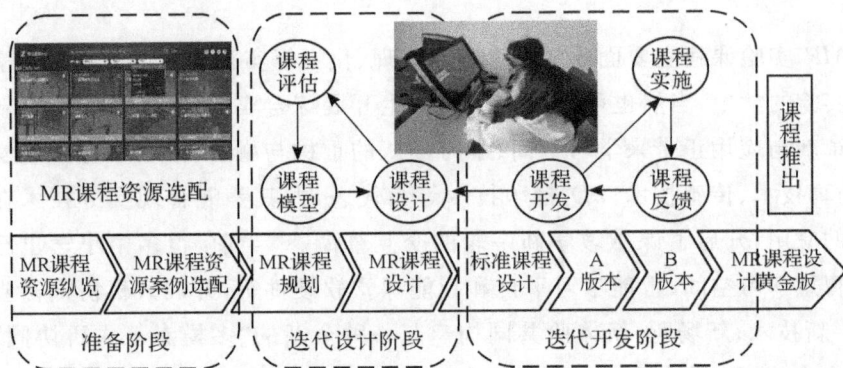

图 5-68 *MR* 实验课程开发模式

其中,准备阶段主要是进行 *MR* 课程资源选配,课程开发团队需要纵览 *MR* 课程资源,在学生学情的基础上,进行课程案例的选配。在迭代设计阶段进行 *MR* 课程规划,生成初步创意,构建课程开发模型,并通过对课程设计内容的不断评估,迭代设计出新颖的课程方案。其中,课程开发模型是迭代设计阶段的核心,它是课程设计的基础,可以引发更多富有创意的设计思路。在迭代开发阶段,开发团队通过课程开发、实施、反馈等环节生成标准课程设计,并对上述环节进行迭代循环产出 A 版本、B 版本,乃至 *MR* 课程设计的黄金版本,*MR* 实验课程课程框架如表 5-1 所示。在这个阶段,开发团队通过设计方案迭代的方式,不断收集学习者的反馈,使团队可以及时发现、解决相应问题,缩短课程开发周期,这有助于提升课程设计质量和实践效果。

MR 实验课程面向 7～9 年级的学生而设计,课程由实验准备、单人体验、双人体验、小组体验和实验总结 5 个模块组成,课程开展 16 周,每周 1 课时,授课教师可以根据实际情况调整安排具体的教学课时。

---

① 李笑樱,闫寒冰,彭红超. 敏捷课程开发:VUCA 时代课程开发新趋向[J]. 电化教育研究,2021(5):86-93,113.

表 5-1　MR 实验课程的课程框架

课程单元	课程小节	小节课时	小节描述
MR 实验准备		第 1 课时	介绍学期课程内容要点,熟悉物理、化学、地理等虚实融合环境及其操作注意点。
MR 物理实验	保险丝熔断MR 实验	第 2~3 课时	在虚实融合环境中启动电源,形成虚拟通路,通过移动滑动变阻器的真实滑块动态来调节虚拟电路的电阻,并在虚实融合视野中观察保险丝熔断的虚实内容。
	磁感线MR 实验	第 4~5 课时	通过投影仪、深度相机、小磁针及条形磁铁,在虚实融合环境中改变条形磁铁的方向,并在虚实融合视野中观察磁感线的方向。
	平抛运动MR 实验	第 6~7 课时	利用高速相机拍摄小球下落的视频,采用帧差法检测高速相机拍摄的 RGB 图像的运动目标,标定高速相机、投影仪、平抛运动仪之间的单应关系,得到单应矩阵。接着,通过投影仪将虚拟探究场景精确投影到小球平抛运动仪上,实现虚实融合的呈现。
	色光混合MR 实验	第 8 课时	3D 打印实验对象交互件,并离线标定实现整个系统的坐标系的配准。实现虚拟内容和真实场景物体的精确配准,并通过投影仪呈现出来。
MR 地理实验	等高线MR 实验	第 9 课时	通过计算机中的 3Dmax 软件构建水壶和包含山峰、山脊、山谷、鞍部、盆地和陡崖等知识点的山体三维模型,并通过 3D 打印机打印获得实物对象;用计算机中的 unity3D 软件开发引擎构建等高线虚拟探究场景,学生可以从实验桌上拿起水壶,往实物山体上浇水,并根据水流到山体表面的状态判断地形。
MR 化学实验	高锰酸钾制氧气MR 实验	第 10~11 课时	用虚实融合技术进行高锰酸钾制氧气的实验操作,避免学生对高锰酸钾的直接接触,从而有效降低实验风险,虚拟的水、火、高锰酸钾、试管、火柴、水槽、导管、棉花、集气瓶方便移动,也有利于学生亲手进行实验操作,实验者的语音提示可以使显示屏中出现相对应的虚拟物象。
	钠与水的反应 MR 实验	第 12~13 课时	学生进行的钠与水的反应科学探究实验学习的整个过程包括探究式学习的所有要素和流程。在网络虚实融合实验学习平台上,呈现与科学探究实验紧密相关的虚拟场景,主要以视频或动画的形式进行。
	硫酸铜与氢氧化钠MR 实验	第 14 课时	通过语音识别来选择硫酸铜与氢氧化钠溶液反应的界面,接着对倾倒烧杯中的物质进行选择,然后进行倾倒操作。倾倒结束后需要重新选择倾倒烧杯中的溶液,并将溶液倒入盛有硫酸铜溶液的反应烧杯。

续表

课程单元	课程小节	小节课时	小节描述
MR 化学实验	试管气密性检查 MR 实验	第 15 课时	使用一个 RGB-D 相机作为主相机,使用两个 RGB 相机作为辅相机。研究虚实融合呈现及交互的方法,将其应用于化学实验中检查气密性的交互场景。
MR 实验总结		第 16 课时	总结本学期的实验难点与重点,学生进行成果展示,教师给予评价反馈,并对教学成果进行评价反思。

二、MR 物理探究课程

(一)学生学情和相关教材分析

MR 物理探究课程主要面向具有一定物理基础知识的初中生和高中生,也面向对 MR 物理实验感兴趣的其他普通学生。本次探究课程借助 MR 技术,可以使每个学生沉浸式地体验实验过程,更加细致地观察实验与进行 3D 视觉感知,从而让学生更加深入探索 MR 实验,促进学生创新思维能力的提升。

(二)MR 物理探究课程

MR 物理探究课程的课程框架如表 5-2 所示。开发团队设计了 MR 物理探究课程的课程框架,有助于进一步提升物理探究课程的设计质量和实践效果。

表 5-2　MR 物理探究课程的课程框架

课程单元	课程小节	小节课时	小节描述
MR 物理实验准备		1 课时	介绍 MR 相关知识,以及进行要做的 MR 物理实验相关介绍。
电与磁 MR 实验	保险丝熔断 MR 实验	2～3 课时	在虚实融合环境中,启动电源形成虚拟通路,通过移动滑动变阻器的真实滑块来动态调节虚拟电路的电阻,并在虚实融合视野中观察保险丝熔断的虚实内容。
	磁感线 MR 实验	4～5 课时	通过投影仪、深度相机、小磁针及条形磁铁,在虚实融合环境中改变条形磁铁的方向,并在虚实融合视野中观察磁感线的方向。

续表

课程单元	课程小节	小节课时	小节描述
物理运动MR 实验	平抛运动MR 实验	6～7 课时	利用高速相机拍摄小球下落的视频,采用帧差法检测高速相机拍摄的 RGB 图像的运动目标,标定高速相机、投影仪、平抛运动仪之间的单应关系,得到单应矩阵。通过投影仪将虚拟探究场景精确投影到小球平抛运动仪上,实现虚实融合的呈现。
	色光混合MR 实验	8 课时	3D 打印实验对象交互件,并离线标定实现整个系统的坐标系的配准。实现虚拟内容和真实场景物体的精确配准,最后通过投影仪呈现出来。

三、MR 化学探究课程

(一)学生学情和相关教材分析

MR 化学探究课程主要面向具有一定化学基础知识的初中生和高中生,也面向对 MR 化学实验感兴趣的其他普通学生,本次探究课程借助 MR 技术可以使每个学生都沉浸式地体验实验过程,能够更加细致地观察实验与进行 3D 视觉感知。从而让学生对 MR 实验能够更加深入探索,促进学生创新思维能力的提升。

(二)MR 化学探究课程

MR 化学探索课程的课程框架见表 5-3。开发团队为 MR 化学探究课程设计了一个课程框架,有助于进一步提高化学探究课程的设计质量和实践效果。

表 5-3　MR 化学探究课程的课程框架

课程单元	课程小节	小节课时	小节描述
MR 化学实验	高锰酸钾制氧气 MR 实验	9～10 课时	用虚实融合技术进行高锰酸钾制氧气的实验操作，避免了学生对高锰酸钾的直接接触，从而有效降低实验风险，虚拟的水、火、高锰酸钾、试管、火柴、水槽、导管、棉花、集气瓶方便移动，也有利于学生亲手进行实验操作，实验者的语音提示可以使显示屏中出现相对应的虚拟物象。
	钠与水的反应 MR 实验	11～12 课时	学生进行的钠与水的反应科学探究实验学习的整个过程包括探究式学习的所有要素和流程。在 web 虚实融合实验学习平台上呈现与科学探究实验紧密相关的虚拟场景，主要以视频或动画的形式。
MR 化学实验	硫酸铜与氢氧化钠 MR 实验	13 课时	首先通过语音识别来选择硫酸铜与氢氧化钠溶液反应界面，接下来是对倾倒入烧杯中的物质进行选择，接着进行倾倒操作，倾倒结束后需要重新选择倾倒入烧杯中的溶液，并将溶液倒入盛有硫酸铜溶液的反应烧杯。
	试管气密性检查 MR 实验	14 课时	使用一个 RGB-D 相机作为主相机，使用两个 RGB 相机作为辅相机。研究虚实融合呈现及交互的方法应用于化学实验的检查气密性的交互场景。

第三节　混合现实探究教学实践

本节将首先从 MR 探究教学方法建构、教学过程及评价两个方面阐述 MR 实验教学模式；其次在 MR 物理探究的教学设计中进行对 MR 场域中的多模态情境导学、MR 场域中的多模态智能诊学、MR 场域中的多模态人机助学、MR 场域中的多模态精准评学教学模式的具体说明，从而使得读者更好地了解 MR 教学。

一、MR 实验教学模式

(一)教学方式的建构

MR 场域中的"多模态＋人机协同"教学方式，主要基于"心流＋沉浸式教学"和"情境＋具身认知"等理论，结合 MR 多模态交互的特征，包含多模态情境导学、MR 多模态智能诊学、MR 多模态人机助学和多模态精准评学等 4 个环节。每个环节中,师生都以学习共同体的形式参与学习。在具体实施过程中,根据教学需求可以自主搭配各个环节,具体如图 5-69 所示。

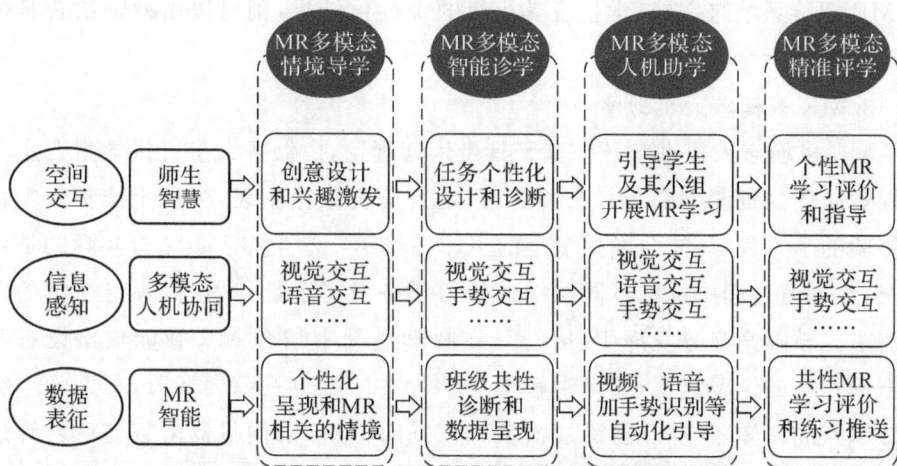

图 5-69　MR 场域中的"多模态＋人机协同"教学模式

(二)教学过程及评价

1.多模态情境导学

多模态情境导学,即基于情境认知理论,在开始 MR 教学之前,由教师发挥自己的教学智慧,进行指向 MR 教学环境的多模态情境教学创意设计。该设计需要最大限度、最高效率地吸引学生的注意,从而最大效应地激发学生的学习兴趣,还能够培养学生的实际操作能力与思辨能力,并帮助学生在实验过程中完成学科知识的内化以及实验操作的优化。[①] 指向 MR 教学环境的多模态情境教学创意设计是利用 MR 教学系统的显示屏以及附属的操作系统来进行导入创意情境的视频和语音等交互设计的。

2.MR 多模态智能诊学

MR 多模态智能诊学则基于"心流＋沉浸式教学"理论,在开始 MR 多模态教学前,教师需对诊断任务进行个性化设计,再对学生的学习情况进行多模态诊断分析,以便后续在使用 MR 学习时,能够更加有效地为到达心流和沉浸式

---

① 詹瑾.初中物理家庭实验教学的创意设计[J].教育实践与研究,2021(6):42-43.

体验做准备。在多模态诊断方面,可利用 MR 系统的显示屏,配合 MR 套件的各个组成部门,进行 MR 实验等操作前的学习诊断。诊断结果分为两部分:班级诊断共性结果和学生及其小组的个性化结果。其中,班级诊断共性结果可以由 MR 智能系统来完成;学生及其小组的个性化结果,则可以由教师结合具体情况来进行个性化诊断。

3. MR 多模态人机助学

MR 多模态人机助学环节基于具身认知理论,由储备大量可供学生自主学习探索所用的资源库的 MR 智能后台,结合历史数据图表,为学生推荐匹配具身体验的学习资源,充分发挥学生的主体性作用。学生亦可以结合实际的学习情况,在学习过程中选择不同层次的学习任务及提示性线索,以满足个体的发展需求。教师则充分发挥引导作用,在教学过程中结合 MR 智能输出设备实时把握学生的学习进程,重点讲解学生学习中的难点及薄弱环节,帮助学生突破知识点的认知瓶颈,获得深层次认知。同时,教师协同机器的智能后台筛选个性化学习任务,不断优化学生学习路径,提升学习效率,提高最近发展区阈值。

而且,教师还可以发布学习任务,从而助力学生展开研讨,并在全班进行成果展示,其目的在于发挥学习共同体作用,在实现自主学习能力提升的基础上,培养学习者的团队协作素养。学习共同体的建设需要充分发挥个体在团队中的效应,让个体建立起建设性交互作用,拓展协同研学的广度和深度。在传统教学环境下,协同研学常常形成优生牵头、组内其他成员参与性不高的困境,因此最终收效不高。在 MR 多模态人机协同教学环境下,借助智能传感设备,教师可以实时动态了解学生的参与程度及情绪表现,及时给予干预和提醒。同时,机器可以通过学生在诊学阶段的学情表现分析及研学过程中的任务完成情况的跟进,向教师推送优化研学任务建议,实现研学任务"同一知识点多题型""同一知识点多层次题型"的设定,满足学生不同层次的需求,提高其在研讨过程中的参与性与专注力。在成果汇报阶段,教师可以选择具有典型代表的案例依次进行呈现,突破共性问题,解决个体困难,展示优秀学习案例。

4. 多模态精准评学

多模态精准评学以多主体、多角度、过程性与结果性评价相结合为准则。首先,评价主体不局限于教师,还囊括了学生主体、学习小组以及 MR 智能平台诊断等,学生不再是被单向评价的对象,作为学习主体应充分发挥其自我评价的价值。其次,评价维度多元化,学生的发展具有整体性,评价若只关注知识技能的掌握情况是不全面的,还需要进行包含学生情感态度、合作交流意识、学习进步情况等的全局性评价,这就需要借助多模态数据的收集与表征,以呈现学生学习情况的内在特质。同时,学生的发展具有阶段性,评价不能只面向一个阶段,多个阶段数据的持续收集能完善关于整体性的评价,也能为之后的学习提供持续性的参考。此外,评价的核心是促进学生学习,因此评价结果的呈现和利用应更关注学生的进步,呈现学生已经掌握的内容、具备的能力,分析存在的不足、发展的潜力,这就需要打破传统的粗犷、终结式的等级式评价,并将其纳入过程性评价,以充分体现学生的学习进程和成长路径。

二、MR 物理探究教学实践

MR 物理探究教学实践主要从 MR 物理场域中的多模态情境导学、MR 物理场域中的多模态智能诊学、MR 物理场域中的多模态人机助学、MR 物理场域中的多模态精准评学等 4 个环节来展开论述。

(一)MR 物理场域中的多模态情境导学

MR 多模态情境导学主要开始于 MR 教学之前,通过指向 MR 教学环境的多模态情境教学创意设计,以最大效应地激发学生的学习兴趣。例如,在保险丝熔断实验中,教师可以通过翻转课堂或其他多种形式,引导学生学习保险丝熔断的实验原理,并基于对实验原理的认知,设计实际应用场景。在课堂中呈现学生的设计案例,开展教学活动。

(二)MR 物理场域中的多模态智能诊学

MR 多媒体智能诊学环节主要通过 MR 智能系统来诊断学生对实验原理及实验操作的掌握情况。在传统实验环境下,由于保险丝熔断时电流大、温度高、存在安全隐患,且实验器材具有消耗性,因此教师无法完全放手,让学生进行自主探索。MR 技术可以有效克服上述不足,在安全有效的实验环境下,为参与者提供虚实融合的交互情境,形成"视—听—触"融合的多感官通道及数据收集和分析呈现。学生可以基于自己对实验内容的理解进行自主探索,教师可以通过现场观察和 MR 智能系统的实验结果输出精准判断学情,确定学生学习的薄弱环节,从而有针对性地进行指导。

在 MR 场域下,实验所使用的设备包括一个真实的滑动变阻器和三个模拟真实仪器形状的有形替代品(电源、电流表、保险丝底座)。在 MR 环境中,系统将通过多相机 3D 配准,将 3 个有形的替代品渲染成相应的实验设备(电源、电流表、保险丝底座),实验操作设备如图 5-70(a)所示。在 MR 环境下,使用有形替代品既能节省电子设备的成本,又能让用户在交互时也有类似的触感,还能有效保障实验的安全性,图 5-70(b)为 MR 环境下的操作展示。

(a) MR实验环境设置   (b) MR环境下的操作展示

图 5-70　MR 实验环境设置及操作展示

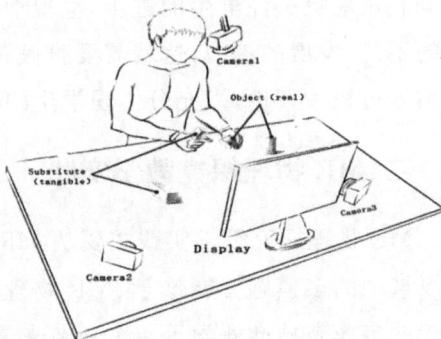

(三)MR 物理场域中的多模态人机助学

在 MR 多模态人机助学情境中,教师主要通过收集学生在实验过程中的行为、生理数据,将学生的学习体验和学习成就进行可视化呈现,并通过分析机器所输出的可视化信息,随时掌握学生的学习进程,从而有针对性地进行教学指导。通过 MR 多模态人机助学,教师也可以为学生自主学习力的习得与提升提供广泛资源库。学生在实验过程中对实验操作感到困惑时,可以借助 MR 智能系统的语音指导、视频指导等资源库获取帮助,从而完整有序地体验实验的全流程。图 5-71 显示了 MR 环境下熔断实验的主要流程。实验创建了真实的场景,通过有形设备实现真正的自由交互,实验者可以在 MR 环境中启动电源,形成虚拟通路,通过移动滑动变阻器的真实滑块来动态调节虚拟电路的电阻,并在 MR 视野中观察保险丝熔断的虚实内容。

而且,教师还可以通过 MR 智能系统所呈现的学生的实验完成情况进行统筹安排,进一步设计开放性的研究任务,让学生在实验操作的基础上,开展小组互动研讨。例如,通过对现实应用场景的分析,教师可以再次设计保险丝熔

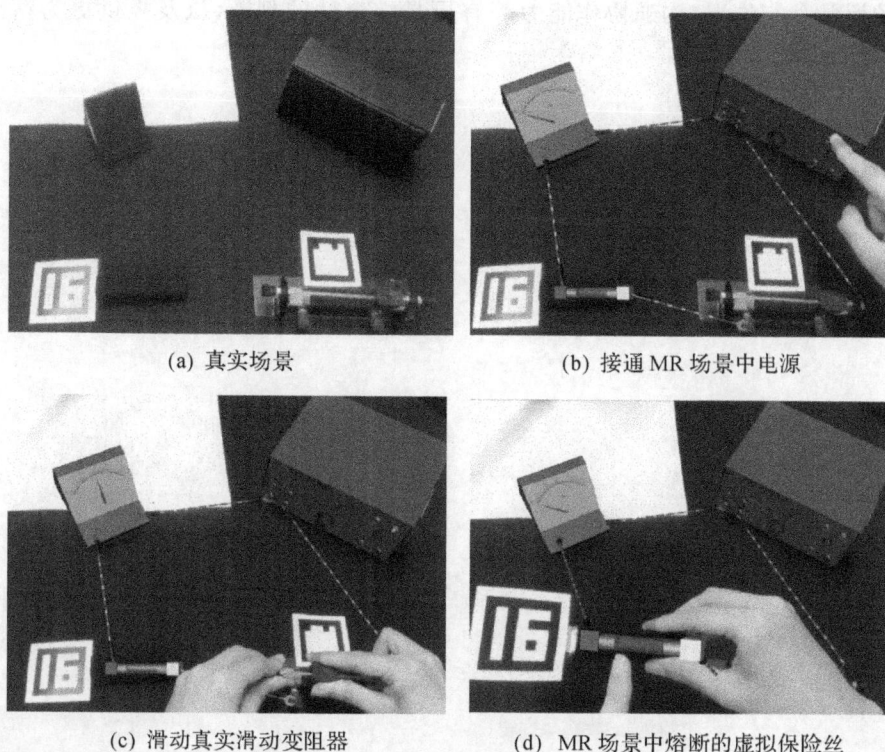

(a) 真实场景　　　　　　　　　　(b) 接通 MR 场景中电源

(c) 滑动真实滑动变阻器　　　(d) MR 场景中熔断的虚拟保险丝

图 5-71　MR 环境下的实验操作过程

断的应用场景,并让学生上台对本组的设计理念和应用原理进行阐述。机器能够收集在小组互动研讨阶段学生的参与情况数据,如学生话语情况、表情数据,教师可以通过 MR 智能系统的数据对参与性不高的学生或小组进行提醒。与此同时,教师还可以在研学后设置开放性思考问题,引导学生将 MR 实验拓展迁移到真实场景应用之中。

(四)MR 物理场域中的多模态精准评学

MR 多模态精准评学主要是教师通过学生自主体验报告、MR 智能系统数据收集、教师课堂观察等多种手段对教学情况进行综合性诊断,从而形成过程性评价与结果性评价融合的全方位精准教学评价。从结果性评价层面而言,教师可以针对学生在课堂上存在的共性问题及个别学生的个性问题,设计多层次的练习,以巩固和加强学生对知识的理解。从过程性评价层面而言,教师可以结合智能诊学、智能评学数据,对学生的学习提升情况进行整体性把握,并对学生的课堂参与情况、沟通协作能力等有更具综合性的判断，以及提供更为精准的个性化评价。

第六章 多重扩展现实与元宇宙探究课程
开发与教学实践

本章将从多重 XR 和元宇宙探究案例、多重 XR 和元宇宙探究课程开发、多重 XR 和元宇宙探究教学实践三方面进行阐述,通过探究物理和化学上的一些实验案例,说明元宇宙的重要作用;基于学生学情分析,说明多重 XR 课程开发模式,以及多重 XR 实验教学模式,更好地说明元宇宙在虚拟教学探究中的重要性。

第一节 多重扩展现实和元宇宙探究案例

本节首先通过物理保险丝熔断和化学反应温度感知两个实验说明多重 XR 实验的"虚实+多模态"内容和探究流程,接着基于初中函数内容的教学,通过元宇宙的技术构建一个虚拟的元宇宙数学课堂,以此来阐述元宇宙探究案例开发方向。

一、物理保险丝熔断多重 XR 实验

(一)案例简介和教学目标

1. 案例简介

物理保险丝熔断多重 XR 实验,除了给操作者提供了第五章中的虚拟保险丝、真实滑动变阻器等相融合的 MR 实验环境,还进一步提供了满足自适应学习的触发式语音引导以及脑电感知的脑电波(electroencephalogram,简称

EEG)设备。实验操作者需要佩戴耳麦和 EEG 设备参与实验(见图 6-1),重点解决传统物理保险丝熔断实验的保险丝高温、耗材以及探究教学指导不同步等问题。实验所面向的群体是具备一定物理电路基础知识的初中生及高中生。

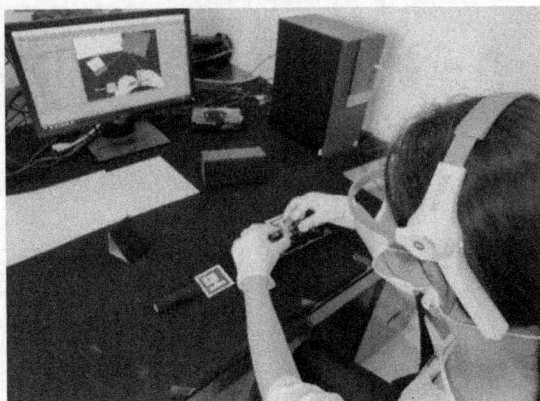

图 6-1　实验操作者佩戴耳麦

2.教学目标

本虚拟探究教学目标主要涉及知识技能、实验探究、问题解决、情感态度等4 个维度,并涉及实验探究、物理观念、应用意识、培养数据分析、创新意识、科学态度与责任等 6 个核心素养。

①知识技能:理解物理保险丝熔断原理,掌握物理保险丝熔断实验基本操作技能。

②实验探究:思考保险丝熔断的过程和控制方法,进一步培养学生的实验探究、物理观念、科学态度与责任等核心素养。

③问题解决:探讨现实场景中保险丝熔断的应用和问题解决方法,进一步培养学生的应用意识、培养数据分析、创新意识。

④情感态度:培养学生的用电安全以及过载熔断的意识和态度。

(二)"虚实＋多模态内容"和探究流程

1.虚实内容

虚拟内容:电源、电流表、电线、保险丝等。

实体内容:滑动变阻器以及自适应学习方向的语音听觉引导等。

多模态内容:满足自适应学习的触发式语音引导以及脑电感知。

2.探究流程

物理保险丝熔断多重 XR 探究流程主要分为 7 个步骤：

语音听觉引导 1(含实验第一步)：欢迎参与物理保险丝熔断电路实验。请确定自己双手均已戴好手套，并观察我们的实验仪器：电源、滑动变阻器、保险丝以及电流表。接下来，开始我们的实验。(停顿 1 秒)实验第一步，将滑动变阻器滑至右侧最大阻值处。

深度相机识别实验者的手指将滑动变阻器滑至右侧最大阻值处后，播放语音听觉引导 2(含实验第二步)。确定自己双手均已戴好手套，并观察我们的实验仪器：电源、滑动变阻器、保险丝以及电流表。打开电源。

深度相机识别实验者的手指将打开电源后，会出现虚拟电流和电流表示数，并播放语音听觉引导 3。实验第三步，拿起保险丝插座，观察并口头报告：此时保险丝是否发红？电流大小是多少？然后滑动滑动变阻器的滑块至距右侧 1/3 处。

深度相机识别实验者的手指将滑动变阻器滑至距右侧 1/3 处后，播放语音听觉引导 4。实验第四步，观察并口头报告：此时保险丝是否发红？以及电流大小是多少？然后滑动滑动变阻器的滑块至距右侧 2/3 处。

深度相机识别实验者的手指将滑动变阻器滑至距右侧 2/3 处后，播放语音听觉引导 5。实验第五步，观察并口头报告：此时保险丝是否发红？以及电流大小是多少？请时刻注意电流表数值，向左缓慢滑动滑动变阻器直至熔断(见图 6-2)，口头报告保险丝熔断瞬间的电流大小。

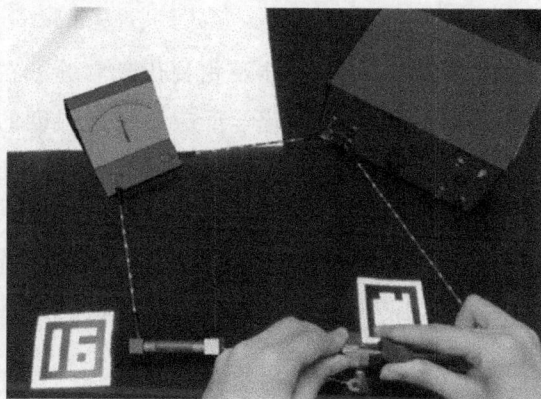

图 6-2　物理保险丝熔断 MR 实验：向左缓慢滑动滑动变阻器直至熔断

深度相机识别实验者的手指将滑动变阻器滑至距右侧 3/4 处后，出现虚拟保险丝熔断，播放语音听觉引导 6。实验第六步，关闭电源，拿起保险丝插座，观察保险丝熔断的地方（如图 6-3）。

图 6-3　物理保险丝熔断 XR 实验：向左缓慢滑动滑动变阻器直至熔断

实验第七步，实验结束，恢复实验器材的原始摆放，并回顾和思考本次操作的保险丝熔断电路实验。

二、化学反应温度感知多重 XR 实验

（一）案例简介和教学目标

1. 案例简介

在中学的化学学习课程中，经常会涉及相关化学实验。在实验过程中，不同物质会发生化学反应。有时，剧烈的化学反应会带来温度的变化，在真实情境下，可以让学生去感知温度变化所引发的实验安全问题。在本实验中，学生可以在多重 XR 环境下的实验场景中，用带有集成电路控制板、温感装置、振动装置的感知手套去感受化学反应中的温度变化过程。通过操作虚拟探究场景，学生可以感知实验的温度和振动，以达到人机交互的目的。感知手套如图 6-4所示。

2. 教学目标

本虚拟探究教学目标，主要涉及知识技能、实验探究、问题解决、情感态度等 4 个维度，并涉及实验探究、应用意识、变化观念、数据分析、创新意识、科学

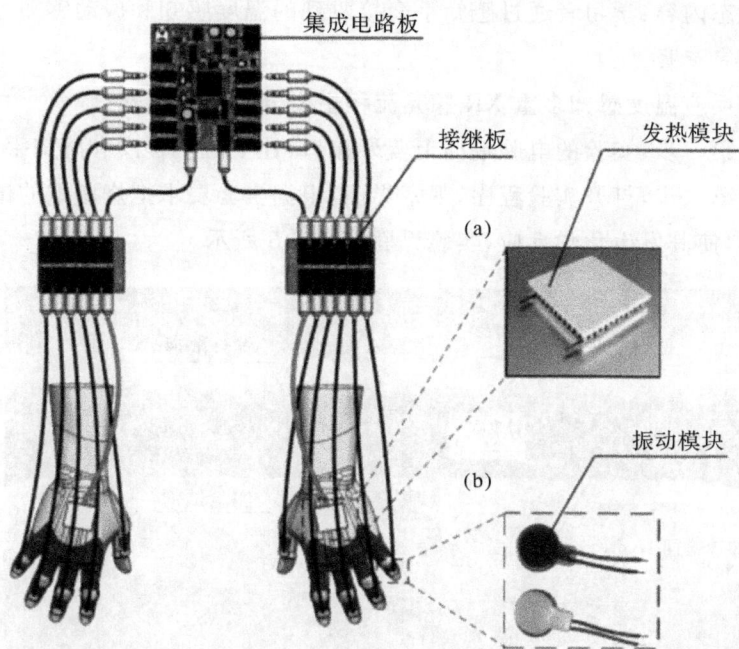

图 6-4　温度振动感知手套

态度与责任等 6 个核心素养。

　　①知识技能：理解化学反应与温度变化的关系，掌握相关化学实验基本操作技能。

　　②实验探究：思考为什么化学反应会带来温度的变化，温度的变化过程能够持续多久，进一步培养学生的实验探究、变化观念与数据分析等核心素养。

　　③问题解决：探讨在现实场景中做相关化学实验时，如果发生温度剧烈变化，应该怎么解决和应对，进一步培养学生的应用意识、科学态度与责任等核心素养。

　　④情感态度：培养学生的安全实验意识，通过多重 XR 虚拟探究场景激发学生的学习兴趣。

（二）"虚实＋多模态"内容和探究流程

1."虚实＋多模态"内容

虚拟内容：烧瓶、大烧杯、玻璃棒、实验试剂等。

实体内容：电脑、感知手套。

多模态内容：学习者通过感知手套接收到的温度感知和振动感知。

2.探究流程

化学反应温度感知多重 XR 探究流程主要分为 5 个步骤：

实验第一步，实验的电脑端插上蓝牙接口，让上位机程序和感知手套相连。

实验第二步，打开实验程序，观察界面，根据实验要求把烧瓶里的试剂倒入大烧杯中，使其发生化学反应，实验界面如图 6-5 所示。

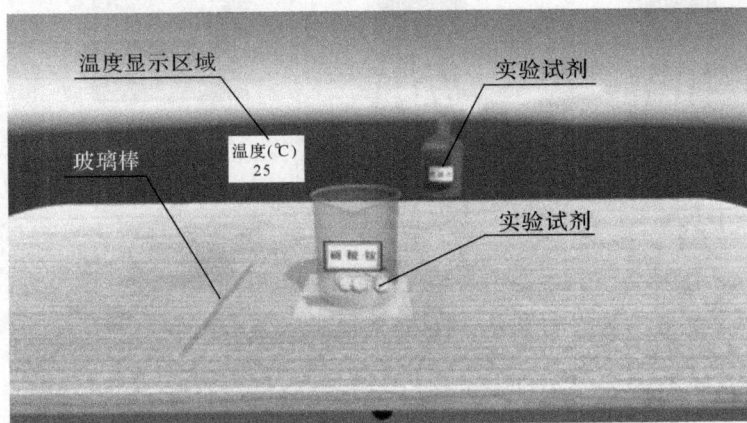

图 6-5　化学反应温度感知 XR 实验

实验第三步，拿起玻璃棒，将试剂沿玻璃棒倒入烧杯，用玻璃棒轻轻搅拌。

实验第四步，进行化学反应，温度产生变化，学生通过感知手套感受化学反应带来的温度变化。

实验第五步，结束实验，放回烧瓶与玻璃棒。

三、元宇宙探究案例开发方向

元宇宙的概念在 20 世纪 90 年代的一些科幻小说就有提及，但由于技术与理论方面的知识支撑不足，因此一直没有得到广泛的关注。在 2018 年的一部好莱坞电影《头号玩家》里，一个平行于现实世界的虚拟游戏世界得到详尽描述，其实这个游戏世界就是现在所说的元宇宙世界。元宇宙这一概念在Facebook 公司更名为 META 后，得到全世界各行业的广泛讨论。元宇宙代表了视觉沉浸技术发展的最新阶段，其本质是一个平行于现实世界的在线数字空间，且正在成为人类社会创新发展的实践场域。本部分我们将就元宇宙的技术特征来构建一个虚拟的元宇宙数学课堂。

(一)案例简介和教学目标

1.案例简介

2020 年年初,一场突如其来的新冠疫情基本上使得我国的整个线下教育系统陷入瘫痪。为了解决这个问题,大部分地区采用了线上视频教学的方式。然而,简单的线上视频教学带来了诸如学生参与度不高、师生交互性低、学生课堂注意力不集中等教学问题。元宇宙作为平行现实世界的虚拟数字世界,具有身份识别、亲历性、情境性等特点,可以克服普通线上视频教学的很多缺点。

在本实验中,我们基于初中函数内容的教学,给出了元宇宙数学课堂的实验场景与过程,也介绍了元宇宙教学实验的特点与方向。在该实验中,教师和学生处于不同的物理空间,通过元宇宙的头戴式登录设备进入元宇宙数学课堂。该头戴式登录设备还具有身份定位功能,教师和学生可以互相识别。在元宇宙教学课堂,学生和老师可以正常交互,教学资源也比传统课堂更加丰富。

2.教学目标

本虚拟探究的教学目标主要涉及知识技能、实验思考、问题解决、情感态度等 4 个维度,并涉及实验探究、符号意识、变化观念、数感、模型思想、数据分析、推理能力、运算能力等 8 个核心素养。

①知识技能:通过元宇宙中丰富且操作性强的教学资源,展示不同变量间的变化关系,帮助学生了解函数的本质。

②实验思考:思考两个变量间的变化关系有哪些类型,哪个是自变量,哪个是因变量,进一步培养学生的实验探究、符号意识、变化观念、数感等核心素养。

③问题解决:探讨表示变量间变化关系的数学表达式,进一步培养学生的模型思想、数据分析、推理能力、运算能力等核心素养。

④情感态度:培养学生的归纳、总结、推理等意识,通过元宇宙的可视性教学资源,激发学生的数学学习兴趣。

(二)"虚拟内容＋特征"和探究流程

1.虚拟内容＋特征

虚拟场景:运动员跑步场、水流注满水坝场景等。

虚拟人:学生、教师等。

特征：身份识别、去中心化、多向交互等。

2. 探究流程

元宇宙探究流程主要分为 6 个步骤：

实验第一步，教师、学生在不同的物理空间内佩戴元宇宙头戴式登录设备，完成身份识别后进入元宇宙课堂。

实验第二步，教师通过人机协作，在元宇宙课堂上向学生展示虚拟运动员跑步的场景和水流注满水坝的场景，并提出有关函数概念的相关问题。

实验第三步，不同学生小组通过元宇宙中的虚拟身份进行讨论，分享自己的观点与意见，最后总结出结果。

实验第四步，不同的学生小组商量派选出学生代表，该学生代表通过自己的元宇宙头戴式设备在元宇宙课堂上做小组汇报。

实验第五步，教师在各小组做完交流汇报后，对本节课的主要内容做概括性的总结，并给出相关内容的最终定义。

实验第六步，课堂结束，教师和学生摘下元宇宙头戴式登录设备，上课数据保存在该设备内，教师和学生可通过该设备再现之前的课堂场景，做好复习总结工作。

第二节　多重扩展现实和元宇宙探究课程开发

本节首先基于学生学情分析，充分说明元宇宙应用于中学课堂实验的重要性，并阐述多重 XR 和元宇宙实验课程的设计方案迭代的开发模式；接着从活动前期、活动中期、活动后期出发，说明多重 XR 技术支持下的数学项目式学习模式；最后给出元宇宙课程框架。

一、多重 XR 探究课程开发

（一）学生学情分析

多重 XR 探究课程面向的主要是对虚拟技术实验感兴趣的学生，也面向开展综合实践活动的普通学生。近年来，新技术的革新与应用正带来学习空间、学习场所的重构与融合，主要以虚拟现实技术、仿真技术、传感技术、3D 打印技术等为代表。VR、AR、MR 等技术在教学中的应用，开启了新一轮的教学交互变革。当前，很多中小学已经结合智慧学习空间、智能学习平台和智能课堂软硬件等开展智慧课堂教学。新技术、新场所、新体验共同构建起一种全新的虚拟现实的教学模式，因此，我们有必要对其进行研究与探讨。

目前，用 VR、AR 进行学科教学的探索在中小学课堂中已经很普遍，而基于 MR 开展探究教学，同时聚焦视觉、听觉和触觉等多模态数据表征，探索"多模态＋人机协同"的新教学范式也逐渐引起关注。我们认为，多重 XR 研究有利于教师和研究者借助多维数据来更加精确地感知学习过程，更加深入地理解与分析学习者，为学习发生机理的探索提供新的视角，还有利于将学习者分析的重心由行为、互动、结果等外部因素，逐渐向关注学习者大脑认知、情感体验、创新能力等内部因素过渡。

(二)多重 XR 探究课程

多重 XR 探究课程开发模式不仅要考虑多重 XR 资源及课程教学特点等多方面因素，而且需要根据师生的实际需求进行动态优化，这些要求与敏捷课程开发理念相匹配。本书基于敏捷课程开发 SAM 模型，建构起包含准备、迭代设计、迭代开发等三个阶段的多重 XR 探究课程开发模式，具体如图 6-6所示。

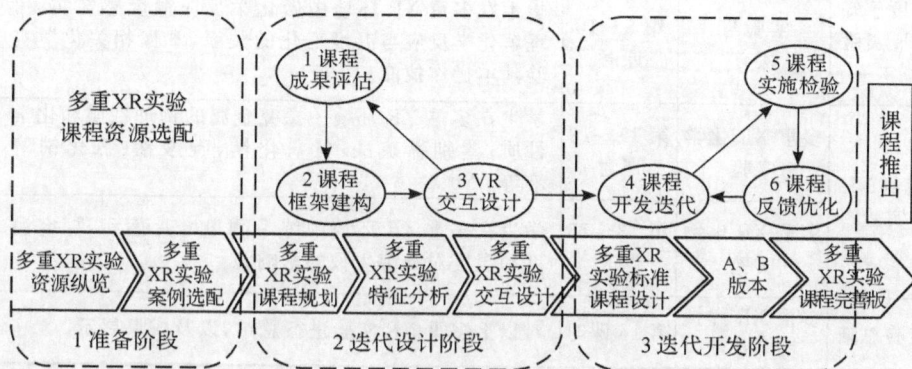

图 6-6　多重 XR 探究课程开发模式

其中，准备阶段主要是进行多重 XR 课程资源选配，课程开发团队需要综览多重 XR 课程资源，在学生的学情基础上，进行课程案例的选配。迭代设计阶段主要是进行多重 XR 课程规划，生成初步创意，构建课程开发模型，并通过对课程设计内容的不断评估,迭代设计出新颖的课程方案。其中,课程开发模型是迭代设计阶段的核心,它是课程设计的基础,可以引发更多富有创意的设计思路。在迭代开发阶段中,开发团队通过课程开发、实施、反馈等环节生成标准课程设计,并对上述环节进行迭代循环产出 A 版本、B 版本乃至多重 XR 课程设计的黄金版本,XR 实验课程的课程框架如表 6-1 所示。在这个阶段中,开发团队通过设计方案迭代的方式,不断收集学习者的反馈,使团队可以及时发现、解决相应问题,缩短了课程开发周期,有助于提升课程设计质量和实践效果。

表 6-1　XR 探究课程的课程框架

课程模块	课程小节	小节课时	小节描述
实验准备	多重 XR 虚拟探究准备	第 1 课时	介绍多重 XR 和不同 XR 虚拟探究相关知识,以及要做的 XR 虚拟探究相关介绍。
物理保险丝熔断 MR 实验	实验理论知识准备	第 2~3 课时	学生学习相关物理实验的理论知识与实验操作知识。
	实验与探究	第 4~5 课时	学生在 MR 环境中做物理保险丝熔断实验,理解物理保险丝熔断原理,掌握物理保险丝熔断实验基本操作技能。
化学反应温度感知 MR 实验	实验理论知识准备	第 6~7 课时	学生学习相关化学实验的理论知识与实验操作知识。
	实验与探究	第 8~10 课时	学生在多重 XR 环境中做化学反应温度感知实验,理解化学反应与温度变化的关系,掌握相关化学实验基本操作技能。
其他 XR 实验	多重 XR 化学实验	第 11~12 课时	学生在多重 XR 环境中探究金属的物理性质和化学性质;鉴别稀硫酸、氢氧化钠、碳酸钠、氯化钠溶液等。
	多重 XR 生物实验	第 13~15 课时	学生在多重 XR 环境中练习测量叶片面积,探究温度和湿度对霉菌生长的影响。
实验总结	多重 XR 虚拟探究总结	第 16 课时	对以上多重 XR 实验进行总结,以及成果展示。

二、XR 数学探究课程开发

(一)XR 技术支持下的数学项目式学习模式

在对文献进行比较探究后,笔者将 PBL 下的学习流程分为准备阶段、实施阶段、检验阶段三部分,并且归纳出最普适且认同度最高的学习流程:选定项目、制定计划、合作探究、制作作品、交流成果、总结评价。结合初中数学学科特点,基于多重 XR 技术设计的初中数学教学项目式学习模式如下。

1. 选定数学项目

在项目式学习中,项目是核心,一切数学教学活动都依托于项目,因此项目的选定尤为重要。项目选择的标准如下。首先,项目应贴合学生实际生活。该项目所反映的生活经历、现象等,大部分学生都应体验过、感受过,并且有一定感悟和思考。其次,项目本身需要有一定吸引力。该项目应能有效激发学生的探究欲望和学习兴趣,可以从小说、动画、电影、游戏等二次元领域出发,或与当下社会热点、新事物等切入,要求题材新颖、含义深刻。再次,项目应涉及多学科知识融合。项目式学习一大特点是"跨学科",故选定的项目以数学学科为主的同时,应能融合多门学科,如科学、社会研究以及语言艺术。最后,项目应具有可行性。项目难度的设定在考虑到第三学段学生认知水平和教师现有知识经验的同时,还应关注教学资源、教学技术、教学环境等客观因素。

在该环节教师应基于以上标准,参考《义务教育课程标准(2022 年版)》项目建议,纵览多重 XR 课程资源,作为引导者选定项目大方向、大背景,具体项目的选择可以由学生进行,教师则从研究价值、可行性等多方面对初定项目进行评估,若有必要,可以适当调整或建议学生重新选择项目。最后,项目选定后还需明确项目背景、概况、目的等。

2. 教学准备

该环节由教师与学生共同完成。教师需要在教学开始前为项目的开展做好准备工作,例如分析教材学情、明确教学目标、设计项目流程、搜集数据与图表、开发多重 XR 课程资源。首先,明确项目式学习的目标为巩固数学基础知识、提高综合数学综合应用能力,而其他学科作为次要教学内容,如"绘制城市地图"项目以巩固图形的变化、图形与坐标等知识为主,以开展美术、地理、信息技术等学科的教学为辅。其次,在设计项目流程时,需包含对多重 XR 技术的简单教学,保证学生掌握多重 XR 教学资源的使用方法;适当"留白",给学生充足的选择空间与实践时间。由于学生能力有限,收集的图表和数据应先做预处理再投入使用。项目式学习对教学时间、教学环境、教学技术等要求较高,教师需在完成课程设计后,请专家评估或模拟授课,测试多重 XR 设备与技术,分析突发情况,预设应急方案,例如,多重 XR 设备数量是否充足,学生能否在项目实施期间自由使用多重 XR 课程资源,多重 XR 课程资源能否保存与共享。

3. 制定学习方案

团队学习是一种重要的协作学习方法,也被视作最重要和最成功的教学模式之一。对于中学阶段的学生来说,项目式学习任务难度较高,难以独立完成,需要借助团队力量。项目式团队学习是将上述两者结合在一起的教学模式创新,是一种行动导向教学模式,强调"项目导向,任务驱动",在这种教学模式下,团队的力量更为明显。基于这种教学模式,该环节应包括项目和团队设立阶段、项目计划制定阶段、方案评价与调整阶段。每一阶段都应以学生为主,教师从旁辅助,适当给予方式方法指导。

4. 活动探究

这一环节是课程的主体部分、核心环节,可以采用"课内＋课外、校内＋校外、集中＋分散"等灵活方式进行,开展有目的、有设计、有步骤、有合作、有反思的实践活动。在该环节中教师和学生承担着不同的角色和任务。

学生依照制订的项目计划,对小任务依次探究、逐个击破,寻找完成任务需要解决的关键问题,制定相应的解决方案,并整理记录探究过程。学习小组对内应保持频繁的交流合作,遇到难题时集思广益,有偏题倾向时及时纠正,定时汇报探究成果形成紧迫感,同时也为后续活动的展开做铺垫。小组间也可适当交流探讨、开拓思维,共享多重 XR 资源。当任务难度过大时,学生可适当通过网络、教师、家长等渠道获取必要资源。这一过程能有效考查学生的个人学习能力、小组团队合作学习能力及资源开发能力,培养学生解决实际问题的兴趣与能力,发展其模型意识,帮助学生成长为综合型高素质人才。

教师在该环节中扮演的是指导者、帮助者、评价者的角色。在项目推进过程中,教师要时刻陪伴学生,参与到每个小组项目的关键性讨论环节,为其把控大方向;及时解答学生在探索过程中提出的疑问,分享建议及解题策略;为综合能力较差或进度较慢的小组提供更多指导;时刻关注学生在学习过程中的精神状况,维持其探究热情;为学生提供用作参考和引导的支架,如学习单、辅助手段。由于多重 XR 设备数量与使用条件的限制,教师可以在前期和中后期各设计 1 至 2 个学时集中教学,前期带领学生初步体验多重 XR 技术,后期指导学生运用多重 XR 技术解决问题。

5. 作品制作

作品制作是项目式学习区别于一般活动教学的典型特征。作品制作与活动探究环节紧密联系,探究过程的记录、每个小任务的成果都能成为作品制作的一部分。在活动探究环节结束后,学生在 zSpace 上的学习反馈和成果将会以 PDF 的形式导出,学生可以在此基础上结合学习过程中获得的知识和技能,总结并呈现探究结果。教师应鼓励学生采用不同的成果呈现方式,可以是研究报告、实物或虚拟模型、图片、幻灯片、录像、网页及戏剧表演等。

6.成果交流

学生的项目作品不仅是学生知识和技能水平的体现,还是一个蕴含着学生学习情感和兴趣的综合载体,所以给学生提供一个展示项目成果的机会,不仅是项目学习的必要环节,更是学生学习情感释放和体现自身价值的舞台。在该环节中,各小组可以借助 zView 将研究成果共享给全班同学,以便组间交流评价,汲取他人的修改建议,完善项目成果。教师应引导并加入学生积极的探讨交流,激发其发散性思维。最后,教师可以在条件允许的情况下举办展览会、报告会、辩论会、比赛等,邀请本校领导、其他教师和学生甚至是校外来宾(家长、外校老师、教育专家等)参与。

7.活动评价

相较于传统教学,项目式学习真正做到了定量评价和定性评价、形成性评价和终结性评价、对个人的评价和对小组的评价、自我评价和他人评价之间的良好结合。活动评价的时间并不局限于项目尾声,而是穿插于项目探究过程中。教师可以借助 zSpace 学习报告、学习档案袋、课堂行为评价量规来实时反馈记录学生的课堂表现,也可以增加组内讨论时同学互评及学生自评环节,帮助学生不断调整和改善他们参与课堂活动的行为。

评价主要分为课堂表现评价、探究过程评价、项目成果评价。此外,各环节均设置多重 XR 技术的使用附加分,以此来鼓励学生尝试体验多种新技术、新方法,具体内容表 6-2 呈现。

表 6-2　课堂评价具体内容

评价角度	具体评价内容
课堂表现评价	倾听:他人发言时能认真倾听,并给出自己的思考和意见。 讨论:能围绕问题与组内成员积极讨论,接受不同观点。 合作:能与组员合理分工,和谐相处,按时完成任务;能成为领导者,带领组员解决问题。 展示:书面报告格式准确,逻辑清晰;口头报告语言流畅,富有表现力。

续表

评价角度	具体评价内容
探究过程评价	项目计划:项目计划制订合理详细,且活动过程中能起到指导性作用。 小组分工:小组分工合理,每位组员均有贡献。 探究记录:探究记录完整,能通过实验记录、数据整理、活动实录、调查问卷、访谈文本等反映探究过程。 学习体悟:能在探究过程中总结知识与技能,能感受到教学的魅力。
项目成果评价	完整性:项目成果完整,包括探究问题、方法、过程、结论等。 科学性:项目成果符合数学学科特点,准确严谨,科学合理。 艺术性:项目成果用艺术性的方式表现,生动美观。 实用性:项目成果能解释现实现象或指导社会发展等,具有实用价值。
多重 XR 技术 使用评价	项目实施部分环节设置多重 XR 技术使用评价,教师对各小组或组内成员使用多重 XR 技术情况进行横向比较,并给出多级制评定。

最后,教师需要给出总结评价。教师首先要对学生在整个过程中乐于付出努力、敢于尝试新技术的态度表示肯定,对于学习过程中的优点和不足给予客观的评价;其次,教师要对每个小组的创新点、蕴含的学科知识、语言表达等方面进行评价并给出自己的意见;最后,教师还要对项目学习过程中遇到的普遍问题进行分析并给出解决对策。以上环节可用图 6-7 表示。

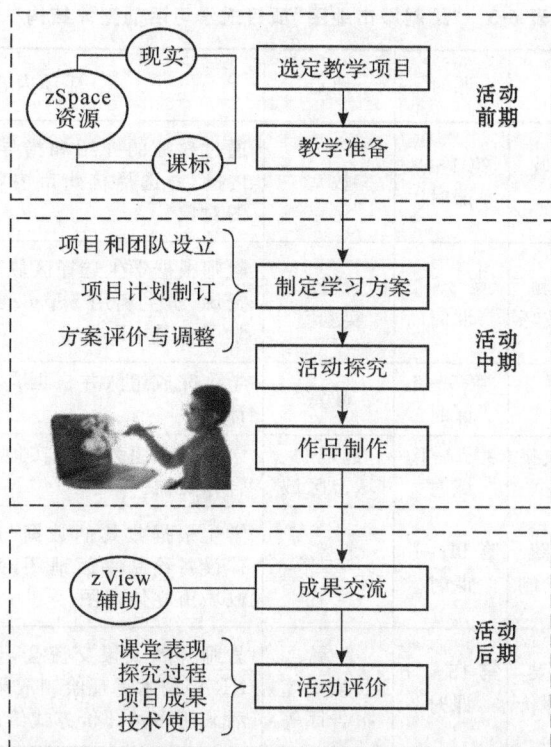

图 6-7　多重 XR 技术支持下的项目式学习模式流程

（二）多重 XR 技术支持下的初中"绘制未来城市地图"项目式学习
活动设计

以"绘制未来城市地图"为例,具体介绍多重 XR 技术支持下的项目式学习
模式的应用。"绘制未来城市地图"项目式学习活动为第四学段(7～9 年级)学
生设计,活动由"城市区域选择""教学前测及绘图技巧""制定学习方案""测量
与收集绘图数据""城市地图设计与绘制""绘图成果交流与评价"六个模块组
成,活动开展 16 课时,授课教师可根据实际教学情况进行调整,具体活动计划
如表 6-3 所示。

表 6-3 "绘制城市地图"项目式学习活动整体结构

项目学习环节	活动模块	课时	地点	活动内容
选定教学项目	城市区域选择	第1～2课时	教室	通过教师的介绍和指导,学生明确项目内涵,并选择杭州市内特定区域作为绘图对象。
教学准备	教学前测及绘图技巧	第3～4课时	XR实验室	教师根据学生选择区域开发zSpace课程资源,学生利用zSpace系统初步体验并学习多重XR技术。
	制定学习方案	第5～6课时	教室	学生完成组队并根据自身情况制订学习计划。
活动探究	测量与收集绘图数据	第7～10课时	选定的城市区域	学生以小组为单位实地勘测、查找图表、合作交流。
作品制作	城市地图设计与绘制	第11～14课时	教室、XR实验室	学生根据收集的数据与图表,利用多媒体设备绘制平面地图,并在zSpace上绘制城市立体地图。
成果交流活动评价	绘图成果交流与评价	第15～16课时	教室、XR实验室、报告厅等	教师开展成果交流会,让学生利用多重XR等技术呈现绘制成果及活动过程,最后采用多种评价方式给出评价结果。

三、元宇宙探究课程开发

(一)学生学情分析

从元宇宙的存在形式来看,虚拟与现实的深度融合是元宇宙最基本的特征。元宇宙是利用成熟的数字技术来构建的既基于又独立于现实世界的"数字孪生"世界,既包括现实世界的数字化复制品,又含有虚拟世界的自主创造物。元宇宙通过视觉、听觉、触觉和全身感官体验的穿戴设备,以及低延迟感与高拟真感的交互技术,让用户产生在场的感官刺激,这有助于提高元宇宙中的在线互动与交流质量,实现元宇宙中用户的沉浸式体验。通过"数字孪生"世界的搭建与沉浸式的体验来促进虚拟与现实的深度融合,能够让用户在元宇宙中产生仿真现实又超越现实的沉浸感受。[①]

---

① 刘革平,王星,高楠,等. 虚拟现实到元宇宙:在线教育的新方向[J]. 现代远程教育研究,2021(6):12-22.

元宇宙应用于教育教学主要基于学生的具身认知和分布式认知。具身认知理论基于对传统"身—心"二元认知观的批判,认为认知的形成是大脑、身体与环境间相互作用的结果。身体的感觉运动系统、形态结构和经历体验等都将影响认知的形成与发展。分布式认知理论认为,认知分布于个体内、个体间、媒介、环境、文化、社会以及时间之中。分布式认知是一种认知活动,是对个体内部表征与环境外部表征进行信息加工的过程。因此,相较于传统认知理论而言,分布式认知理论强调认知活动的系统性,认为认知活动中的各要素是紧密相连的,而且都对认知活动具有相应的功能作用,其不仅关注认知过程中个体内部、个体之间以及与人工制品的交互作用,而且强调认知活动的环境根植性与分布性。

(二)元宇宙探究课程

元宇宙探究课程开发同样与敏捷课程开发理念相匹配,即主动、有效且高效地响应学习者个性化且不断发展变化的学习需求,快速交付契合学习需求的可用课程给学习者。本书基于敏捷课程开发 SAM 模型,建构起包含准备、迭代设计、迭代开发等三个阶段的元宇宙探究课程开发模式,具体如图 6-8 所示。

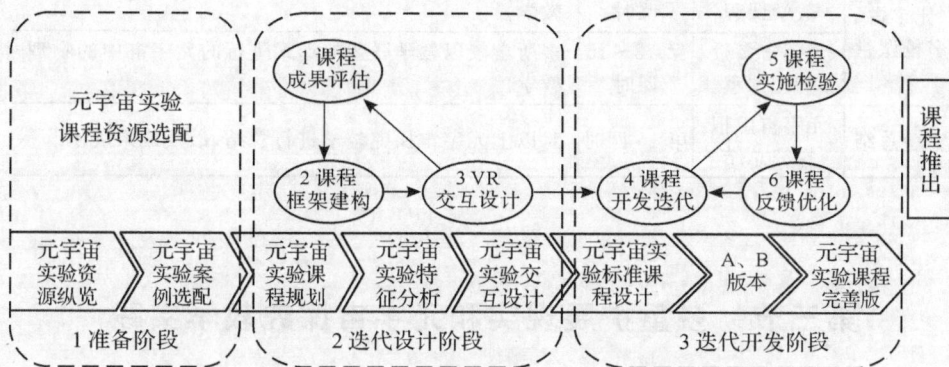

图 6-8　元宇宙探究课程开发模式

其中,准备阶段主要是进行元宇宙实验课程资源选配,课程开发团队需要纵览元宇宙实验课程资源,在学生学情的基础上,进行课程案例的选配。迭代设计阶段主要是进行元宇宙课程规划,生成初步创意,构建课程开发模型,并通过对课程设计内容的不断评估,迭代设计出新颖的课程方案。其中,课程开发模型是迭代设计阶段的核心,它是课程设计的基础,可以引出更多富有创意的设计思路。在迭代开发阶段,开发团队通过课程开发、实施、反馈等环节生成标准课程设计,并对上述环节进行迭代循环产出 A 版本、B 版本乃至元宇宙课程设计的黄金版本。在这一阶段,开发团队通过设计方案迭代的方式,不断收集学习者的反馈,使团队可以及时发现、解决相应问题,缩短了课程开发周期,有助于提升课程设计质量和实践效果。元宇宙课程的课程框架如表 6-4 所示。

表 6-4　元宇宙课程的课程框架

课程模块	课程小节	小节课时	小节描述
实验准备	元宇宙虚拟探究准备	第 1 课时	介绍元宇宙以及不同宇宙虚拟探究相关知识,以及要做的元宇宙虚拟探究相关介绍。
元宇宙单校课堂	元宇宙单校数学课程	第 2~3 课时	单所学校进行的元宇宙中的数学教学。
	元宇宙单校物理课程	第 4~5 课时	单所学校进行的元宇宙中的物理教学。
元宇宙双校课堂校课堂	元宇宙双校数学课程	第 6~7 课时	两所学校以姊妹学校或兄弟学校的合作形式进行的元宇宙中的数学教学。
	元宇宙双校物理课程	第 8~10 课时	两所学校以姊妹学校或兄弟学校的合作形式进行的元宇宙中的物理教学。
元宇宙多校课堂	元宇宙多校数学课程	第 11~12 课时	多所学校以教学联盟的形式进行的元宇宙中的数学教学。
	元宇宙多校物理课程	第 13~15 课时	多所学校以教学联盟的形式进行的元宇宙中的物理教学。
实验总结	元宇宙虚拟探究总结	第 16 课时	对以上元宇宙探究教学进行总结,以及成果展示。

第三节　多重扩展现实和元宇宙探究教学实践

本节首先从多重 XR 和元宇宙探究教学模式建构、教学过程及评价两个方面出发,阐述多重 XR 和元宇宙教学模式;其次对在多重 XR 探究教学实践中进行的多重 XR 场域中的多模态情境导学、多重 XR 场域中的多模态智能诊学、多重 XR 场域中的多模态人机助学、多重 XR 场域中的多模态精准评学教学模式进行具体说明,从而使得读者更好地了解多重 XR 教学。笔者基于"我的世界"资源,以及浙江教育出版社版的数学教科书,进行元宇宙情境化教学课程设计;并从四个方面出发,指导元宇宙探究教学实践的方向。

一、多重 XR 和元宇宙探究教学模式

(一)多重 XR 和元宇宙探究教学模式建构

多重 XR 探究教学模式类似于第五章中的 MR 实验教学模式,此处不再赘述。元宇宙探究教学模式类似于第五章中 MR 场域里的"多模态＋人机协同"教学方式,具体如图 6-9 所示。

(二)多重 XR 和元宇宙探究教学过程及评价

多重 XR 探究教学过程及评价类似于第五章中的 MR 实验教学过程及评价,此处不再赘述。

1.元宇宙情境导学

元宇宙情境导学基于情境认知理论。在开始元宇宙教学之前,教师需要发挥自己的教学智慧,进行指向元宇宙教学环境的全方位交互情境教学创意设计。该设计需要最大限度、最高效率地吸引学生的注意,从而尽最大可能地激发学生的学习兴趣,培养学生的实际操作能力与思辨能力,并帮助学生在实验过程中完成学科知识的内化以及实验操作的优化。指向元宇宙教学环境的全方位交互情境教学创意设计,是利用元宇宙教学系统的与现实世界映射与交互的虚拟世界来导入创意情境的全方位交互设计。

2.元宇宙智能诊学

元宇宙智能诊学基于"心流＋沉浸"教学理论,在开始元宇宙教学前,由教师对诊断任务进行个性化设计,再对学生的学习情况进行全方位分析,为后续使用元宇宙学习能够更加有效地到达心流和进行沉浸式体验做准备。诊断是利用元宇宙与现实世界映射与交互的虚拟世界来进行的,如 VR 探究等操作前的学习诊断。诊断结果分为两部分:班级诊断共性结果和学生及其小组的个性化结果。其中,班级诊断共性结果可以由元宇宙智能系统提供;学生及其小组的个性化结果则可以由教师结合具体情况来进行个性化诊断。

3.元宇宙人机助学

元宇宙人机助学环节是基于具身认知理论,借助元宇宙智能后台所储备的大量可供学生自主学习探索的资源库,结合历史数据图表,为学生推荐具有具身认知体验性的学习资源,充分发挥学生主体性作用的环节。学生亦可以结合

实际的学习情况,在学习过程中选择不同层次的学习任务及提示性线索,以满足个体的发展需求。教师则充分发挥引导作用,在教学过程中结合元宇宙智能输出设备实时把握学生的学习进程,重点讲解学生学习中的难点及薄弱环节,帮助学生突破知识点的认知瓶颈,获得深层次认知。同时,教师协同机器的智能后台筛选个性化学习任务,不断优化学生的学习路径,提升学习效率,提高最近发展区阈值。

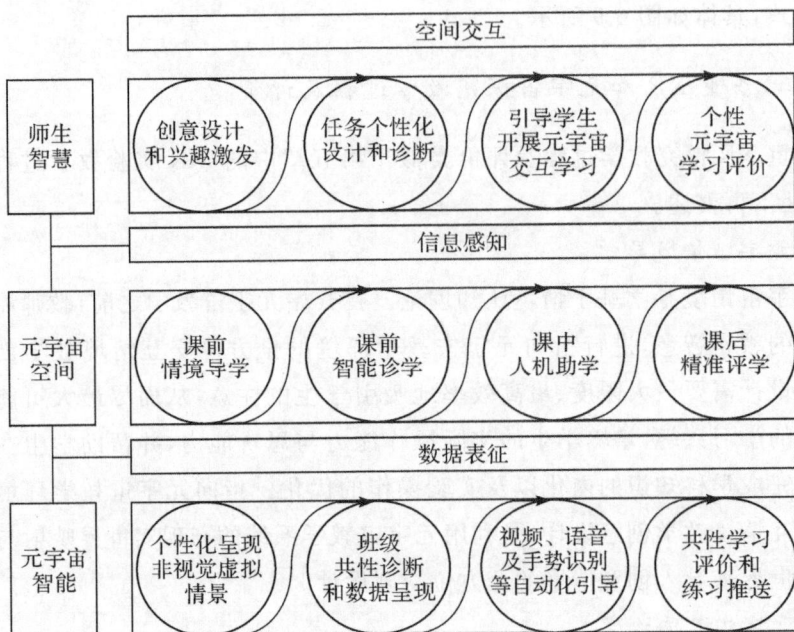

图 6-9　元宇宙空间教学模式[①]

此外,教师还可以发布学习任务,助力学生展开研讨,并在全班进行成果展示。其目的在于发挥学习共同体作用,在实现自主学习能力提升的基础上,培养学习者的团队协作素养。学习共同体的建设需要充分发挥个体在团队中的效应,建立起建设性交互作用,拓展协同研学的广度和深度。在传统教学环境下,协同研学常常陷入优生牵头、组内其他成员参与性不高的困境,最终收效不高。在元宇宙全方位虚拟教学环境下,教师可以借助智能传感设备,实时了解学生参与程度及情绪表现的动态,及时给予干预和提醒。同时,机器通过分析学生在诊学阶段的学情表现及跟进研学过程中的任务完成情况,向教师推送优

① 赵兴龙. 翻转课堂中知识内化过程及教学模式设计[J]. 现代远程教育研究,2014(2):55-61.

化研学任务建议,实现研学任务"同一知识点多题型""同一知识点多层次题型"的设定,满足学生不同层次的需求,提高学生在研讨过程中的参与性与专注力。在成果汇报阶段,教师可以选择具有典型代表的案例依次进行呈现,突破共性问题,解决个体困难,展示优秀学习案例。

4.元宇宙精准评学

元宇宙精准评学以多主体、多角度、过程性与结果性评价相结合为准则。首先,评价主体不局限于教师,还囊括了学生主体、学习小组以及元宇宙智能平台诊断等,学生不再是被单向评价的对象,其作为学习主体应充分发挥自我评价的价值。其次,评价维度追求多元化。学生的发展具有整体性,评价如果只关注知识技能的掌握情况是不全面的,更应进行包含学生情感态度、合作交流意识、学习进步情况等的多角度全局性评价,这就需要借助元宇宙的数据收集与表征,以呈现学生学习情况的内在特质。同时,学生的发展具有阶段性,评价不能只是指向一个阶段,更应面向多个阶段。多个阶段数据的持续收集能够完善关于整体性的评价,也能够为之后的学习提供持续性的参考。此外,评价的核心是促进学生学习,因此在呈现和利用评价结果时应更多关注学生的进步,呈现学生已经掌握的内容和具备的能力,分析其存在的不足和发展的潜力,这就需要打破传统的粗犷、终结式的等级式评价,纳入过程性评价,以充分体现学生学习的进程和成长路径。

二、多重 XR 探究教学实践

(一)多重 XR 化学多模态情境导学

在多重 XR 化学多模态情境导学中,教师向学生介绍多重 XR 环境下的一些废弃工厂。首先,带学生通过虚拟环境参观废弃工厂,让学生亲身参与,了解废弃工厂的化学价值和应用,接着,让学生自己发现化学知识,在教师的引导之下,通过视觉、触觉、听觉等多种模态进行学习,在虚拟情境中探索化学的奥秘。指向多重 XR 教学环境的多模态情境教学创意设计,是利用多重 XR 教学系统的显示屏以及附属的操作系统来进行导入创意情境的视频和语音等的交互设计。

(二)多重 XR 化学多模态智能诊学

通过沉浸式游戏的体验,学生对化学知识有了自己的看法。此时,教师要与学生一起交流和讨论在游戏中学到的化学知识。将学生进行分组后,教师给学生一定的讨论时间,并进行提示和帮助,然后小组分别进行汇报交流,学习不同小组所获得的不同知识。例如,在化学反应温度变化的学习中,每个小组描绘自己在多重 XR 环境中所感受到化学反应带来的温度变化,并与其他小组进行互相诊断。多模态诊断是利用多重 XR 系统的显示屏配合多重 XR 套件的各个组成部门来进行的,例如多重 XR 实验等操作前的学习诊断。诊断结果分为两部分:班级诊断共性结果和学生及其小组的个性化结果。其中,班级诊断共性结果,可以由多重 XR 智能系统提供;学生及其小组的个性化结果,则可以由教师结合具体情况通过个性化诊断提供。

(三)多重 XR 化学多模态人机助学

多重 XR 化学多模态人机助学环节是基于具身认知理论,由储备大量可供学生自主学习探索所用资源的多重 XR 智能后台,结合化学数据图表,为学生推荐匹配具身体验认知的学习资源,充分发挥学生主体性作用的环节。学生亦可以结合实际的学习情况,在学习过程中选择不同层次的学习任务及提示性线索,以满足个体的发展需求。教师则充分发挥引导作用,在教学过程中结合多重 XR 化学智能输出设备实时把握学生的学习进程,对于学生学习中的难点及薄弱环节进行重点讲解,帮助学生突破知识点的认知瓶颈,获得深层次认知。同时,教师协同机器的智能后台筛选个性化学习任务,不断优化学生的学习路径,提升学习效率,提高最近发展区阈值。

(四)多重 XR 化学多模态精准评学

多重 XR 化学多模态精准评学以多主体、多角度、过程性与结果性评价相结合为准则。首先由教师对学生的创造作品进行评价,然后,每个小组之间进行互评。在多重 XR 教学过程中,还加入了多重 XR 智能评价环节,使教学评价主体多元化,学生不再是被单向评价的对象。其次,评价维度追求多元化。学生的发展具有整体性,评价只关注知识技能的掌握情况是不全面的,更应是包含学生的情感态度、合作交流意识、学习进步情况等多角度的全局性评价。

(五)多重 XR 数理探究教学实践

1. 研究设计

针对数学、科学等学科,义务教育课程标准强调要"提高学生的创新思维,将信息技术应用于教育教学当中"。本研究课程就是充分利用这种教学方式来促进学生创新意识培养的。通过探究总问题"初中数理虚拟现实应用的探索是怎样的",延伸出三方面的探索方向,分别是"VR 一体机辅助下的初中数学空间几何""探索 VR 头显下的地理教学"以及"体验 MR 场域下的物理磁感线实验"。

2. 研究过程

第一步,认识虚拟现实的基本原理。学生通过小组合作的方式,通过梳理文献、开展综述来找到虚拟现实的定义与应用范围。

第二步,掌握运用虚拟现实技术的方法。学生通过运用虚拟现实工具,掌握虚拟现实技术的方法,以及设计与实施调查问卷的方法和技巧。

第三步,理解虚拟现实技术在数学空间几何中的应用。通过 VR 一体机资源搜索设计教学,掌握设计与实施数学空间的几何教学的方法和技巧。通过对两个城市进行信息收集、资料查找,以及相互的合作交流,在 zSpace 上绘制两座城市交互的立体地图。

在这一过程中,学生通过切身体会,沉浸式地利用 VR 一体机建立位置联系,从而提高对 VR 一体机的认识。比如,有学生提到:"参加课程之前我玩过 VR 头显,当时纯粹是为了玩游戏,而现在的 VR 一体机不但可以让我玩游戏,而且可以用于教学,比如说数学中的几何,一体机可以把多面体变成立体的,帮助我更好地认识几何图形,希望以后的技术越来越成熟,让大家都能体验到。"

第四步,将探索过程与结果梳理呈现为小论文。通过讲解论文的写作技巧,可以产出数理虚拟现实探索科普小论文。

第五步,总结反思探索过程,梳理学习所得。通过自主、合作、探究的学习方式,进行总结反思。如有学生写道:"在课程中,我在用触笔搭建连接海南与广东的道路时感觉十分奇妙。我一开始抱着体验游戏的心情去尝试用多种方式搭建连接海南与广东的道路,可在搭建道路的过程中,我脑海中逐渐浮现了各种连接的方法,想法也从玩游戏变成希望早日找出适合琼州海峡的跨海方案。对于海南与广东未来的连通方式,我用 VR 技术体现了出来:海南与广东之间有多条跨海大桥,桥上川流不息,海南的经济就像打通了'任督二脉'。"VR 技术的应用能够扩展学生思维,将数理信息技术融合,深刻体现了共享未来科技、创造美好的未来与明天的理念。

第六步,完成结项答辩宣讲稿,整理探索过程文件夹。完成研究论文,并在课程结束时进行答辩宣讲。

3.探究活动:"琼州海峡跨海大桥"数理量化

目前的研究指出,琼州海峡跨海大桥有三种不同体系的悬索桥方案。方案1是双塔悬索桥方案,主缆的矢跨比为1/11。方案2是共用锚碇的两座双塔悬索桥方案,主缆的矢跨比为1/10。方案3是三塔悬索桥,主缆的矢跨比为1/10。我们采用平面杆系分析程序对三个方案的结构进行分析计算,分别获得三种方案关于主跨、桥宽、矢跨比、梁高、主缆直径、塔高、恒载和主梁截面抗弯刚度的数据。其中,由于方案2共用锚碇的两座双塔悬索桥方案是两座对称的单跨悬索桥,因此只取其中一座进行计算。接着,基于所得的数据,分别比较三个方案的受力性能和经济性能。

受力性能主要包括主跨的主缆最大轴力、主跨最大挠度以及塔顶水平位移。因为方案1的跨径明显大于其他方案,所以方案1的主缆轴力是最大的。

经济性能主要比较了主桥用钢量和混凝土用量。在主桥用钢量上,方案2和方案3的主梁用钢量一样,均大于方案1,而方案1和方案2的吊杆用钢量相同,均小于方案3,全桥用钢量从大到小依次为方案2、方案3、方案1,每延米用钢量从大到小依次为方案1、方案2、方案3。在主桥混凝土用量上,方案2和方案3的索塔混凝土用量相同,均大于方案1,而方案1和方案2的锚碇混凝土用量一样,均大于方案3。

基于上述比较结果,有同学认为最好的方案是方案1,因为方案1的主缆轴力、主梁弯矩、塔顶位移和主跨挠度等受力性能较优,也比较经济,且施工养护难度较小。

从受力性能、经济性能等方面来看,不同方案会有不同意义,因此可以对此进行比较并发表更多的构想。

三、元宇宙探究教学实践

(一)元宇宙教学资源纵览

"我的世界"端游中的可下载组件主要分为功能组件、视觉组件、地图组件、玩法组件、形象组件以及联机地图,具体如表6-5所示。根据中学课程需求、情境化教学的特点以及中学生的学情,笔者后续主要通过地图组件中的建筑创造模块来进行资源选配。

表 6-5　"我的世界"中的组件统计

模块	数量	具体分类	各类数量	情境化教学相关组件
功能组件	3147	工具类	1123	通用机械、机械动力、机械改造、生物农场、地底环境等。
		冒险类	725	
		科技类	219	
		前置类	69	
		农业类	88	
		装饰类	171	
		魔法类	173	
		其他	255	
		特色生物	1	
		特效粒子	323	
视觉组件	528	光影类	120	真实镜像材质等。
		材质类	408	
地图组件	1920	益智解谜	264	北欧小镇、巨型城市、画板上的校园等。
		建筑创造	673	
		生存冒险	331	
		游戏地图	395	
		刺激跑酷	237	
		光追地图	20	
玩法组件	47	休闲类	8	无。
		体育类	1	
		冒险类	17	
		动作类	9	
		模拟类	1	
		策略类	3	
		角色扮演类	8	

模块	数量	具体分类	各类数量	情境化教学相关组件
形象组件	10103	4D 皮肤	274	无。
		特色皮肤	56	
		皮肤类	9773	
联机地图	232	职业对战	33	家园生存、自然灾害生存。
		休闲对战	36	
		竞速	29	
		多人生存	36	
		多人闯关	36	
		多人跑酷	16	
		幸运方块	10	
		策略对战	36	

(二)元宇宙教学资源选配

元宇宙教学资源选配在对上述"我的世界"中的组件进行筛选后,主要选用了地图组件建筑创造模块中的"BBK 的度假木屋""漓江村""帕奇尔小镇"这 3 个组件资源,以及本书团队创造的一个卧室模型,来进行宇宙辅助下的情境化教学课程开发。

上述的 4 个内容从卧室到房屋,再到村庄,最后到小镇,学生都能以第一人称的视角在游戏中进行参观浏览,身临其境地感受建筑由简单到复杂、由单一到多样的过程,获得较高的沉浸式体验。由于游戏中都是 3D 模型,并且可以通过操作与物体进行互动,因此学生可以观察到地图中的所有细节,并可以将这些细节转化为自己之后在游戏中进行建筑构造的灵感与素材。同时,学生在进行创作时还需结合相关数学知识来进行辅助分析,在此过程中学生灵活运用所学知识,不仅巩固了教材内容,还提升了自己的空间想象能力和创造性思维能力。相关课程模块及其元宇宙资源、教科书内容(浙江教育出版社版)和核心素养详见表 6-6。

表 6-6　课程模块及其元宇宙资源、教科书内容和核心素养

课程模块	元宇宙资源	任务量	教科书内容	核心素养
卧室建造	卧室模型	11	浙江教育出版社版九年级下册 3.1"简单几何体的三视图",高中必修二 1.1"空间几何体的结构"、1.2"空间几何体的三视图和直观图"、1.3"空间几何体的表面积与体积"。	量感、空间观念、运算能力、应用意识、创新意识。
房屋建造	BBK 的度假木屋	7	高中必修二 1.1"空间几何体的结构"、1.2"空间几何体的三视图和直观图"、1.3"空间几何体的表面积与体积"。	量感、空间观念、运算能力、应用意识、创新意识。
村庄建造	漓江村	8	高中必修二 1.1"空间几何体的结构"、1.2"空间几何体的三视图和直观图"、1.3"空间几何体的表面积与体积"。	量感、空间观念、运算能力、应用意识、创新意识。
小镇建造	帕奇尔小镇	9	高中必修二 1.1"空间几何体的结构"、1.2"空间几何体的三视图和直观图"、1.3"空间几何体的表面积与体积"。	量感、空间观念、运算能力、应用意识、创新意识。

(三)元宇宙情境化教学课程设计

迭代设计阶段包括元宇宙课程规划及元宇宙课程设计,下面将介绍元宇宙辅助下情境化教学的课程结构与教学活动设计。

1.课程结构

课程设计主要面向 7～8 年级的学生,课程主要由卧室建造、房屋建造、村庄建造、小镇建造以及活动总结 5 个部分组成,课程整体结构安排如表 6-7 所示,课程开展周期为 16 周,每周进行 1 个课时的教学,内容由简单到复杂,让学生拥有由浅入深的学习体验。在进行实际的教学时,学生在具体的情境问题下,基于已学数学知识来分析问题,在游戏中通过按键进行操作,移动和搭建模型,获得自己想要的结果。在此过程中,学生不仅能将多学科的知识进行融会贯通,还能提升自己的创新性思维能力。

表 6-7　元宇宙课程整体结构

模块	课程	课时	部分教学计划活动内容
卧室建造	几何拓展	第 1~2 课时	结合九年级"简单几何体的三视图"、高中必修二中关于空间几何体的结构、空间几何体的三视图和直观图中的一些基础易懂的内容进行讲授,将学生的思维初步从平面几何拓展到空间几何。
	建造一间卧室	第 3~5 课时	学生观察"我的世界"中已经搭建好的卧室模型,以此为基础在"我的世界"中建造一个理想中的卧室模型,并做相关数量报告。
房屋建造	建造一栋房屋	第 5~8 课时	学生观察"我的世界"中已经搭建好的房屋模型,在卧室的基础上继续建造一个理想中的房屋,并做相关数量报告。
村庄建造	建造一个村落	第 9~11 课时	学生观察"我的世界"中已经搭建好的村庄模型,在已有房屋的基础上继续创造一个理想中的村庄,并做相关数量报告。
小镇建造	建造一座小镇	第 12~15 课时	学生观察"我的世界"中已经搭建好的小镇模型,扩充已经搭建好的村庄,使其变成一个小镇,并做相关数量报告。
活动总结	成果展示、总结收获	第 16 课时	学生展示前 15 课时的成果,介绍自己解决问题的过程,以及从中获得的知识和感受,教师对课程进行总结。

2."房屋建造"教学活动设计

下面以元宇宙辅助下情境化教学"成为建筑大师"课程中的"房屋建造"这一模块为例,介绍课程的具体流程。

(1)热身环节

教师在每一组的设备中准备好"我的世界"软件,将"BKK 的度假木屋"的地图组件提前下载并安装在游戏中,学习者以小组为单位,在游戏世界中进行游览观察。在学生观察完成后,教师向学生提出以下问题:①与之前搭建的卧室进行比较,房屋多了哪些必要的部件? ②这栋房屋的总占地面积是多少(假设一个方块的棱长为 1 米)? ③这栋房屋一共有几层? 总高度是多少? 在学生思考完这些问题后,教师可以组织学生回答讨论。

这一环节最主要是通过让学生进行成品欣赏来激发学生的学习兴趣,并且提出一些有关房屋搭建的问题来提示学生在建造房屋时要考虑哪些必要的问题，以便学生在进行后续操作时可以明确方向。

（2）设计环节

在结束热身环节的讨论之后，教师向学生明确第5~8课时的课程任务，也就是要在之前已经搭建好的卧室的基础上建造一栋如上一环节观察过的房屋。在正式开始搭建之前，教师先让学生思考如下几个问题：①你们打算搭建的房屋总占地面积是多少？②你们打算搭建的房屋一共有几层？③你们打算搭建的房屋总高度大约是多少？④你们能否初步设想需要用到游戏当中的哪些材料？接着，教师让学生绘制出初步设想的草图。完成以上内容后，教师可以组织学生进行探讨和展示。

这一环节主要是让学生进行任务的细化，将主要任务拆分成一个个小目标，以便对接下来的操作能有一个明确细致的规划，最后形成一个初步的方案（在实际操作中可以有细微的调整），避免后续盲目操作，从而提高课堂效率。

（3）房屋搭建

在完成方案的制定后，教师就可以组织学生根据自己小组确定的初步设想来进行实际操作。根据提前设置好的数量、材料以及草图，小组成员以合作的方式在游戏世界中进行操作，选择合适的材料，通过创造或破坏方块或物品来建造预期目标中的房屋。在此过程中，学生可能会发现初步设想中的某些设计不合理，那么此时就可以对方案进行修改，直到形成最后的成品。

（4）评价反思

每一个小组需要将成品的立体透视草图以及大致的俯视图画在纸上，并做一份房屋相关数据的数量报告。完成后，教师可以组织学生进行成果汇报，每个小组需要介绍房屋建造之前的初步设想、在正式建造房屋时遇到的问题以及解决方法、对初步设想的调整，以及具体成品。教师与其他学生可以根据他们的汇报提出建议，小组根据建议对方案进行进一步修改，从而完善成品。

（5）拓展课程开发

开发地方性或者校本内容，设想带领学生寻找校园中或者当地较为著名的房屋建筑，考察房屋的组成部分，运用直接测量法、投影法、比例线段等知识，带领学生测量这些建筑的相关数据，并制作成数量报告，再利用成比例缩小的方法，设计在"我的世界"中搭建同比例观测建筑的方案，并根据方案在"我的世界"中进行搭建。搭建完成后,各个小组交流讨论自己组的测量成果,教师根据每组的汇报成果,对学生的方案提出建议,帮助学生进行改进。此活动旨在让学生认识到知识可以运用于生活,以及体会知识学习的必要性,巩固学生对于知识的理解与运用,让学生对学习产生更加浓厚的兴趣。

四、元宇宙探究教学实践方向

(一)元宇宙数学情境导学

向同学们介绍《失控玩家》这部电影,既能激发学生的学习兴趣,又可以借助电影,让学生了解元宇宙。首先,教师让学生观看这部电影,使学生了解游戏中的数学价值和应用。接着,教师引导学生自己发现数学知识,通过全方位的虚拟交互进行学习,帮助学生在元宇宙情境中探索数学的奥秘。指向元宇宙教学环境的全方位虚拟情境教学创意设计,是利用元宇宙教学系统与现实世界映射和交互的虚拟世界来进行导入创意情境的全方位交互设计。

(二)元宇宙智能诊学

通过沉浸式电影观看体验,学生对数学知识有了自己的看法。此时,教师要与同学们一起交流讨论在游戏中学到的数学知识。将学生进行分组,给学生一定的讨论时间,教师进行提示和帮助,小组分别进行汇报交流,学习不同小组所获得的不同的知识。例如,在函数的学习中,每个小组对自己在元宇宙虚拟空间中观察到的运动员跑步场景和水坝虚拟场景的相关变量进行描绘,并与其他小组进行互相诊断。智能诊学是利用元宇宙教学系统的全方位虚拟空间,配合元宇宙套件的各个组成部分来进行的,例如元宇宙探究等操作前的学习诊断。诊断结果分为两部分:班级诊断共性结果和学生及其小组的个性化结果。班级诊断共性结果可以由元宇宙智能系统提供;学生及其小组的个性化结果,则可以由教师结合具体情况通过个性化诊断来提供。

(三)元宇宙数学多模态人机助学

元宇宙数学多模态人机助学环节基于具身认知理论,借助元宇宙智能后台所储备的大量可供学生自主学习探索的资源库,结合数学数据图表,为学生推荐具有具身认知体验性的学习资源,能够充分发挥学生的主体性作用。学生亦可以结合实际的学习情况,在学习过程中选择不同层次的学习任务及提示性线索,以满足个体的发展需求。教师则充分发挥引导作用,在教学过程中结合元宇宙数学智能输出设备,实时把握学生的学习进程,针对学生学习中的难点及薄弱环节进行重点讲解,帮助学生突破知识点的认知瓶颈,获得深层次认知。同时,教师协同机器的智能后台筛选个性化学习任务,不断优化学生的学习路径,提升其学习效率,提高最近发展区阈值。

(四)元宇宙数学精准评学

元宇宙数学精准评学以多主体、多角度、过程性与结果性评价相结合为准则。首先由教师对学生的作品进行评价。其次,每个小组之间进行互评,在元宇宙虚拟教学空间的教学过程中,还加入了元宇宙智能评价环节,使教学评价主体多元化,学生不再是被单向评价的对象。再次,评价维度追求多元化,学生的发展具有整体性,评价只关注知识技能的掌握情况是不全面的,更应包含学生的情感态度、合作交流意识、学习进步情况等多角度的全局性评价。

第七章　非视觉虚拟探究课程开发与教学实践

非视觉虚拟探究包括空间非视觉虚拟探究、声觉虚拟探究，以及触觉虚拟探究，非视觉虚拟探究课程也就是依据这三部分进行开发的。本章分为非视觉虚拟探究案例、非视觉虚拟探究课程开发、非视觉虚拟探究教学实践三部分，详细介绍了非视觉课程开发与教学实践。

第一节　非视觉虚拟探究案例

本节将从声觉虚拟探究、空间非视觉虚拟探究，以及触觉虚拟探究三个方面出发，完整介绍非视觉虚拟探究案例，每个案例都从虚拟探究简介和教学目标，以及虚实内容和探究流程进行阐述，有助于学生更直接地了解关于非视觉虚拟探究的相关内容。

一、声觉虚拟探究

(一)案例简介和教学目标

1. 案例简介

声觉虚拟探究给操作者提供的是虚拟声觉不同状态下的声音虚拟探究环境。在实验前，必须检查运动准备时间的校正，重点解决不同环境下操作者所听到的声音刺激不同和感知实验的声觉干扰等问题。实验所面向的群体是具备一定心理学基础知识的中学生、小学高段学生，以及高校数学师范生和小学教育师范生。

2.教学目标

本虚拟探究教学目标主要涉及知识技能、实验探究、问题解决、情感态度等4 个维度,并涉及实验探究、空间观念、变化观念、应用意识、推理能力、创新意识、科学态度与责任等 7 个核心素养。

①知识技能:理解个人周围空间内的声音对个人运动准备时间调节的影响。

②实验探究:思考在不同声音的刺激下,应该怎样去做运动准备和调节,培养学生的实验探究、空间观念、变化观念、应用意识等核心素养。

③问题解决:通过不同声音刺激的体验,学生学会做出适当的运动调节来匹配,进一步培养学生的推理能力、创新意识、科学态度与责任等核心素养。

④情感态度:培养学生通过声音知觉来获取信息的习惯与态度。

(二)虚实内容与探究流程

1.虚实内容

本实验对学生进行不同声音的测试,模拟 5 种虚拟声音,包括语义声音和无语义声音,通过学生对声音的感知,判断在不同的虚拟空间距离中,声音的频率大小,并分析学生生理状态的变化。

2.探究流程

要求被测试学生在聆听刺激时保持站立姿势,并在声音停止后尽快抬起手臂。在声音播放过程中,他们闭上眼睛以专注于听觉信息。每组经历一个单一的声音,总共执行 5 次距离×5 次重复＝25 次实验;组间遵守随机试验顺序。声觉虚拟探究主要包括以下 5 个步骤。

实验第一步,将学生进行分组(5 组),接着进行组间实验。

实验第二步,在每组测试和分析实验中考虑以下 5 种虚拟声音之一,包括Applanse——掌声;Party——人们有说有笑;CarWreak——一辆车在倾斜;DentistDrill——牙医钻头的点火;PinkNoise(控制刺激)——Matlab 生成的粉红噪声。

实验第三步,每组测试 5 名学生(从现在开始称为科目)(即 5 个科目×5个声音的总和＝25 名参与者),而其余学生检查实验正确执行与否并收集数据。在每组中,一名学生负责识别无效试验,即识别预期而不是反应的过早动作。另有一名学生负责收集运动学和模拟数据。

实验第四步,学生熟悉设备和程序。被测试的 5 名学生背对背位于实验室中间,而控制声音发射的 Behringer HA4700 耳机放大器则位于中心。5 名学生被安排在他们的同伴面前,他们必须检查运动准备时间的校正。

实验第五步,每组听相同的声音,评估 5 次声音距离×4 次重复,总共 20 次试验随机(组间)呈现刺激。在每听一个声音后,他们被指示把上臂向前伸(作为个人本体感觉空间参考)至声音停止的位置。未经测试的学生收集试验数据,标注他们的同伴指示的距离;为了方便,采用了从 0(靠近肩膀)到 1(靠近食指)的标准化量表,允许在指向动作后立即收集距离信息,如图 7-1 所示。

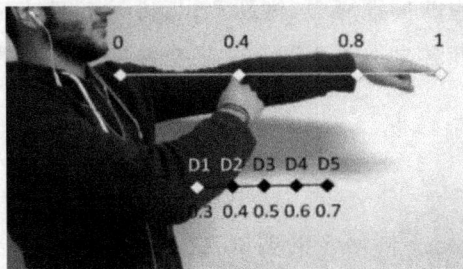

图 7-1　从 0(靠近肩膀)到 1(靠近食指)的标准化量图

一、空间非视觉虚拟探究

(一)案例简介和教学目标

1.案例简介

空间非视觉虚拟探究为操作者提供的是虚拟视觉障碍状态下的空闲行走和感知实验环境(见图 7-2),重点解决传统视觉空间行走和感知实验的视觉干扰等问题。实验所面向的群体是具备一定笛卡儿空间基础知识的中学生、具备一定平面距离知识的小学高段学生,以及高校数学师范生和小学教育师范生。

2. 教学目标

本虚拟探究的教学目标主要涉及知识技能、实验探究、问题解决、情感态度等 4 个维度,并涉及实验探究、空间观念、运算能力、培养数据分析、推理能力、创新意识、科学态度与责任等 7 个核心素养。

①知识技能:理解笛卡儿空间,掌握笛卡儿空间等实验基本操作技能。

图 7-2　空间非视觉虚拟探究

②实验探究：思考在笛卡儿空间中的行走距离计算等问题，培养实验探究、空间观念、运算能力等核心素养。

③问题解决：解决在笛卡儿空间中避障行走和到达目的等问题，进一步培养数据分析、推理能力等核心素养。

④情感态度：培养对视障人士的共情，以及对非视觉空间的观察习惯和对自己视力的珍惜态度，进一步培养解决非视觉空间行走问题的创新意识、科学态度与责任等核心素养。

2. 虚实内容和探究流程

（1）虚实内容

虚拟内容：视觉障碍等。引导参与同学戴上眼罩，虚拟盲人的视觉障碍。

实体内容：笛卡儿空间、障碍物、目标物、遥控振动器等。

盲人行走虚拟空间：在一个专门的教室构建一个 4 米×4 米网格状空间，网格数量则是 $5×5=25$ 个，每个网格的长宽均是 80 厘米，如图 7-3 所示。

图 7-3　虚拟网格状空间

创建一个 4 米×4 米的虚拟体验空间。在该空间的坐标系布局中，X 轴和 Y 轴为 0 到 5 之间的数字，学生们沿着轴线找到并收集指定坐标的目标点。对于 VI 儿童,辅助人员的声音反馈和控制器的振动提供了将运动映射到坐标的反馈。当学生遇到交叉点时,辅助人员用皮带系在学生腰上的控制器会震动。

(2)探究流程

空间非视觉虚拟探究步骤主要包括以下 4 步:

实验第一步,在一个专门的教室构建一个 4 米×4 米的虚拟空间。学生们可以在里面自由移动,这个房间是学生们只去过两次或以下的科学教室,对学生们来说是陌生的,教室里的教具需要重新布置以满足设置的要求,教师还要向学生解释,他们只可在门和窗之间的自由空间移动。

实验第二步,向参与者介绍在虚拟空间里行走时的反馈规则,让他们能够在进行实验的时候正确理解获得的反馈信息,然后获得自己的位置坐标,进行下一步移动。

实验第三步,把学生分成几个小组,让他们在虚拟空间中进行盲探,学生腰上绑有震荡控制器。在进行盲探的过程中,如果学生走到坐标交叉点,则旁边的辅助人员向参与者反馈其坐标信息。当学生快行进到障碍物所在处时,腰上的控制器会发出振动信息,起到提醒参与者的作用。

实验第四步,在完成盲探任务后,教师让学生们在小组中分享实验过程中的体会。

三、触觉虚拟探究

(一)案例简介与教学目标

1.案例简介

三维虚拟环境通过与虚拟实体的交互来获取给定领域的知识。虚拟环境的灵活性只允许表示与最终用户相关的世界部分:正确选择虚拟世界中包含的信息,表示和渲染可以大大简化用户所需的感知和解释工作,合理设计的虚拟体验可以显著改善和简化多项学习任务。多模态系统可以使交互更具沉浸感和吸引力。多模式系统通过多媒体系统输出,协调多种自然输入模式的处理,如语音、触摸、手势、眼睛注视以及头部和身体运动,通过集成方式与涉及不同感官通道(视觉、听觉、触摸等)的先进输入/输出设备进行交互。空间输入设备(如跟踪器、3D 定点设备、手势和声音设备)和多传感器输出技术(头戴式显示器、空间音频和触觉设备)越来越多地被用作虚拟现实应用程序的通用组件。

每个设备都有一个特定的感觉,展示一个不同的界面。该实验通过研究声学虚拟现实环境来评估声觉—触觉支持和补充视觉时的相关性。多模态交互允许虚拟环境应用程序解决用户的感觉障碍,这些用户可以依赖于让他们感到舒适的特定交互模式,具体如图 7-4 所示.[①]

图 7-4　多模态虚拟环境应用程序

2.教学目标

本虚拟探究教学目标主要涉及知识技能、实验思考、问题解决、情感态度等 4 个维度,以及实验探究、空间观念、模型思想、培养数据分析、推理能力、运算能力、变化观念等 7 个核心素养。

①知识技能:理解声音信息和触觉信息。

②实验思考:思考非视觉虚拟环境下声音信息和触觉信息所包含的知识,培养学生的数据分析、推理能力等。

③问题解决:通过非视觉虚拟环境下声音信息和触觉信息的收集来构建认知,进一步发展学生的模型思想和运算能力。

④情感态度:培养学生对声音信息和触觉信息感知的良好理解习惯,培养他们的实验探究习惯和变化观念。

(二)虚拟内容与探究流程

1.虚实内容

虚拟内容:虚拟工厂、入口区域和售票处、外部和内部庭院、石膏模型画廊、

---

① De Felice F, Renna F, Attolico G, et al. Hapto-acoustic interaction metaphors in 3D virtual environments for non-visual settings[J]. *Virtual Reality*, 2011: 21.

小教堂、浴室和一些连接处。

实体内容:真实工厂、水井、树木、树篱、花盆。

为盲人用户设计的应用程序中的虚拟环境导航主要基于微型隐喻中的世界,用户首先虚拟地浏览,给定上下文中最简单的虚拟环境,以构建整个环境的心智模式,然后他们可以在其中定位更多的对象。在导航过程中,他们可以与活动对象(如门或墙)交互,然后再体验具有大扩展、复杂拓扑和大量信息要传达给用户的再现站点的导航。如图7-5所示,这是位于意大利巴里的诺曼·斯维扬城堡底层可参观部分的情况,其虚拟工厂是根据其详细的平面图建造的,基本模型包括:入口区域和售票处、外部和内部庭院、石膏模型画廊、小教堂、浴室和一些连接处。一些门可以打开,并被定义为触觉声学动态对象,而无法进入环境的门则被建模为带有相关声音解释信息的静态对象。无门的交通区域由凹凸(定义为触觉声学静态对象)建模。

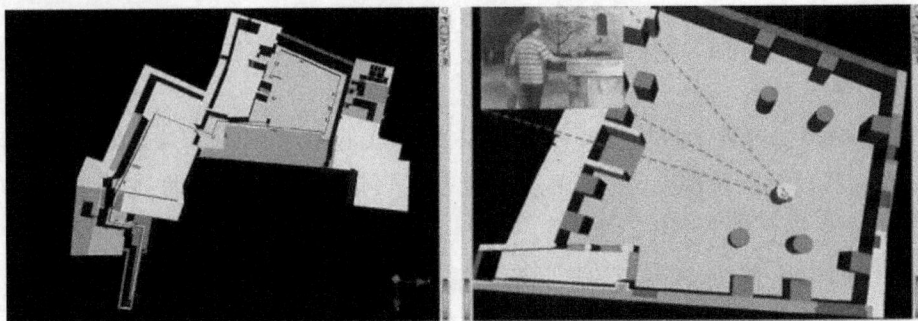

(a) 瑞典城堡的一部分的3D植物   (b) 盲人在探索并在庭院中发现水井

图 7-5   虚拟环境应用程序的虚拟导航和现实探索

2.探究流程

声觉—触觉虚拟探究主要包括以下3步:

实验第一步,在两个不同阶段中,对3组不同的用户完成3次测试。在第一个项目中,测试的2组分别由4名视力受损者组成;而在第二个项目中,测试的第三组由12名盲人组成。每个人以前都知道这座城堡。

实验第二步,在前两次测试中,他们必须完成的任务是虚拟环境导航,以获取有关城堡环境的配置和尺寸,以及某些对象位置的信息。在随后的真实访问中,他们利用来自虚拟体验的知识,有意识地在城堡中移动。在两次测试中,与他们互动的模型是不同的。在第一次测试过程中,模型包括位于再现环境内的大多数对象(树木、树篱、花盆等),这些对象由简单的实体形状表示,并被定义为声学活动对象(触摸它们,用户会自动接收语音信息,以明确其身份)。在第二次测试过程中,用户对虚拟环境进行了修改,删除了与门和凸起不同的所有对象,在首次导航该模型后,用户可以探索他们所需的某些环境的缩放模型以及所有相应的对象,以将新的信息片段集成到整个模式中(见图 7-5b)。

实验第三步,在第三次测试中,用户必须完成的任务是虚拟环境导航,以获取有关城堡拓扑结构以及历史的信息。此外,用户还可以在石膏模型库中为盲人准备一个小型展览,以此对其进行虚拟培训,目的是整合从虚拟和真实参观中获得的信息。在这种情况下,虚拟环境提供了一条引导路径(见图 7-5a),通过沿预定路线放置 17 个有吸引力的目标点,通过一种管道实现允许盲人快速识别城堡的突出部分。当他们被困在目标中时,他们可以激活语音信息,并提供他们所在位置的信息。然后,他们可以自由地在虚拟工厂中导航,而不必在虚拟工厂中放置任何物体,通过按需发送有关环境尺寸、用于建造的材料和历史信息的信息来丰富之前的测试内容。最后,他们可以体验石膏模型画廊的放大模型,在那里他们可以通过真实的参观探索一些物体。

第二节　非视觉虚拟探究课程开发

非视觉虚拟探究课程开发包括三类课程,分别是非视觉虚拟探究课程、非视觉空间虚拟探究课程和非视觉声音虚拟探究课程,本节将从学生学情分析以及课程开发两部分出发,介绍并详细阐述三类课程的课程框架。

一、非视觉虚拟探究课程开发模式

(一)学生学情分析

非视觉虚拟探究课程主要面向的是视觉障碍、近视等的学生,当然也可以面向普通学生开展综合实践活动。视觉障碍学生的活动能力发展尤其是实验操作是比较受限制的,需要通过设置有效的非视觉虚拟探究环境刺激来弥补视障学生由于视力受损而出现的实验知识与操作技能等方面的缺陷。

在传统的虚拟探究环境中,开发者多依靠视觉感知来完成虚拟世界与参与者的交互,但参与者除了具备视觉感知外,其听觉、嗅觉、触觉、本体感觉、空间感觉等都是比较完备的。而对于视力障碍者,在其视力受损的条件下,其他感知觉就会相应地得到比较好的发展。

(二)非视觉虚拟探究课程开发模式

非视觉虚拟探究课程开发主要包括三个阶段。第一个阶段是准备阶段,主要包括课程资源综览和课程资源案例选配;第二个阶段是迭代设计阶段,主要包括课程规划和课程设计;第三个阶段是迭代开发阶段,首先是标准课程的设计,接着推出第一版本的课程,然后推出第二版本的课程,最后迭代升级为黄金版,具体如图 7-6 所示。

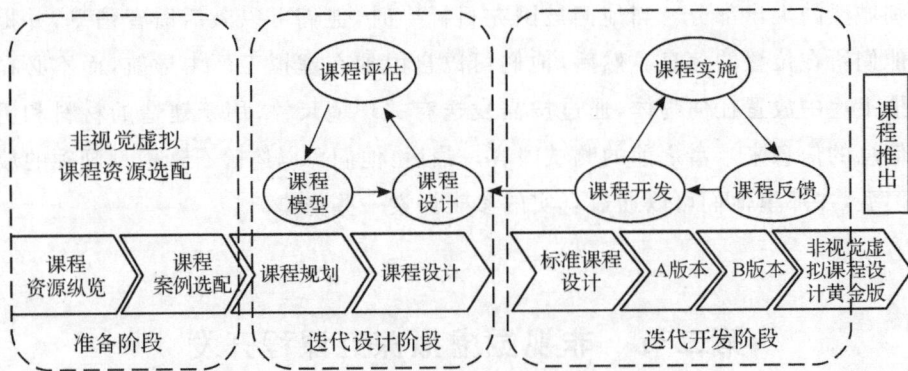

图 7-6　非视觉虚拟探究课程开发模式

二、非视觉空间虚拟探究课程

(一)学生学情分析

空间能力是人们对客观世界中物体的空间关系的反应能力。空间能力主要包括两个方面:一是空间知觉能力,二是空间想象能力。空间知觉能力包括形状知觉、大小知觉、深度与距离知觉、方位知觉与空间定向等方面。空间想象能力是指人对二维图形和对物体的三维空间特征(方位、远近、深度、形状、大小等)与空间关系的想象能力。这种空间想象能力是空间知觉表象在头脑中的再现、重组与转换,是空间能力的高级表现。

儿童的空间智能有一个从静态空间感知到获得动态空间概念的发展过程。

在 3～4 岁阶段,儿童能够通过自身的运动来确定物体的空间位置关系;在到 6～7 岁的时候,他们能够利用明显的路标或标记对物体进行定位,但是需要成长到 9 岁的时候才能使用比较复杂的标记,同时,6～7 岁的儿童还能够利用空间整体结构的信息对空间物体的位置关系进行定位;在 10 岁以后,儿童开始具有大脑的表象旋转能力。

（二）非视觉空间虚拟探究课程开发模式

"数学空间 VR 探险"课程面向 5～6 年级的学生而设计,课程由实验准备、单人体验、双人体验、小组体验、总结 5 个模块构成,课程开展 16 周,每周 1 课时,授课教师可以根据实际情况调整安排具体的教学课时,具体课程计划如表 7-1 所示。

表 7-1　非视觉空间探究课程的课程框架

课程模块	课程小节	小节课时	小节描述
实验准备	非视觉空间虚拟探究准备	第 1 课时	介绍盲人行走与非视觉空间虚拟探究相关知识,以及要做的非视觉空间虚拟探究相关介绍。
单人体验	非视觉空间虚拟感知	第 2～3 课时	让学生在虚拟空间中进行没有目的性的探索,在无压力条件下感知非视觉虚拟空间。
	虚拟盲人在空间中的行走	第 4～5 课时	学生在非视觉虚拟空间中进行有目的探索,有一定的目标指向。
双人体验	虚拟帮助盲人在空间中的行走	第 6～7 课时	两人协作,在非视觉虚拟空间中进行避障行走。
	虚拟帮助盲人在空间中的避障行走	第 8～10 课时	两人协作,在非视觉虚拟空间中进行避障行走。
小组体验	虚拟帮助盲人在空间中的避障行走	第 11～12 课时	小组分工,在非视觉虚拟空间中进行避障行走。
	虚拟帮助盲人在空间中的寻宝	第 13～15 课时	小组分工,在非视觉虚拟空间中进行寻宝任务。
实验总结	非视觉空间虚拟探究总结	第 16 课时	对以上物理实验进行总结,以及进行成果展示。

三、非视觉声音虚拟探究课程

（一）学生学情分析

听觉技能是指人类通过后天学习获得的感知声音的能力,尤其是感知言语声音的能力。人们在具备了判断声音有无的听觉察知能力的基础上,还应发展判断声音相同与不同的能力,这也是大脑真正认识声音的开始——听觉分辨能力。

(二)非视觉声音虚拟探究课程开发模式

"非视觉声音 VR"课程面向 5～6 年级的学生而设计,课程由实验准备、单声体验、双声及多声体验、声音信息编码、总结 5 个模块构成,课程开展 16 周,每周 1 课时,授课教师可以根据实际情况调整安排具体的教学课时,具体课程计划如表 7-2 所示。

表 7-2　非视觉空间探究课程的课程框架

课程模块	课程小节	小节课时	小节描述
实验准备	非视觉声音虚拟探究准备	第 1 课时	介绍非视觉声音虚拟探究相关知识,以及要做的非视觉声音虚拟探究。
单声体验	非视觉声音虚拟感知	第 2～3 课时	让学生在虚拟声音中进行没有目的性的探索,在无压力条件下感知非视觉声音虚拟空间。
	非视觉声音虚拟单声感知	第 4～5 课时	学生在非视觉声音虚拟空间中进行有目的探索,有一定的目标指向。
双声及多声体验	非视觉声音虚拟双声感知	第 6～7 课时	学生在非视觉双声虚拟空间中进行有目的探索,有一定的目标指向。
	非视觉声音虚拟多声感知	第 8～10 课时	学生在非视觉多声虚拟空间中进行有目的探索,有一定的目标指向。
声音信息编码	声音信息获取	第 11～12 课时	学生在非视觉声音虚拟空间中获取信息。
	声音信息应用	第 13～15 课时	学生对所获信息进行非视觉运用。
实验总结	非视觉空间虚拟探究总结	第 16 课时	对以上实验进行总结,以及进行成果展示。

第三节　非视觉虚拟探究教学实践

课程开发模式最终都要运用于实践中,本节将阐述非视觉虚拟探究课程的教学实践,以完整的教学案例介绍非视觉虚拟探究课程的教学过程,让学生能够更直观地了解非视觉虚拟探究课程的模式。

一、非视觉虚拟探究教学模式

(一)非视觉虚拟探究教学模式的建构

非视觉虚拟中的教学模式类似于第五章中的 MR 实验教学模式,此处不再赘述,具体如图 7-7 所示。

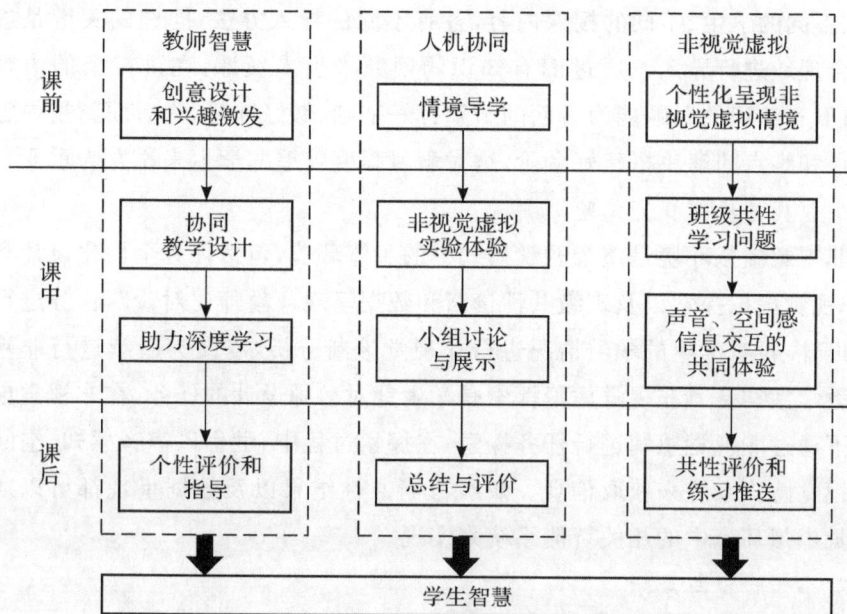

图 7-7　非视觉虚拟教学模式①

(二)教学过程及评价

非视觉下的虚拟环境教学需要考虑到学生的认知特点:学生在非视觉虚拟环境下,主要通过声音信息、空间感觉和本体感觉等来和外界进行信息交互。所以,我们需要将学习内容信息多模态化,让学生通过非视觉下的其他感知去接受信息,并将其内化融入自己的认知结构。

1.情境导学

非视觉虚拟环境下的知识回顾基于情境认知理论,在开始非视觉虚拟教学

---

① 王鹊,杨倬. 基于云课堂的混合式教学模式设计——以华师云课堂为例[J]. 中国电化教育,2017 (4):85-89,102.

之前,教师发挥自己的教学智慧,进行指向非视觉教学环境的知识回顾。在非视觉虚拟教学中的知识回顾中,需要发挥师生智慧,进行创意性设计,来激发学生的学习兴趣,通过非视觉感知与交互个性化地呈现非视觉虚拟场景。相关知识的回顾能够为学生的新知学习构建一个认知阶梯,学生在进行非视觉虚拟学习时,需要联系已学知识与非视觉虚拟环境中的具身体验信息,构建新的认知结构。因此,授课前对于旧知识的回顾属于课堂导入部分的环节。针对不同的学科、不同的学生、不同的授课内容,各有不同的导入方法,问题的关键是怎样科学合理地进行导入。通过旧有知识的回顾来引入新课,在讲授新的内容之初,对旧有知识的回顾能为后面的新知打好基础、做好铺垫,为后面新授内容中的重点和难点的解决搭建好台阶,这对学习程度较差的学生来说尤为重要。

2. 非视觉虚拟探究体验

非视觉虚拟环境是整个教学模式中的主体环节,包括任务个性化设计和诊断、非视觉虚拟探索以及班级共性诊断和数据呈现。教师先对诊断任务进行个性化设计,再对学生的学习情况进行非视觉诊断分析,以便为后续进行非视觉虚拟教学做准备。非视觉虚拟探索是学生针对教师设计的任务,在非视觉虚拟环境下通过非视觉感知进行任务探索,在探索过程中,学生以声音感知、空间感等非视觉感知系统来获取信息。班级诊断共性结果以及数据呈现都可以通过非视觉虚拟环境中的相关智能系统来实现。

3. 小组讨论与展示

小组讨论与展示包括引导学生小组进行非视觉虚拟学习、困难交流与知识共享、各种非视觉信息交互的共同体验。非视觉虚拟学习主要是让学生把在非视觉虚拟环境探索中所获得的信息进行编码,与其已有的知识经验进行融合。困难交流与知识共享能让学生对学习进行反思,使学生收获合作学习的快乐,激发学生的学习热情。信息交互的共同体验则可以让学生找到学习过程中的学习共性,帮助学生归纳非视觉虚拟学习的本质与特征。

4. 总结与评学

总结与评学是非视觉虚拟教学模式的最后一个环节,包括非视觉虚拟评价和指导、知识与技能评估、共性学习评价与练习推送。非视觉虚拟评价和指导对非视觉虚拟教学过程中的突出问题进行优化与指导,让学生的学习更高效。在知识与技能方面,可以通过有针对性的检测量化来评估学生的学习效果。共性学习评价与练习推送可以增强学生学习结果的巩固,让学生把所学内容完全内化为自己的认知结构。

二、空间虚拟探究教学实践

非视觉空间虚拟探究教学方式主要基于空间感知和生物本体感觉,结合非视觉空间虚拟环境交互的特征,包含空间虚拟知识回顾、虚拟空间探索、小组讨论与展示和空间虚拟学习总结等 4 个环节。在每个环节中,师生都以学习共同体的形式参与学习。在具体实施过程中,根据教学需求可以自主搭配各个环节。

(一)情境导学

进行空间虚拟现实教学前,教师通过情境导入回顾知识,学生在回顾已有知识的条件下,在自己的认知结构中搭建一个新知识与旧知识的认知桥梁,这样能够满足奥苏贝尔的有意义学习条件,有助于学生对新知识进行同化。比如,在"空间虚拟探究教学:笛卡儿坐标系"这一节空间虚拟课程的教学过程中,我们需要向学生教授笛卡儿坐标系的相关知识,那我们首先就得让学生回顾之前已经学过的数轴的相关知识,这样学生在学习过程中对于笛卡儿坐标系的相关知识的理解就比较容易。

(二)空间虚拟探究体验

在完成旧知回顾后,教学过程进入虚拟空间探索环节。首先是针对学习内容的任务个性化设计,我们需要结合所学新知的特点与学生的学习特点,包括对旧知的理解程度及其空间感知特点和本体认知特点,来设计对应的个性化虚拟空间探索任务。有证据表明,数学知识是具体化的,因此,具体化学习在塑造如何教授数学方面越来越重要。具体化学习对于学生的教学具有特别的潜力,因为它涉及多种感官,包括本体感觉、身体动作、触觉和听觉,而不是主要关注视觉资源。

在"空间虚拟探究教学:笛卡儿坐标系"这节教学课中,我们设置了 3 个教学任务。任务一:非视觉下的虚拟空间感知。任务二:非视觉下的虚拟空间避障。任务三:非视觉虚拟空间寻宝。任务一让学生在虚拟的笛卡儿坐标空间中进行无障无目标感知,引起学生的空间感知兴趣,为接下去的任务做准备。任务二在学生脚上捆绑振动感知器,学生在非视觉下遇到障碍,振动器就会发出相应的振动刺激,提醒学生更换路径。任务三,通过在虚拟的笛卡儿空间特点的坐标点放置目标物,让学生在非视觉下寻宝,学生通过对笛卡儿坐标系的空间感知完成寻宝任务,这可以加深学生对笛卡儿坐标系的理解。

(三)小组讨论与展示

在完成虚拟空间探索之后,教学过程进入小组讨论与展示环节。小组讨论是课堂中常用的一种方式,讨论后请一名代表交流,这样做可以使每一个学生都有发言的机会,也有听取别人发言的机会,既有面对几个人发表自己见解的机会,又有面对全班说话的机会。这样,学生为了表达本组的见解,会更加主动地思考、倾听、组织、灵活运用新旧知识,使说出的语言更准确、更全面。通过小组讨论,学生在回忆整理之后,纷纷举手发言,连平时不爱说话的学生也很积极。有些学生话虽简洁,却抓住了本节课的学习重点。这说明小组讨论不仅加深了学生对知识的理解,而且发展了学生的学习能力和数学的语言表达能力。在课堂教学中经常进行有目的的课堂小结、提问,让学生来说一说,可以提高学生的分析、概括、分类等逻辑思维能力,达到智能并进、全面育人的目的。同时,学生把自己的思维说出来,会有一种愉悦的感觉,这也是进行自我表现和实现自我价值的需要。

在"空间虚拟探究教学:笛卡儿坐标系"这节教学课中,小组讨论与展示的具体设计为:给 5 分钟的时间,让每个小组的同学互相交流自己的看法,比如在活动过程中有哪些困难,自己又是怎样去克服这些困难的。在互相交流之后,让小组中的 3 名成员分别谈谈自己在这次活动中有什么收获,以及自己在活动后对坐标系有什么新的认识与理解。

(四)总结与评学

虚拟空间探究教学模式的教学过程的最后一个环节是总结与评学,主要包括空间虚拟学习评价与指导、知识与技能评估,以及共性学习评价和练习推送。通过非视觉虚拟评价和指导,教师针对非视觉虚拟笛卡儿空间中的突出问题进行优化与指导,让学生的学习更高效。在知识与技能方面,教师有针对性地检测和量化评估学生对笛卡儿坐标系的学习效果。通过共性学习评价与练习推送,教师帮助学生巩固笛卡儿坐标系的知识,让学生把所学内容完全内化进自己的认知结构。

三、触觉虚拟探究教学实践

在初中九年级下册的几何体三视图的教学中,传统的课堂仅仅给出几何体的二维图片,介绍三视图的简单概念,然后通过大量的练习来促进学生的认知。本部分将结合上文所介绍的触觉虚拟探究设计了几何体三视图的教学实践案例,让学生通过虚拟触觉感知来学习几何体的三视图。

(一)情境导入

进行触觉虚拟现实教学前,首先要通过情境导入对知识的回顾,满足奥苏贝尔有意义学习的条件。在"触觉虚拟探究教学:几何体的三视图"这一节空间虚拟课程的教学过程中,我们需要向学生教授几何体的三视图的相关知识,那我们就必须先让学生回顾之前已经学过的平面几何体和几何图形的相关知识。让学生针对一些现实生活中比较典型的几何体,如埃及金字塔、法国埃菲尔铁塔等建筑物,讨论这些建筑物的几何构成及其在二维平面上是什么几何图形。

(二)触觉虚拟探究体验

在完成情境导入的旧知回顾后,教学过程进入触觉空间探索环节。针对学习内容的任务个性化设计,我们需要结合所学新知的特点与学生的学习特点,包括对旧知的理解程度以及其触觉感知特点来设计对应的个性化触觉虚拟探索任务。

在"触觉虚拟探究教学:几何体的三视图"这节教学课中,我们设置了 3 个教学任务。任务一:非视觉下的几何体虚拟触觉感知。任务二:不同的模型非视觉下的虚拟触觉感知。任务三:学生在触觉感知不同几何体后在平面上简单地描绘图形,如图 7-8 所示。

(三)小组讨论与展示

在"触觉虚拟探究教学:几何体的三视图"这节教学课中,小组讨论与展示的具体设计为:给 5 分钟的时间,让每个小组的同学互相交流自己的看法,比如在活动过程中通过触摸感受到了什么,在描绘图形时遇到了哪些困难,自己又是怎样去克服这些困难的。在互相交流之后,让小组中的 3 名成员分别谈谈自己在这次活动中有什么收获,以及自己在活动后对几何体的三视图有什么新的

图 7-8　触觉虚拟探究教学

认识与理解。

（四）总结与评学

虚拟触觉实验教学模式的教学过程的最后一个环节是总结与评学,主要包括触觉虚拟学习评价与指导、知识与技能评估以及共性学习评价和练习推送。通过非视觉虚拟评价和指导,针对非视觉触觉教学中的突出问题进行优化与指导,让学生的学习更为高效。在知识与技能方面,教师通过有针对性的检测量化来评估学生对于简单几何体三视图学习效果。通过共性学习评价与练习推送,教师帮助学生巩固了简单几何体三视图的知识,让学生把所学内容完全内化进自己的认知结构。

第八章　扩展现实探究及其
教育应用发展趋势

扩展现实探究及其教育应用的发展趋势对教育领域十分重要,本章中的扩展现实探究包括 VR 探究、AR 探究、MR 探究、多重扩展现实探究,并延伸至元宇宙探究、非视觉虚拟探究。对每一种扩展现实探究,我们都详细阐述其发展趋势以及它们在教育领域的发展趋势,有助于读者对扩展现实探究的发展有进一步的了解。

第一节　虚拟现实探究及其教育应用发展趋势

本节将详细阐述 VR 探究虚拟内容更加立体真实、促进体验者协作参与、促进资源共享的发展趋势,以及 VR 探究教育应用高沉浸感、合作学习、教育公平等方面的发展趋势。

一、VR 探究发展趋势

VR 探究将会出现虚拟内容更加立体真实、促进体验者协作参与、促进资源共享[①]等发展趋势。VR 探究的虚拟内容更加立体真实的发展趋势,主要是VR 探究在目前所涉及的平面或立体虚拟仿真物品或人物的基础上,进一步向更加立体真实的虚拟探究用品甚至虚拟探究合作伙伴(虚拟人)发展。

VR 探究促进体验者协作参与发展趋势,主要是 VR 探究在目前尤其是头

---

① 闫坤茹. 虚拟现实教育的研究现状及发展趋势——基于 2014—2019 中英文期刊文献分析[J]. 机电产品开发与创新,2019(5):93-96.

显 VR 探究主要由单人操作的基础上,进一步向同一虚拟平台或空间内多人协作参与实验操作和解决实验问题发展。尤其是在复杂实验的操作上,需要 VR 探究实现多人多设备控制,甚至还需要多人配合记录 VR 探究过程中的数据特征。然而,目前 VR 探究在技术维度上还存在分辨率低、无线连接不稳定的问题。

VR 探究促进资源共享的发展趋势,主要是 VR 探究在目前尤其是屏幕 VR 探究成本越来越低、使用效果越来越好的基础上,进一步共享更多 VR 探究资源,尤其是向经济一般甚至较差地区逐步共享资源。例如,在 NOBOOK 平台上,免费共享的 VR 探究资源越来越多,能够免费共享资源的贫困地区也越来越多。

二、VR 探究教育应用发展趋势

VR 探究教育应用将会出现高沉浸感、合作学习、教育公平等方面的发展趋势。VR 探究教育应用的高沉浸感,主要是 VR 探究在当前较高分辨率的前提下,进一步向 4K 及以上的分辨率发展。在 4K 及以上的分辨率的基础上,参与者才会有比较舒适的沉浸式体验,而关于这一点许多用于教育教学的 VR 设备做得还不够。VR 探究的立体真实提升应用于 VR 教育实验,表现为分辨率的提升。这将有效提升各个学科 VR 教育实验参与者的体验,进一步提升参与者的沉浸感,达成现阶段还未达成但将要达成的高沉浸感模式。

VR 探究教育促进体验者合作学习的发展趋势,主要表现在双人或多人 VR 探究教育应用方面,当前的主流 VR 教育实验都是单人操作的模式,随着 VR 技术的发展,多人在同一虚拟平台或空间内协作参与实验操作的问题将得到解决。VR 技术所构建的 VR 探究教育平台支持多用户实时课堂互动,学习者在虚拟环境下可以合作完成学习任务,这能够促进多参与者的有效合作,提高参与者的参与度、自我效能感及集体的归属感。在一些操作复杂的 VR 教育应用中,参与者往往需要采取多人协同合作学习的方式,这样的应用方式将进一步丰富 VR 教育实验的合作学习应用。

VR 探究教育促进体验者教育公平的发展趋势,目前主要体现于 VR 技术所创建的优质教学资源和虚拟教学环境,通过互联网共享到教学资源匮乏的偏远地区,这克服了空间距离的限制,将极大提高偏远地区的教学质量,提高教师的队伍建设和专业化水平,在促进教育公平和实现资源共享方面发挥一定的积极作用。

第二节　增强现实探究及其教育应用发展趋势

本节将详细介绍 AR 探究发展趋势以及 AR 探究教育应用发展趋势。AR 研究将会出现跟踪注册技术完整化、强显示技术、自然交互等方面的发展趋势，并且 AR 探究教育应用将会出现强信息加工、"沉浸感＋"、跨语言学习等方面的发展趋势。

一、AR 探究发展趋势

AR 探究将会出现跟踪注册技术完整化、强显示技术、自然交互等方面的发展趋势。目前 AR 探究的跟踪注册方法只能对场景中少量的信息加以利用，如特征点信息，这将造成系统对环境的理解不完整。AR 探究的跟踪注册技术完整化趋势，主要表现在 AR 探究在目前的少特征点信息应用的基础上，进一步拓展到多信息应用，甚至环境全信息应用。

AR 探究的强显示技术发展问题主要是，目前能够为用户提供高沉浸感的 AR 眼镜在体积和价格上还不能满足大众的需求。AR 探究的强显示技术发展趋势，主要表现在简单便携的移动设备如手机等就可为参与者提供等同于 AR 头显设备的技术体验。

AR 探究的自然交互发展趋势，主要是在目前所聚焦的多人增强现实环境交互的基础上，利用智能设备提升交互信息传达质量和增加信息传达途径。目前，较多采用无线连接的 AR 空间存在数据丢包等问题，未来随着 5G 技术乃至 6G 技术的普及，AR 探究的交互模式也将更自然、全面。

二、AR 探究教育应用发展趋势

AR 探究教育应用将会出现强信息加工、"沉浸感＋"、跨语言学习等方面的发展趋势。AR 探究教育应用的强信息加工发展趋势，主要表现在目前 AR 探究教育应用在扫描 AR 智能学习卡时，在一些角度存在丢失 AR 扫描信息的情况。在未来，AR 探究教育应用将发展为使用简单智能 AR 设备，扫描学习卡全景后，智能追踪识别学习卡，在设备后续仅扫描到部分学习卡信息时，也能保持增强现实环境。

    AR 探究教育应用的"沉浸感＋"发展趋势,主要表现在目前 AR 探究在显示技术的前提下,在增强现实方面进一步向高分辨率发展。AR 探究的显示技术增强应用于 AR 教育实验,表现为增强现实环境的虚拟部分分辨率增强。这将有效提升各个学科 AR 教育实验的参与者体验,进一步提升参与者的沉浸感,达成现阶段还未达成但将要达成的"沉浸感＋"模式。

    AR 探究教育应用促进体验者跨语言学习发展趋势,目前主要体现于 AR 技术所创建的自然交互模式上。5G 乃至 6G 技术支持下的 AR 探究教育应用,将帮助体验者在同一增强现实空间中采用多种信息,增强显示后得以输出和传送,有着让不同语言环境下的人们在同一增强现实空间中实现自然交互的发展趋势。

第三节　混合现实探究及其教育应用发展趋势

    本节将详细阐述 MR 探究情境真实化、载体多元性、远程协同等方面的发展趋势。MR 探究的教育应用将会出现随时随地学习、游戏化学习、STEAM 教育等方面的发展趋势。

一、MR 探究发展趋势

    MR 探究将会出现情境真实化、载体多元性、远程协同等方面的发展趋势。MR 探究的情境真实化发展趋势,主要表现在目前 MR 探究所涉及的特定情境中,通常使用角色扮演等方式围绕生活架构真实情境的趋势。

    MR 探究的载体多元性趋势,主要表现为目前其所聚焦的以线下场景构建线上互动环境的趋势。例如,在博物馆中通过多元移动载体和文物深度交流,佩戴 HoloLens 的全息 MR 设备,体验明清的重庆街道。[①]

    MR 探究的远程协同趋势,主要表现为在 5G 通信技术的前提下,参与者既能看到自己所处的真实环境,又能通过 3D 虚拟进行互动。身处异地的参与者通过 MR 技术生成全息影像,进入同一个全息空间进行互动交流,并借助 5G 实现同步交流,该过程基于远程分工协作,能够提高学生的协作能力。

---

① 杨馨宇,黄斌. 混合现实(MR)在教育教学中的应用与展望[J]. 中国成人教育,2020(13):52-57.

二、MR 探究教育应用发展趋势

MR 探究教育应用将会出现随时随地学习、游戏化学习、STEAM 教育等方面的发展趋势。MR 探究教育应用的随时随地学习,主要表现在 MR 技术能构建完整的学习共同体,为协作学习的异地参与者提供零距离交互的 MR 学习空间。只要佩戴 MR 显示器,无论身处何地,不同的参与者都能以一个虚拟形象沉浸到同一个 MR 空间进行实时协作。这种包含人人、人机交互的 MR 环境打破了传统的学习中对视觉和听觉传递信息的过分依靠,混合的、真实的反馈极大地提高了学习者的学习效率。

MR 探究教育应用的游戏化学习发展趋势,主要是目前 MR 探究在当前载体技术的前提下,突破了游戏设计成本、设定难度、材料缺乏、环境场地等的限制。在线上学习时,游戏设计者和教师基于 MR 开发对应学生认知发展规律的游戏,学生通过与其他游戏角色或玩家的自然互动调动感官系统,突破了传统游戏仅以鼠标、键盘等工具完成交互的局限,促使学生不断探索游戏过程,从而达到学习目标。

MR 探究教育促进了 STEAM 教育发展趋势,目前主要体现于 MR 技术所创建的远程协同模式上。MR 实验教育的优势是将真实的物体虚拟化,并投影到虚拟世界,使得真实和虚拟在同一个空间中实时交互。MR 和 STEAM 的有效融合不仅能提供实体培训虚拟化、远程指导和实时协同的解决策略,而且能减少对优质教师的需求。MR 技术支持下的 STEAM 教育可以帮助学生在真实的虚拟情境中通过教师的协助完成知识建构和技能掌握。[①]

第四节　多重扩展现实探究及其教育应用发展趋势

本节介绍了多重扩展现实探究发展趋势以及多重扩展现实探究的教育应用发展趋势。多重扩展现实探究发展趋势主要表现在时空感知交互、软硬件一体化、高品质多元化内容协同发展等方面的发展趋势,多重扩展现实探究教育应用将主要出现在促进思维发展、大空间师生多人互动、延伸至特殊教育及其他教育领域等方面。

---

① 杨馨宇,黄斌. 混合现实(MR)在教育教学中的应用与展望[J]. 中国成人教育,2020(13):52-57.

一、多重扩展现实探究发展趋势

多重扩展现实技术的研究将会引领时空感知交互、软硬件一体化、高品质多元化内容协同发展等方面的趋势,推动技术、产品、服务和应用的共同繁荣。[①] 多重扩展现实技术在时空感知交互方面的发展趋势主要是,利用 5G 和智能物联网,实时创建虚拟场景,并通过虚实混合的双向通信和情境交流实现及时更新,从而确保虚拟空间与现实空间信息的快速匹配和互通。此外,多重扩展现实技术还通过协调虚拟空间场景内的各要素,辅助开展活动并实现真实体验。[②]

多重扩展现实探究的软硬件一体发展趋势主要是,在软件方面,例如:VR 头戴式显示器逐步向轻薄化方向发展,AR 眼镜逐步朝消费级市场推进,促进了销量的快速增长,使产业活力前所未有地高涨。然而,国内硬件产业基础相对薄弱。总体而言,技术研发方面过于单点改进,缺乏系统性的突破;应用研发方面相对较多,而基础创新层面相对较少。因此,需要进一步提升 XR 硬件产业的核心竞争力。[①]

多重扩展现实探究的高品质多元化内容协同发展趋势主要是,多重扩展显示在教育、医疗、影视和体育健身等领域的内容供给不断丰富,出现了许多新的"VR+"模式、场景和业态。然而,国内的整体内容生态仍然不够丰富:娱乐应用很多,但战略层面的行业应用较少;视觉展示类体验很多,但缺乏深层次、高质量的交互式内容体验。因此,需进一步探究,形成内容牵引力、软件推动力和硬件支持力三者协同发展的 XR 产业发展格局。[①]

二、多重扩展现实探究教育应用发展趋势

多重扩展现实探究教育应用将会促进思维发展、大空间师生多人互动,以及延伸至特殊教育和其他教育领域的发展。多重扩展现实探究教育应用的促进思维发展发展趋势主要是,利用扩展现实技术,如虚拟现实和增强现实,创建智能仿真学习环境可以帮助学习者沉浸在"拟真"世界中解决"真实"的问题,从而培养高阶思维能力。目前尚缺乏关于扩展现实与高阶思维的实证研究,因此未来应加强探索这方面的研究。

① 范丽亚,张克发,侯守明. 2022 年扩展现实(XR)热点回眸[J]. 科技导报,2023(1):184-193.
② 王运召. 扩展现实(XR)技术在法学教学中的价值与应用[J]. 教育理论与实践,2021(30):62-64.

多重扩展现实探究教育应用的大空间师生多人互动发展趋势主要是,多重扩展现实探究教育应用的大空间师生多人互动,应解决位姿等限制性问题。例如,使用位置固定的 PC 连线头显设备时,用户会受到设备的限制,因此,需要进一步做出优化,例如背包、电脑加蓄电池的本地方案,用户可以在空间内自由行走。[①]

多重扩展现实探究的教育应用延伸至特殊教育及其他教育领域的发展趋势主要是,沉浸式技术在特殊教育领域被广泛运用,主要包括感知觉与运动训练、生活自理与职业训练、认知训练及社交训练等方面,然而,针对感官缺陷导致的交流障碍的特殊群体的研究相对较少。这是因为当前独立发展的增强现实(AR)、虚拟现实(VR)和混合现实(MR)技术主要侧重于创造模拟和训练等恢复情境,而在以声音和文字为基础的社会交流维度上则存在局限性。依据 XR 技术的特点,在多重扩展现实方面,可充分考虑到特殊人群感知通道的不足,通过为特殊人群提供不同的学习资源和情境,弥补其感知能力的不足,从而辅助其认知和提供真实体验的机会。[②]

第五节　元宇宙探究及其教育应用发展趋势

本节将介绍元宇宙探究发展趋势以及元宇宙探究教育应用发展趋势。元宇宙探究发展趋势主要表现在虚拟探究体验者、场景多元、脑机交互等方面的发展趋势,元宇宙探究教育应用发展趋势将主要体现在融课堂教学、社会化教学、脑机智能化等方面。

一、元宇宙探究发展趋势

元宇宙探究将会出现虚拟探究体验者、场景多元、脑机交互等方面的发展趋势。元宇宙探究的虚拟探究体验者发展趋势,主要是元宇宙探究在目前 VR 简单元宇宙探究室等的基础上,进一步虚拟出实验体验者本身,也就是虚拟人

① 李思睿,刘朋,曾琦娟. 云 XR 扩展现实技术在计算机教学中的研究[J]. 计算机教育,2020(8):157-162.
② 褚乐阳,陈卫东,谭悦,等. 重塑体验:扩展现实(XR)技术及其教育应用展望——兼论"教育与新技术融合"的走向[J]. 远程教育杂志,2019(1):17-31.

的趋势。目前，虚拟探究体验者的真实感是能够保证的，同时还会实现实验体验者的角色扮演等，比如虚拟出居里夫人等实验操作专家。

元宇宙探究的场景多元发展趋势，主要是元宇宙探究在目前 VR 简单元宇宙探究室等的基础上，进一步虚拟出实验所应用的具体应用场景。元宇宙探究的脑机交互发展趋势，主要是元宇宙探究在目前 VR 简单元宇宙探究室的非脑机交互等的基础上，进一步拓展为类似于在第六章中团队结合 EEG 设备读取实验体验者脑电波数据基础上的脑机交互发展。比如，如果能实现元宇宙探究的脑机交互，实验体验者就可以通过大脑控制实验操作，解放双手来记录实验数据。

二、元宇宙探究教育应用发展趋势

元宇宙探究教育应用，将会出现融课堂教学、社会化教学、脑机智能化等方面的发展趋势。元宇宙探究教育应用的融课堂教学发展趋势真正打破了传统课堂教学的封闭状态，使课堂探究教学与实验历史、实验场景应用等真正融合起来。[①] 甚至可以通过全息投影等技术，将居里夫人等实验操作专家的影像，投射到课堂探究教学之中。

元宇宙探究教育应用的社会化教学发展趋势是，身处异地的不同终端学习者通过化身可共享相同的虚拟探究应用场景学习空间，还可根据元宇宙中的社交规则，进行资源共享、合作互动和具身体验等活动。学习者可以穿梭于不同的学习场景，开展自主学习、探究式学习、合作学习和创造性学习等，还可与其他化身、虚拟人等进行多元互动。教师可以通过教师类群组织讲授、展示与分享等活动，设置灵活的教学模式，按需切换教学发生的场景，根据精准反馈信息进行教学干预。[②]

元宇宙探究教育应用的脑机智能化发展趋势，主要是元宇宙探究教育应用在目前 VR 简单元宇宙探究室的非脑机智能化教育应用等的基础上进一步拓展，如第六章中团队结合 EEG 设备读取实验体验者脑电波数据，以及智能分析和控制实验操作等。在这一发展领域，团队所做的还只是第一阶段，元宇

① 刘革平,王星,高楠,等. 从虚拟现实到元宇宙:在线教育的新方向[J]. 现代远程教育研究,2021(6):12-22.
② 刘革平,王星,高楠,等. 从虚拟现实到元宇宙:在线教育的新方向[J]. 现代远程教育研究,2021(6):12-22.

宙探究教育应用的脑机智能分析和控制实验操作则是更加重要的第二和第三阶段。

第六节　非视觉虚拟探究及其教育应用发展趋势

本节将介绍非视觉虚拟探究发展趋势以及非视觉虚拟探究教育应用发展趋势。非视觉虚拟探究发展趋势主要表现在学科拓展、模态健全、智能辅助等方面,非视觉虚拟探究教育应用发展趋势则会出现跨学科、多模态、人机协同等方面。

一、非视觉虚拟探究发展趋势

非视觉虚拟探究将会出现学科拓展、模态健全、智能辅助等方面的发展趋势。非视觉虚拟探究的学科拓展发展趋势,主要表现在目前非视觉虚拟探究在体育、心理、数学空间和立体等学科的基础上,进一步拓展到物理、化学、生物,甚至语文和英语等学科上。

非视觉虚拟探究的模态健全发展趋势,主要表现在非视觉虚拟探究在目前所聚焦的空间声觉、空间体感、立体触觉等模态的基础上,进一步向嗅觉、味觉等模态信息感知通道发展,模态领域更加健全。尤其是在化学学科的一些实验操作中,嗅觉、味觉的模态信息感知更为明显,因为学生需要闻一闻实验反应所产生的相关气体的气味,甚至需要尝一尝一些物品或实验产生的物品的味道。

非视觉虚拟探究的智能辅助发展趋势,主要是其在目前所聚焦的戴眼罩、捆绑简单振动器等无机器辅助或只有简单机器辅助的基础上,进一步向智能设备,甚至智能机器人或智能实验套件辅助下的非视觉虚拟探究发展。团队所研发的 MR、XR 等实验套件目前主要是用于视觉虚拟现实实验,但未来也有计划辅助开展非视觉虚拟探究。

二、非视觉虚拟探究教育应用发展趋势

非视觉虚拟探究教育应用将会出现跨学科、多模态、人机协同等方面的发展趋势。非视觉虚拟探究教育应用的跨学科发展趋势,主要是目前非视觉虚拟探究在体育、心理、数学等学科开展的单学科教育应用的基础上,进一步向体

育、心理、数学等多学科基础上的跨学科教育应用发展。非视觉虚拟探究的跨学科教育应用也是其逐渐拓展到物理、化学、生物，甚至语文和英语等学科的重要途径，以及后续多学科教育应用拓展后进一步深入发展的必经之路。

非视觉虚拟探究教育应用的多模态发展趋势，主要是目前非视觉虚拟探究在声觉、体感、触觉等单或双模态教育应用的基础上，进一步向声觉、体感、触觉等多模态教育应用发展。非视觉虚拟探究教育应用的多模态发展，也会进一步带来嗅觉、味觉等更多模态信息感知通道的发展，以及更加丰富和健全的多模态非视觉虚拟探究教育应用。

非视觉虚拟探究的人机协同发展趋势，主要是目前非视觉虚拟探究在戴眼罩、捆绑简单振动器等无机器辅助或简单机器辅助教育应用的基础上，进一步向智能设备，甚至智能机器人或智能实验套件辅助下的人机协同非视觉虚拟探究教育应用发展。团队所研发的 MR 实验套件已经开展了多模态人机协同教学实践探索[①]，计划后续开展非视觉虚拟探究教育应用。

---

① 陆吉健,周美美,张霞,等. 基于 MR 实验的"多模态＋人机协同"教学及应用探索[J]. 远程教育杂志,2021(6):58-66.

参考文献

艾兴,李苇. 基于具身认知的沉浸式教学:理论架构、本质特征与应用探索[J]. 远程教育杂志,2021(5):55-65.

蔡宁. 基于Kano理论的MR眼镜多相机虚拟实验平台研究[D]. 杭州:杭州师范大学,2021:1-69.

蔡苏,刘恩睿,吴超,等. 创造虚实结合的数学世界——增强现实(AR)在K-12教育的实证案例之一[J]. 中小学信息技术教育,2017(12):74-76.

蔡苏,王沛文,杨阳,等. 增强现实(AR)技术的教育应用综述[J]. 远程教育杂志,2016(5):27-40.

蔡苏,张晗,薛晓茹,等. 增强现实(AR)在教学中的应用案例评述[J]. 中国电化教育,2017(3):1-9,30.

陈澄,林培英.《义务教育地理课程标准(2011年版)》解读[M]. 北京:高等教育出版社,2012.

陈航,严帅,刘胜,等. 基于RS485总线的分布式高精度数据采集系统[J]. 仪表技术与传感器,2021(2):71-74,79.

陈凯泉. 智能教学代理的系统特性及设计框架[J]. 远程教育杂志,2010(6):98-103.

陈向东,曹杨璐. 移动增强现实教育游戏的开发——以"快乐寻宝"为例[J]. 现代教育技术,2015(4):101-107.

陈运迪. 发展中的虚拟现实技术[J]. 计算机教育,2004(11):33-36.

丁美荣. 虚拟实验与真实实验整合的计算机网络研究性实验教学探究[J]. 实验技术与管理,2011(5):163-166.

高东锋,王森. 虚拟现实技术发展对高校实验教学改革的影响与应对策略[J].

中国高教研究,2016(10):56-59.

高琼,陆吉健,王晓静,等. 人工智能时代人机协同课堂教学模式的构建及实践案例[J]. 远程教育杂志,2021(4):24-33.

何秀全,韩耀军. 整合资源构建"虚实结合"的计算机网络课程实验室[J]. 现代教育技术,2010(9):143-145.

侯丹,宋昊泽. 3D虚拟增强现实技术在中学物理教学中的应用研究[J]. 天津师范大学学报(基础教育版),2018(3):69-74.

华子荀,黄慕雄. 教育元宇宙的教学场域架构、关键技术与实验研究[J]. 现代远程教育研究,2021(6):23-31.

黄红涛,孟红娟,左明章,等. 混合现实环境中具身交互如何促进科学概念理解[J]. 现代远程教育研究,2018(6):28-36.

黄晓,陈伟慧. 浙江省综合科学课程推进中的问题与省思——基于浙江省综合科学课程实施现状的实证研究[J]. 教师教育研究,2014(2):13-19,12.

黄晓,孙丽伟. 小学科学教学设计的规范化和学科化[J]. 全球教育展望,2014(4):111-120.

教育部等六部门. 教育部等六部门关于推进教育新型基础设施建设 构建高质量教育支撑体系的指导意见[EB/OL]. (2021-07-08)[2021-10-10]. http://www. moe. gov. cn/srcsite/A16/s3342/202107/t20210720_545783. html.

教育部办公厅. 教育部办公厅关于2017—2020年开展示范性虚拟仿真实验教学项目建设的通知[EB/OL]. (2017-07-13)[2021-12-17]. http://www. moe. gov. cn/srcsite/A08/s7945/s7946/201707/t20170721_309819. html.

孔玺,孟祥增,徐振国,等. 混合现实技术及其教育应用现状与展望[J]. 现代远距离教育,2019(3):82-89.

乐步教育. NOBOOK虚拟仿真实验平台[EB/OL]. [2022-01-14]. https:// www. nobook. com/.

李升源,刘宏,周克良,等. 电工电子虚拟实验与真实实验的互补性[J]. 实验技术与管理,2010(4):74-76.

李笑樱,闫寒冰,彭红超. 敏捷课程开发:VUCA时代课程开发新趋向[J]. 电化教育研究,2021(5):86-93,113.

刘邦奇. 智慧课堂的发展、平台架构与应用设计——从智慧课堂1.0到智慧课堂 3.0[J]. 现代教育技术,2019(3):18-24.

刘革平,王星,高楠,等. 从虚拟现实到元宇宙:在线教育的新方向[J]. 现代远程教育研究,2021(6):12-22.

陆吉健,钱雨杨,陈子涵. VR 一体机辅助下的中学数学教学设计模式及其实践[J]. 教学月刊·中学版(教学参考),2021(6):3-6.

陆吉健,沈晓媛. VR 一体机辅助下的课程资源开发模式及其实践——以小学"数学 VR 探险"课程为例[J]. 教学月刊·小学版(数学),2021(12):37-40.

陆吉健,周美美,张霞,等. 基于 MR 实验的"多模态+人机协同"教学及应用探索[J]. 远程教育杂志,2021(6):58-66.

茅洁. 基于 VR、AR、MR 技术融合的大学体育教学应用研究[J]. 武汉体育学院学报,2017(9):76-80.

苗晋达,罗天任,蔡宁,等. AR 物理实验中的磁感线仿真[J]. 图学学报,2021(1):87-93.

牟智佳. 多模态学习分析:学习分析研究新生长点[J]. 电化教育研究,2020(5):27-32,51.

牟智佳,符雅茹. 多模态学习分析研究综述[J]. 现代教育技术,2021(6):23-31.

潘枫,刘江岳. 混合现实技术在教育领域的应用研究[J]. 中国教育信息化,2020(8):7-10.

单美贤,李艺. 虚拟实验原理与教学应用[M]. 北京:教育科学出版社,2005:12-13.

单美贤,上官晨雨. 计算机支持协作学习中的情感反馈系统框架研究[J]. 软件导刊,2022(1):40-48.

沈括.《梦溪笔谈》选读[M]. 李群,注释. 北京:科学出版社,1975.

史宁中,吕世虎,李淑文. 改革开放四十年来中国中学数学课程发展的历程及特点分析[J]. 数学教育学报,2021(1):1-11.

孙田琳子,石福新,王子权,等. 教育资源的建设、应用与反思[J]. 中国电化教育,2020(6):130-146.

王鹊,杨倬. 基于云课堂的混合式教学模式设计——以华师云课堂为例[J]. 中国电化教育,2017(4):85-89,102.

王利东,张运杰,高红. 微分方程教学中强化建模思想的探讨——2016 全国大学生数学建模竞赛题启示[J]. 实验室研究与探索,2020(10):181-184.

王牧华,邱钰超. 联通主义视角下课程开发的未来走向[J]. 课程·教材·教法,2021(12):26-32.

王卫国,胡今鸿,刘宏. 国外高校虚拟仿真实验教学现状与发展[J]. 实验室研究与探索,2015(5):214-219.

王一岩,王杨春晓,郑永和. 多模态学习分析:"多模态"驱动的智能教育研究新趋向[J]. 中国电化教育,2021(3):88-96.

伍婷,许苏宜,张亚鹏,等. 虚拟实验技术在化学实验教学中的应用与实践[J]. 化学教育,2017(5):58-61.

吴永和,陈丹,刘雪,等. 学习、教育和培训领域的新技术与标准化——SC36 国际标准组织第二十四届全会及开放论坛综述[J]. 开放教育研究,2012(1):68-74.

西部网. 工程建设:海南琼州海峡拟投资 1400 亿建跨海大桥[J]. 中国建筑金属结构,2011(6):20.

闫坤茹. 虚拟现实教育的研究现状及发展趋势——基于 2014-2019 中英文期刊文献分析[J]. 机电产品开发与创新,2019(5):93-96.

杨健,李磊,傅海伦. 中国当代小学数学课程目标发展演变的特征分析[J]. 数学教育学报,2020(5):36-40.

杨馨宇,黄斌. 混合现实(MR)在教育教学中的应用与展望[J]. 中国成人教育,2020(13):52-57.

杨雪,刘英杰,阚宝朋. 基于设计的研究范式在网络三维虚拟实验中的运用研究[J]. 中国电化教育,2008(10):103-106.

詹瑾. 初中物理家庭实验教学的创意设计[J]. 教育实践与研究(B),2021(6):42-43.

张建军. 全景虚拟现实技术在虚拟校园建设中的应用[J]. 北京工业职业技术学院学报,2020(1):18-22.

张敬威,于伟. 学科核心素养:哲学审思、实践向度与教学设计[J]. 教育科学,2021(4):60-66.

张四方,江家发. 科学教育视域下增强现实技术教学应用的研究与展望[J]. 电化教育研究,2018(7):64-69,90.

张学军,等. 中学化学虚拟实验——理论、设计开发、应用[M]. 北京:化学工业
　　出版社,2013:1-160.

赵兴龙. 翻转课堂中知识内化过程及教学模式设计[J]. 现代远程教育研究,
　　2014(2):55-61.

郑璞,刘聪慧,俞国良. 情绪诱发方法述评[J]. 心理科学进展,2012(1):45-55.

中华人民共和国教育部. 关于开展国家级虚拟仿真实验教学中心建设工作的
　　通知[EB/OL]. (2013-08-13)[2021-12-17]. http://www. moe. gov. cn/
　　s78/A08/tongzhi/201308/t20130821_156121. html.

中华人民共和国教育部. 教育部关于开展国家虚拟仿真实验教学项目建设工
　　作的通知[EB/OL]. (2018-06-05)[2021-12-17]. http://www. moe. gov.
　　cn/srcsite/A08/s7945/s7946/201806/t20180607_338713. html.

中华人民共和国教育部. 教育部关于一流本科课程建设的实施意见[EB/OL].
　　(2019-10-30)[2021-12-17]. http://www. moe. gov. cn/srcsite/A08/
　　s7056/201910/t20191031_406269. html.

中华人民共和国教育部. 教育部关于加强和改进中小学实验教学的意见[EB/
　　OL]. (2019-11-22)[2021-12-17]. http://www. moe. gov. cn/srcsite/
　　A06/s3321/201911/t20191128_409958. html.

中华人民共和国教育部. 教育部关于公布首批国家级一流本科课程认定结果
　　的通知[EB/OL]. (2020-11-25)[2021-07-03]. http://www. moe. gov.
　　cn/srcsite/A08/s7056/202011/t20201130 ＿ 502502. html? eqid
　　＝e91d0e18000c589e000000036434f363.

朱辉. 美国高校图书馆 VR 技术应用管窥——基于宾汉姆顿大学图书馆应用
　　实践的分析[J]. 四川图书馆学报,2022(4):84-87.

朱鹏飞. 增强现实(AR)技术促进高中生化学微观结构学习的研究[J]. 化学教
　　学,2019(9):34-38.

Akcayir M, Akcayir G, Pektas H M, et al. Augmented reality in science
　　laboratories: The effects of augmented reality on university students'
　　laboratory skills and attitudes toward science laboratories[J]. *Computers
　　in Human Behavior*, 2016, 57 (Apr.): 334-342.

Cai S, Wang X, Chiang F K. A case study of augmented reality simulation
　　system application in a chemistry course[J]. *Computers in Human*

Behavior，2014，37(1)：31-40.

Chuah K M，Chen C J，Teh C S. Designing a desktop virtual reality-based learning environment with emotional consideration［J］. *Research & Practice in Technology Enhanced Learning*，2011，6(1)：25-42.

De Felice F，Renna F，Attolico G，et al. Hapto-acoustic interaction metaphors in 3D virtual environments for non-visual settings［J］. *Virtual Reality*，2011：21.

García-Betances R I，Waldmeyer M T A，Fico G，et al. A succinct overview of virtual reality technology use in Alzheimer's disease［J］. *Frontiers in Aging Neuroscience*，2015(7)：80.

Gershenson C. *Artificial Societies of Intelligent Agents：Virtual Experiments of Individual and Social Behaviour*［M］. London：LAP LAMBERT Academic Publishing，2010：1-120.

Hixon E，So H J. Technology's role in field experiences for preservice teacher training［J］. *Journal of Educational Technology & Society*，2009，12(4)：294-304.

Huang Y，Richter E，Kleickmann T，et al. Classroom complexity affects student teachers' behavior in a VR classroom［J］. *Computers & Education*，2021(163)：104-100.

Ivanova M. The aesthetics of scientific experiments［J］. *Philosophy Compass*，2021，16(3)：1-9.

Luo T，Zhang M，Pan Z，et al. Dream-experiment：An MR user interface with natural multi-channel interaction for virtual experiments［J］. *IEEE Transactions on Visualization and Computer Graphics*，2020，26(12)：3524-3534.

Osuagwu O E，Ihedigbo C E，Ndigwe C. Integrating virtual reality（VR）into traditional instructional design［J］. *West African Journal of Industrial and Academic Research*，2015，15(1)：68-77.

Parsons G G，Rueger A. The epistemic significance of appreciating experiments aesthetically［J］. *British Journal of Aesthetics*，2000，40(4)：407-423.

Suprapto N，Nandyansah W，Mubarok H. An evaluation of the "Picsar" research project：An augmented reality in physics learning [J]. *International Journal of Emerging Technologies in Learning*，2020，15 (10)：113.

Tacgin Z. *Virtual and Augmented Reality*：*An Educational Handbook*[M]. Cambridge：Cambridge Scholars Publishing，2020：17.